腾讯基金会
TENCENT FOUNDATION
——公益资助系列——

U0569111

读懂青少年成长
与发展系列丛书

总主编　陈如平

重塑课堂

合作对话的艺术

主　编　王世元

副主编　苏纪玲　洪德育

中国人民大学出版社
· 北京 ·

本系列丛书由腾讯公益慈善基金会资助

不代表腾讯公益慈善基金会立场

总序　一

生命不保，何谈教育？生命安全对于教育的重要性不言而喻。对人类来说，生命安全与健康是生存、发展的基本需求和永恒的追求。就教育而言，生命安全与健康既是青少年健康成长、全面发展的前提条件和基本内容，也是基础教育高质量发展的重要保障和核心标志，更是高质量基础教育赋能经济社会可持续发展的有力支撑和应有之义。"孩子们成长得更好，是我们最大的心愿。"教育部门特别是基础教育学校应该以"时时放心不下"的责任感，时刻关注青少年的生命安全与健康问题，为他们提供一个安全、健康、和谐的学习生活环境，全力呵护他们安全健康成长，直至他们成为担当民族复兴大任的时代新人。这正是教育的主要目的和意义所在。

党的十八大以来，以习近平同志为核心的党中央站在党和国家事业发展薪火相传、后继有人的战略高度，高度重视青少年学生的生命安全和健康成长，大力推动健康教育。2016 年 10 月，中共中央、国务院印发的《"健康中国 2030"规划纲要》明确提出："将健康教育纳入国民教育体系，把健康教育作为所有教育阶段素质教育的重要内容。"2021 年，教育部制定的《生命安全与健康教育进中小学课程教材指南》（以下简称《指南》）强调："良好的学校生命安全与健康教育有助于学生树立正确生命观、健康观、安全观，养成健康文明行为习惯和生活方式，自觉采纳和保持健康行为，为终身健康奠定坚实基础。"《指南》旨在将生命安全与健康教育全面融入中小学课程教材，实现生命安全与健康教育系列化、常态化、长效化。这一重要举措无疑对落实立德树人根本任务、实施素质教育、培养高素质时代新人具有现实意义。

《指南》规定，中小学生命安全与健康教育包括健康行为与生活方式、生长发育与青春期保健、心理健康、传染病预防与突发公共卫生事件应对、安全应急与避险等 5 大领域以及相应的 30 个核心要点。不仅如此，不同学段体现不同要求：小学阶段侧重基本知识介绍、具体技能训练和个人卫生习惯培养；初中阶段注重讲解原理和机制，深化学生认识，强化健康行为养成的主动性和自觉性；高中阶段主要强调学生的生命责任感和意义，以及发现问题和积极解决问题的能力。在具体实施时，生命安全与健康教育要"进教材、进课堂、进学生头脑"，注重趣味性、互动性、体验性、生成性，提升教育实效性。这些规定不仅构成了生命安全与健康教育的整体性框架，也给生命安全与健康教育的实施提供了系统性目标。

受以上政策指引，北京盈德未来教育测评研究院从 2014 年起启动实施中小学生命健康教育工程项目，邀请相关高校和研究机构专家组成项目组，连续十年开展生命健康素养测评，覆盖全国 29 个地市、52 个区县。2022 年，受北京读懂中国经济与社会发展基金会和腾讯公益慈善基金会的资助，以"读懂新时代青少年成长与发展——青少年生命健康素养提升计划"为主题，项目组以公益方式将项目推广到四川、广东、山西、江西等省 13 个区县 366 所学校。整个项目始终秉持"用爱与尊重读懂学生，用责任与担当办好教育"的理念，通过开展健康素养测评、编写学生读本、提供数字化教学资源、组织校长和教师研修、开设家长讲座等方式，促进师生身体健康、心理健康、关系健康，提升生命安全意识和技能，取得了良好的实践效果，产生了较为广泛的社会影响。

令人惊喜的是，生命健康教育项目在推广中产生了大量的区域案例、教育故事、优秀课例。它们都来自实际的教育教学活动过程，本身具有典型性、代表性，是具有较高价值的立德树人载体。每项内容主题鲜明、特色突出，且呈现的问题带有一定的普遍性，解决问题的经验和技巧方法便具有可推广交流的价值。项目组经过全盘慎重考虑，作出大胆设想：收集优秀案例，邀请专家编写，出版"读懂青少年成长与发展系列丛书"。

这一设想今天终于得以实现。系列丛书全套 5 册，分别是：《唤醒成长：合作对话的艺术》《重塑课堂：合作对话的艺术》《校长之问：如何读懂教师》《体验式教育实践：中小学健康教育教师手册》《中小学健康素养评估与洞察》。

"合作对话"是"读懂青少年成长与发展"的重要途径。"合作对话"教育教学理念打破学校、家庭和社会的传统教育思维，以新的人性观为基础，形成教育哲学理论体系。《唤醒成长：合作对话的艺术》筛选 48 篇实践探索文章，以爱、尊重、责任、担当为主题分为四章，内容涵盖"合作对话"在习惯养成、班级建设、家校合作、心理健康、思维发展等方面的应用。《重塑课堂：合作对话的艺术》筛选 57 篇实践探索文章，聚焦课堂教学，促进教师及管理者从唤醒生命、尊重成长、责任为先、勇于担当四个维度践行"合作对话"理念。

在"合作对话"教学范式下，教师着眼于学生精神内化需求，实现学生行为外化。学生呈现出放松、真诚、自信、包容、理解，专注于倾听、思考与合作的精神状态，形成由内而外的成长动力，增强可持续发展的内驱力，逐渐掌握独立、追求、养控、审美的生长方法论。教师带着学生走向知识，与学生建立"成长共同体"的新型师生关系，建立或完善共同体成员认知体系和价值体系，教师的角色类似编导、导游、记者与合伙人。这两本书汇集了一线教师的优秀案例故事，弘扬了"爱、尊重、责任、担当"的教育理念。

《校长之问：如何读懂教师》是一本实操型校长管理手册。以"读懂教师，赋能发展"为主线，项目组通过问卷和访谈，收集一线校长的困惑和挑战。针对一线校长的实际问题，邀请全国"名校长"支招，通过 72 个案例故事，萃取解决方案，讲解校长应该如何应对学校管理中遇到的各种难题。该书针对校长在学校建设、教师管理、教学指导、家校共育四个方面遇到的难题，逐一回答"校长之问"，提升校长在这四个方面的能力。每一"校长之问"均包含挑战描述、案例分享、方法萃取、读懂教师四部分。

《体验式教育实践：中小学健康教育教师手册》以"读懂学生，赋能成长"为主线，以"体验式教育"为特色，以生命健康教育为内容主体，分设七大主题：情绪管理与行为调控、有效沟通、自我认知、生命教育、生涯教育、拓展活动、校园活动。每一章包含 4～8 个体验式教育活动设计方案，对标义务教育阶段相关课本话题。

《中小学健康素养评估与洞察》旨在通过介绍中小学健康素养测评，揭示当前国内中小学生生命健康素养现状，指出青少年健康素养测评与心理健康筛查的本质区别。通过分析生命健康教育的本质与内涵，该书探讨了生命健康教育与社会情感教育、学校道德教育和素质教育的关联，强调中小学生命健康教育在推动基础教育高质量发展中的基石作用。

丛书汇聚各方智慧，以更高远的历史站位、更宽广的国际视野、更生动的教育故事，重塑对青少年成长与发展规律的认知，读懂青少年成长与发展。我们充分相信，该系列丛书的出版将有利于促进全社会打造青少年健康成长的良好环境，有助于推动社会各界高度关注和重视新时代青少年健康成长与发展，有益于唤醒广大教师和家长深入地了解孩子的成长规律和发展需求，并扮演好自己应有的角色，积极践行"爱、尊重、责任、担当"的青少年教育理念，共同赋能基础教育高质量发展。

陈如平

中国教育科学研究院副院长、研究员
2024 年 9 月 10 日，中国第 40 个教师节

总序 二

用爱、尊重、责任、担当
照亮下一代的成长道路

我们所需要的很多东西都可以等待，但孩子需要的东西不能等待。他的骨骼正在成形，他的血液正在生成，他的心灵正在发展。我们不能对他说明天，他的名字叫今天。

——加夫列拉·米斯特拉尔

首先感谢北京读懂中国经济与社会发展基金会和腾讯公益慈善基金会，没有它们的爱心支持和资金支持，就没有读懂新时代青少年成长与发展项目！

发起读懂新时代青少年成长与发展这一公益项目，有三重目的。

一是呼吁家、校、社、政联手打造富有爱、尊重、责任、担当，让孩子们可以自由呼吸、自主探索的成长环境：父母有正确的育儿观，爱有边界，既不"生而不养""养而不育"，又不溺爱；学校践行科学的育人宗旨，坚持科学育人，德育、智育不分家；社会塑造尊师重教的风气，不对学校和老师妄加非议；政府不被社会舆论所绑架，管教育的人懂教育，遵循学生的成长规律。

二是呼吁基础教育工作者俯下身，满怀爱与尊重、责任与担当，认真研究当今青少年的成长规律与发展需要，这是我们制定教育政策、落实学校发展计划、研究中小学课程标准的基础，是必须完成的功课！教育界同人已深刻意识到，我们不能继续用过去的传统方法教育未来的一代，具体该如何做，还需认真思考，深入探究。特别是处在多元社会中的学校道德教育，应向何处去？刘慧和朱小蔓先生指出："多元社会的特征和品质与一元社会相比有着根本性的不同，如由封闭走向开放，由绝对性趋于相对性，由追求共性转向个性的共在、单一性与多样性并存等。在多元社会中，与一元社会相适应的道德原则、规范和道德教育范式，可以说从根基上逐渐失去它存在的条件。面对这样的社会转型，学校道德教育可能会怎样和应该是怎样的呢?"[1] 这是每一位教育理论与实践工作者必须直面的问题。

三是提升中小学生的健康素养，首先要读懂新时代青少年成长与发展。读懂新时代青少年成长与发展，就是读懂青少年的成长环境，就是读懂青少年的心智发展与情感成长历程，就是读懂青少年的发展需要，走进孩子的内心世界，这样才能辩证地看待当代中小学生成长中出现的问题。只有这样，教育管理者才能制定可执行、可见效的教育政策，教育工作者才能有针对性地适时顺势做好铺垫和引领工作，让中小学生在适宜的环境中健康成长。

当代青少年的成长环境与二三十年前相比，发生了巨大变化。信息技术、人工智能迅猛发展和国际环境的多变与不可预测，让人们进入易变、不确定、复杂且模糊的乌卡时代。孩子们一出生，接触到的信息量和认知世界的方式与前人相比就有质的不同。现在大多数孩子从小见多识广、衣食无忧，部分孩子沉迷于动漫和网络游戏，生活在虚拟世界。步入学校，特别是步入中学后，课堂教学活动多以提升学业成绩为目标。提升学业成绩本毋庸置疑，但是，如果初高中课堂充斥着频繁的做题讲题，教师不能引导学生感受学科学习的乐趣与意义，一切教与学都是为了分数与排名，这样的教育只能"生产"出人情上冷漠、对现实社会没兴趣、找不到人生目标的下一代，非常危险!

青少年的心智发展与情感成长，需要家、校、社、政共同呵护。朱小蔓先生 20 世纪末指出：情感是人类精神生命中的主体力量，因为情感真正属于个体，是人类真实意向的表达；关注人的情感发展是教育中的本源性、根基性的问题。她特别强调：

> 21 世纪的教育只有一个选择，即促使人们学会生存、学会学习、学会选择、学会合作、学会发展。这样的教育必然是主体性的和情感化的，即必然要使受教育者有强烈的学习欲望、探求动机和合作共事的愿望。积极的感受和体验是"生命的维生素"，消极的情绪是"生命的癌细胞"。创造完美的人生，必须从情感发展入手，素质教育的实施需要从情感发展契入。[2]

朱小蔓先生在探究情感与人才的关系时，提出以情绪、情感作为衡量人的发展的一种维度[3]，这是因为现代认知科学研究发现，感情系统处于认知系统和行为

---

[1] 刘慧，朱小蔓.多元社会中学校道德教育：关注学生个体的生命世界.教育研究，2001（9）：8–12.

[2] 朱小蔓.朱小蔓文集：第 2 卷.北京：北京师范大学出版社，2023：16.

[3] 朱小蔓.关注心灵成长的教育.北京：北京师范大学出版社，2012.

控制系统的中间领域，认知系统从上一个层次支配人类行为，感情系统从下一个层次支配人类行为。要使行为控制系统呈现有效的活动状态，必须以有感情的唤起为前提。当前教育中较多强调逻辑 – 认知的作用，忽视了感情唤起。

此外，朱小蔓先生在《人的情感发展与教育》一文的开头，引用苏联教育家阿扎罗夫的观点："在情感世界里，任何东西都不会自然地产生，因为这是与学习或者其他工作一样复杂和费力的心、脑、精神工作。人的情感发展过程绝不是自然成熟的过程，而是教育促其发展、成熟的过程。"①

所以，无论是为人师，还是为人父母，对青少年情感发展的关注、了解与正确培育都是第一位的。积极的情感体验对于青少年的身体与心智发展都会起到良好的促进作用。要引导孩子勇敢地面对充满不确定性的未来，教育工作者须在读懂孩子的前提下，以恰当的方式引导孩子认识和体验生活中的美好、学习的意义与乐趣，关注和尊重孩子的个体差异，唤醒孩子的社会责任感，帮助他们从自我认知过渡到自我发现、自我体验，最终实现自我成就。

我们说，读懂新时代青少年成长与发展这一公益项目意义深远。这是因为，当前出现各种心理健康问题的青少年的占比已经达到两位数，读懂青少年的成长规律与发展需要，是解决他们身心健康与社交健康问题的前提；如果我们不能用心用时走进青少年的内心世界，我们就不可能提供适合的教育解决方案。读懂青少年成长与发展，就是呼吁家庭与学校关注学生个体，承认并尊重个体差异，不可急功近利。

读懂青少年成长与发展，就是关注青少年的社会性成长，鼓励他们在家、校、社环境中学习处理好各种关系，包括但不限于对社会关系的认知、择友、成长方式等（社会交往，social interactions）。

读懂青少年成长与发展，就是在信息技术与人工智能快速更新迭代的环境下，引导青少年学会自律、学会适应、学会憧憬与创造，而不是躲闪或沉迷、难以自拔（技术适应，technology embracing）。

读懂青少年成长与发展，就是引导青少年认知和理解自己的情感历程，学会悦纳自己、包容他人，以积极的情感面对学习和生活中出现的问题（情绪管理，emotion management）。

读懂青少年成长与发展，才能更加有效地引导学生认识学习和生活的目的与意义，激发其成长的内在动力以及对人生未来发展方向的感知（内驱力，motivation）。

---

① 朱小蔓 . 朱小蔓文集：第 2 卷 . 北京：北京师范大学出版社，2023：17.

　　上述对青少年社会交往（S）、技术适应（T）和情绪管理（E）的关注与落实，就是为了实现教育的终极目标——激发其成长内驱力（M）。STEM 育人工程是育人之根本，是培养创新人才之前提。只要教育界同人能够齐心协力地用爱与尊重、责任与担当去浇灌，敢于纠正教育和教育管理过程中不科学、违背教育规律的做法，我们相信，在不久的将来我们必将看到创新人才辈出的景象。

　　心远而立长志，久而弥坚；达人厚重知命，负重行远。期待我们的下一代心怀远大志向，期待他们在成长与发展的路上更加坚强。豁达的人能够承担沉重的使命，即便困难重重，依然可以坚强地走下去。乔布斯留给大家这样一段话，与教育界同人共享："你必须去找你热爱的东西，对工作如此，对你的爱人也是这样的。工作会占据你生命中很大的一部分，你只有相信自己做的是伟大的工作，你才能怡然自得。如果你还没有找到，那么就继续找，不要停。全心全意地找，当你找到时，你会知道的。就像任何真诚的关系，随着时间的流逝，只会越来越紧密。所以继续找，不要停。"是的，我们要尽心尽力，助力青少年找到他们生命中的热爱，支持他们，鼓励他们，成就他们。这就是读懂新时代青少年成长与发展的真实意义！

中国国家创新与发展战略研究会教育发展与评价研究院执行院长

"合作对话"：教育教学工作者的根本遵循

王世元

不论是学校教育工作，还是学校教学工作，其目标均指向教育发生。没有教育发生的教育教学工作，不管教育教学工作者的组织多么严谨，内容多么丰富，投入的时间多长、精力多大，都不构成真实的教育。进一步说，什么时候教育发生了，"那一段的教育"才能转化为真实的教育。因此，追求教育发生应是教育教学工作者的首要任务。

那么，什么是教育发生呢？根据《中国大百科全书》，"凡是增进人们的知识和技能、影响人们的思想品德的活动，都是教育"。根据《教育学词典》，教育指有目的地增进人的知识技能、影响人的思想品德、增强人的体质的活动。显然，教育发生与否，取决于教育的过程与结果。也就是说，没有使人获得知识和见解、增强体质，没有影响个人的观点，没有增进人的知识技能，以及没有提升人的思想品德的活动，都不是教育，即教育没有"发生"。

一、建构"合作成长共同体"

怎样才能让教育发生呢？进一步考证教育"发生"，其本质是使受教育者有思想、知识、技能、身体、记忆等的"自身建构"。换言之，任何外在的形式和力量，只要没有受教育者的自身参与和不断的对话、反思、内省，就不可能有思想、知识、技能、身体、记忆等的"自身建构"。显然，"自身建构"的基础是"合作"，本质是"对话"。

因此，如果教育者想让教育发生，首先要让受教育者、教育目标、教育方法、教育材料和相应的时空等教育要素构成合作关系，而不是对抗关系，其目标指向受教育者的成长，即建构"合作成长共同体"。

建构"合作成长共同体"，形式上由教育者主导，实际上由受教育者决定。因为不管教育者如何设计受教育者成长目标，如何选择、配置教育发生的要素，只要受教育者不接受、不认同，就不构成"合作成长共同体"。如果施加外力使受教育者形式上认同，那也是虚假而非实质的"合作成长共同体"。"合作成长共同体"不是一成不变的，而是动态的、变化的，时常受到受教育者和教育者的情绪、情感、态度、兴趣、责任、价值观等影响。比如，教育者与受教育者互不配合，或发生冲突，产生关系紧张或对立；教育者讽刺挖苦受教育者，而受教育者予以反抗。显然，"合作成长共同体"的建构经常是不牢固的，有时会出现逆"合作成长共同体"的现象。因此，"合作成长共同体"需要教育者和受教育者持续维护。"合作成长共同体"的维护，是教育者教育智慧的体现。

"合作成长共同体"有三层含义：一是"共同体"在合作的基础上实现受教育者的成长；二是"共同体"旨在更好地"合作"，决定了起主导作用的教育者也需要不断地成长；三是在不同要素组成的"共同体"中，教育者、受教育者成长的结果不同。

二、"对话唤醒"与"合作对话"

教育者要唤醒受教育者的"对话"愿望。在学校按计划开展的教育教学工作中，就教学而言，受教育者与教育者、教学内容、教学资料、教学仪器设备、实验等的"对话"，通常情况下并不会自动发生，需要教育者围绕教学目标、教学内容，以故事、游戏或实验等唤醒，旨在让受教育者在"合作"的基础上，不断运用已有知识工具、技能，通过与教育者、教学资料、教学内容等对话，进行深度内省，实现自身的成长，即知识、能力、情感、态度、价值观等的建构。

受教育者对话愿望的强烈程度，取决于对话唤醒的强烈程度。受教育者的兴趣、爱好、特长、人生观、价值观等众多因素影响着对话愿望。所以，教育者针对受教育者的学情，选择对话唤醒的方式或方法，是教育者教育艺术的呈现。

初始"对话唤醒"，即让受教育者获得初始对话原动力。但"对话"不会一帆风顺，经常受到阻碍，表现为听不懂、看不明白、解释不清楚、不会操作、产生矛盾等。从形式上看，虽然受教育者在积极对话，但是实质教育没有发生，或暂时没有发生。比如，学生在课堂上虽然认真听讲，但是没有听懂，这样的师生间对话可称为形式的"合作对话"。受教育者经过教育者不断的"对话唤醒"，消除了对话阻碍，实现了教育发生，这样的对话就是实质的"合作对话"。

显然，"合作对话"可分为形式的"合作对话"和实质的"合作对话"。两种

"合作对话"交替进行，让教育发生不断走向深入。两种对话的信使——"对话唤醒"，可能来自教育者，可能来自受教育者，也可能来自实验、环境等。"对话唤醒"贯穿教育教学全过程。最初的"对话唤醒"提供了初始对话原动力，实现的是"合作对话"启动；而作为对话信使的"对话唤醒"，实现的是"能级跃迁"。对话信使起到了"形式对话"与"实质对话"的肯綮作用。

三、"合作对话"教育教学范式

综上所述，我们有理由判断："合作对话"是教育发生的基本规律。"合作"与"对话"不能分开，是精神上的统一，以"合作成长共同体"为基础，不允许对抗；"对话"的终极目标指向建构，"对话"要素间的关系的本质就是"合作"，没有其他，并以"合作对话"概念予以表征。注意，并不是"合作式对话"。

"合作对话"教育教学范式，是经过持续五年时间，在北京市朝阳区学前教育、义务教育和高中教育的多学校、多学科中，采用行动研究，经过六个阶段，最后形成的教育教学操作系统。

"合作对话"操作系统可概括为：一个价值观，两个方法论，十二种教学策略，实现三个真正落地[①]。

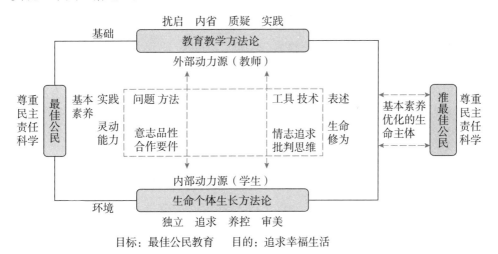

目标：最佳公民教育　　目的：追求幸福生活

① 一个价值观，即培养具有尊重意识、民主能力、责任担当、科学精神的最佳公民；两个方法论，即教育教学方法论——扰启、内省、质疑、实践，生命个体生长方法论——独立、追求、养控、审美；十二种教学策略，即六种认知策略——实践、问题、方法、工具、技术、表述，六种非认知策略——灵动能力、生命修为、情志追求、意志品性、合作要件、批判思维；实现三个真正落地，即让社会主义核心价值观真正落地，让学生发展核心素养真正落地，让减轻学生课业负担真正落地。

就课堂教学而言，"合作对话"课堂教学结构主要包括对话唤醒、展开教学主题、知识建构、拓展实践、作业布置等。其中，教学主题、对话活动内容、形式与任务的安排设计，是"合作对话"的关键、核心、灵魂，更是教师专业水平的呈现。

对于结构中的每一环节，教师必须明确三项内容：设计什么对话活动？内省与生成什么？设计意图是什么？每一环节的作用与功能要体现在"环节"的结构中，如作业布置环节，教师要清晰作业的四种功能——工具性、方法与技术性、内省与建构性、实践性，布置精准的功能性作业。

就学校（家庭或社区）教育而言，"合作对话"教育教学范式有以下要求：一是施教者与受教者建立"合作成长共同体"思想认识；二是明确教育目标；三是确定教育对话主题；四是筹备教育对话，包括时间、空间及环境选择等；五是实施教育对话，即"合作对话"方法论和工具的运用；六是教育主题建构，即"知行"建构，可能需要同一主题多形式、多内容反复进行；七是施教者对教育效果或成果进行评价，以此确定受教者下一个成长的主题。

"合作对话"之所以是教育教学工作者的根本遵循，是因为它不仅鲜明确切地指明了教育"育人"的核心本质，揭示了教育应具备的培养人格、传授知识、开启智慧有机统一的功能，而且从"文化"的视角，为施教者提供了教育工具和方法论，奠定了教育发生的基础。

实践证明，"合作对话"教育教学范式，为学校课堂教学改革提供了载体，注入了活力；激发了中老年教师的教育热情，为解决教师职业倦怠问题提供了新途径；为青年教师快速成长搭建了通道，缩短了其成长周期；使"以学生为本"思想得到了确立，改善了师生关系；构建了新型家校关系，备受家长欢迎。

因此，"合作对话"教育教学范式是教育教学工作者的根本遵循，其当之无愧。

目 录

第四章　勇于担当 …………………………………… **161**

第一章

唤醒生命

　　"合作对话"要完全建立在"成长共同体"基础上，通过对话，唤醒受教育者强烈的对话愿望，主动与教师、同学、资料和自身对话，实现受教育者由内而外的知识、能力与情感态度价值观的建构。教师除了教会学生知识之外，还要拥有更多的爱心和耐心，充分了解每一位学生的情况，捧着一颗真心，用心做教育，用爱做人师。

以爱为桨 扬"合作对话"之帆

任艳琼

以"合作对话"教学为核心，为教师提供新的课堂教学范式。几年来，在"合作对话"教育教学范式"一个价值观、两个方法论、十二种教学策略、四大能力培养、三个真正落地"理念的引领下，教师在与学生的互动和交往过程中，推进语文学科学习目标的达成，形成良好的同伴关系，在学生知识体系中的关键环节、重要节点着重发力，以爱为桨，扬"合作对话"之帆，引领学生从经验和知识的此岸，不断驶向核心素养的彼岸。

以三年级课文《总也倒不了的老屋》为例，探究"合作对话"教育教学范式的实施。"合作对话"教育教学范式的确立一般有七个阶段。

第一，建立"合作对话"思想。在本节课教学前教师就已经召开合作学习愿景的班会，并把"合作对话"贯穿到学生在校生活的方方面面，培养合作的意愿和意识，使教师与学生组成"成长共同体"以及通过"对话"的方式完成"共同体"的任务。

第二，明确"合作对话"的目标。从大单元和单元下的单篇课文两个角度设计单元目标。本单元共有三个语文要素，均指向预测，一边读一边预测，顺着故事情节去猜想，学习预测的一些基本方法和尝试续编故事。经过调研分析得出以下学情：学生可能已在阅读中无意识地运用了预测，需转变为有意识的预测，并学习从多角度寻找预测的依据，通过"合作对话"阐述出来。基于对教材和学情的分析，制定了如下的单元教学目标：学习从不同角度边读边预测，感受预测的好处与乐趣，逐步养成预测的意识和习惯。目标的设立，体现了"合作对话"的目的在实施前是明确的。

第三，确定"合作对话"的主题。本单元为预测单元，导读页中提到的猜测与推想，使我们的阅读之旅充满了乐趣。思维参与如同一座桥，连接着阅读与乐趣。因此我将主题定为"以'合作对话'促思维延展"，激发学生的阅读兴趣，通过思维参与促进学生与文本之间的对话、学生与学生之间的对话，使学生沉浸在预测阅读的乐趣中。通过开放的预测，让学生感悟到阅读的乐趣。

第四，筹备"合作对话"活动。基于以上分析，我将本单元的教学分为如下几个活动："照样子学预测"和"我也来预测"，借三篇课文来提升学生的预测能力，培养学生的预测习惯；"处处有预测"，借口语交际将预测从课内带到课外，从阅读带到表达；"这个故事我做主"，借习作引导学生实践预测，自主把握故事走向个性化表达。

第五，组织实施"合作对话"。在《总也倒不了的老屋》中学习预测的方法，旁批首次出现学习伙伴给出的预测，学生可以依据学习伙伴的预测和同学进行小组阅读预测合作。教师引导学生学习学习伙伴在读的时候的预测。引发学生思考：你在读的时候会有怎样的预测呢？学生跟学习伙伴去学习，通过预测与文本进行交流。学生可以在此活动中反思自己的预测过程，逐渐扩充、丰富自己的预测经验，与文本形成对话。接下来，教师引导学生去模仿学习伙伴的表达方式，把预测和依据结合起来说清楚。小组"合作对话"后全班展示分享。

学生1内省："我认为小蜘蛛请求老屋不要倒下，老屋肯定会同意。联系上下文，老屋帮助了那么多小动物，它有乐于助人的品质，因此它一定会帮助有困难的小蜘蛛。"

学生2质疑："他将预测与依据结合起来，讲得十分清楚。我们组还有问题：预测有对有错，如果是错的预测，怎么处理呢？"

此轮"合作对话"引发了质疑，学生展开了激烈的讨论。教师作为"合作成长共同体"加入到师生对话中，根据学生的发言进行了总结："预测没有对与错，只有你的预测跟作者写的实际内容一样或不一样。如果你的预测与作者所写的实际内容一样，那么你就会有成功的喜悦。如果你的预测和作者所写的实际内容不一样，那么你就会收获意外的惊喜。无论怎样，预测总会给我们的阅读之旅带来极大的乐趣。"学生通过这篇课文走进了慈爱的老屋，也对预测产生了浓厚的兴趣。借助"成长共同体"以及通过"对话"的方式完成"共同体"的任务。

第六，构建"合作对话"成果。本单元以乐趣作为起点，教师为学生搭建了"成长共同体"的平台，围绕"以'合作对话'促思维延展"的主题，使学生从无意识预测到对预测产生兴趣，逐步有意识地、有依据地去预测，并自主地将预测带到今后的阅读之旅中，学生的预测水平得到了提升，并且学生在分享课外小故事时还开拓了阅读视野。本单元目标达成。

第七，对"合作对话"的评估。本单元的评价方式是制定评价表，通过自评和他评，多角度地评价学生的预测能力、"成长共同体"的合作能力、"合作对话"中的表达能力，让学生在评价时有重点，互评互促，提升学生的交流水平、思维水平和表达能力。

总之，加强"合作对话"教育教学范式实践，不仅有利于学生、教师、学校的发展，也有利于新课程改革的深化，进而推动教育事业可持续发展，应引起理论研究者和实践探索者的高度重视。

（作者单位：北京市陈经纶中学分校望京实验学校）

对话唤醒　由内而外激发学生的建构意识
——《黄山奇石》教学案例

张　娟

教育的"发生"必须直指受教育者的变化。要收获更理想的受教育者的变化，需要采取"合作对话"。"合作对话"要完全建立在"成长共同体"基础上，通过对话，唤醒受教育者强烈的对话愿望，主动与教师、同学、资料和自身对话，实现受教育者由内而外的知识、能力与情感态度价值观的建构。

▶ 案例背景 ✎

《黄山奇石》是一篇写景小文。文中重点介绍了"仙桃石""猴子观海""仙人指路""金鸡叫天都"四种奇石。课文的结尾还列举了"天狗望月""狮子抢球""仙女弹琴"等奇石，并说黄山还有很多奇形怪状的岩石等着你去给它们起名字呢。这原本是高年级老教材中的一篇课文，现在出现在新教材二年级的第一册，采用"合作对话"的教育教学范式，完全区别于高年级。

▶ 解决问题的过程描述 ✎

为了调动学生们的学习兴趣，课前我准备了充足的图片，用多媒体给学生播放课件，让学生一边听范读课文，一边看课件中出现的景物。没想到刚刚读了一句，就听到一个学生插了一句："什么叫石盘？什么叫陡峭？"再扫视一眼教室，大多数学生都把目光投注在屏幕上。于是，我停止了播放，学生们正感到疑惑，我说："同学们，黄山风景区景色秀丽神奇，怪石有趣。张老师也没有去过，我们看这幅图，它的山势险峻，坡度很大，直上直下的，而且是在山峰上，是不是非常危险？所以形容这种山就可以用'陡峭'这个词。"片刻，学生纷纷举手回答："老师，那幅图上的山顶，有平面的大石头，就是仙桃石的石盘吧！""太棒了，这就是石盘的意思！"因为刚好停留在这句，有"猴、桃"两个生字，接下来学生们仔细观察这两个生字和图片，各抒己见地介绍着自己如何记住这两个字。就这样，建立图文联系、交流识字方法的环节顺理成章地完成了。

我继续播放，这时屏幕中出现了课文中所描述的奇形怪状的石头。学生们兴奋道："哇！"我顺势让他们找出课文中的语句来叙述，可以加上自己的合理想象，这下学生们更起劲了。在热烈的气氛中，学生们一起边想象画面，边叙述语句，有时想不起来就看几眼书。有的同学忍不住学着图片中的样子做起了动作，学生们在高度兴奋的思维状态下，已经无意识地领会了课文的重难点。因此在朗读课文时，学生们将情感无意识地融入到文章中，深情地赞叹、深切地向往的语气水到渠成地被他们读了出来。就在这时，屏幕中的图片没有了，取而代之的是"金鸡叫天都"这几个大字。这下学生们不乐意了，纷纷说："老师，为什么没有图片？我喜欢看图片。""金鸡叫天都是什么样子的？""天狗望月、狮子抢球、仙女弹琴怎么也没有啊？"大多数人应和着。听着一片抱怨声，我开心地笑了，说："请你们发挥想象，从天狗望月、狮子抢球、仙女弹琴中选一块石头向大家介绍一下。"

此环节我原打算放到学完课文后再布置，没想到学生们给我创造出个大好时机。"好了，同学们，由于黄山的奇石太多了，我们的课本装不下。要想看那些图片，我们想想办法好不好啊？""老师，我们可以上网查。"学生们回答。"不过老师还有一个要求，你们还要在图片的下面模仿书上的样子写上介绍，你们说行不行？""行！"学生们充满信心地回答。听着这样大声的回答，相信明天肯定会有更大的收获。

▶ 案例分析 ✐

"合作对话"组织实施中要有"对话唤醒"，即教育者着眼于受教育者对话愿望的强烈程度，提供初始对话原动力，并确保受教育者对话的可持续性。兴趣是学习最原始的动力，所以教师要善于挖掘教学中的趣味性元素，通过"合作对话"激发学生的学习兴趣；通过创设教学情境，引领学生融入教学情境；还要有"对话活动"，即受教育者通过围绕主题的对话唤醒，根据已经储备的知识工具与技术，对生成的问题，不断与他人、与教育资料、与实验实践等进行对话，以实现新知识、新技能等的建构。

同时，小学语文课程标准指出："语文课程应致力于学生语文素养的形成与发展。语文素养是学生学好其他课程的基础，也是学生全面发展和终身发展的基础。"基于以上原因，教师在教学过程中，从低年级开始就应注重培养和提高学生的语文素养，为学生今后的学习和发展奠定基础。要想顺利实现这个教育目标，语文教学就要注重激发和培养学生的学习兴趣，在"合作对话"教育教学范式下，通过图片与文字的结合，唤醒学生学习语言文字的兴趣，在师生对话、生生对话的共同参与中，使学生快乐地在语文天地中畅游，品味语文学习中的无限乐趣。

课堂教学是一门艺术，"合作对话"教育教学范式，是建立在"成长共同体"的基础上的，通过对话，唤醒受教育者强烈的对话愿望，主动与教师、同学、资料和自身对话，实现受教育者由内而外的知识、能力与情感态度价值观的建构。基于此，希望在不断地反思中完善自己的教学设计。

（作者单位：北京市三里屯一中）

营造"对话"氛围，助力学生成长

薛晓旭

特殊时期改变了学生们的学习和生活方式。疫情带来的紧张和担忧、长期居家的不自由感，使得家长与孩子之间的关系紧张，家长焦虑，同时，孩子们出现了作息不规律、缺乏学习兴趣、长时间玩手机或游戏、情绪烦躁等问题。

在这个特殊时期，空中课堂的出现改变了原有的教育"时空"，老师也需要做一些特殊的改变。教育学者王世元曾提道："在'合作对话'式教育中，对话是建立在尊重、独立与平等基础之上的，力求提供相应的理解与回答，从而推进成员个体之间的思考与认知建构。这样的对话建立在实然与应然基础上，以切实解决问题为共同价值目标和意向，可发生在师与生之间，也可发生在生与生之间，既可以'一对多'对话，也可以'一对一'对话。"这给了我很大启发，现在这个特殊时期，我们很难把握学生的学习质量，怎样才能在没有监督的情况下让学生自主学习？面对线上学习的现状，我采取了如下办法。

自我"对话"是关键，自主学习欢乐多

首先，明确目标，制订计划。学生要思考这段时间的学习目标，把它具体细化出来，针对自身情况，安排好具体内容和相应的时间，并且按照自己的安排去执行，每天晚上进行自我对照、自我评价和自我督促。教师应通过作业反馈让学生明确作业的完成效果如何、如何改正作业里的错误。学生在作业反馈中找到自己的得与失，才能不断调整自己的学习状态，积极主动地进行学习。

其次，充分利用学习资源提升能力。疫情期间，许多平台推出了免费在线课程，学生可以充分借助这些平台，根据自己的兴趣，开阔视野，整合学习资源，提高综合学习能力。

建立互助组，营造"原线下对话"氛围

小组的主要目的是促进学生之间的交流分享，实现生生"对话"。学生在学

习空中课堂之前，会对第二天要讲的知识进行预习，可以在上课的前一天，也可以在当天，根据几名小组成员的时间，分享在预习中的收获，也可以相互交流预习中出现的疑难问题，组长记录组员提出的疑难问题，交流结束后，开始观看空中课堂。观看结束后，组员在小组群中交流分享学习收获和心得，以及预习中出现的疑难问题是否得到解决。每名组员都要进行分享，如疑难问题仍未得到解决，组员之间相互讲解，攻克疑难问题。

通过这样的生生"对话"，加深了学生对当天知识的理解和掌握。对于课堂中或者作业中出现的疑难问题，同学们也会在自己的小组内提出，大家相互交流自己的想法，通过"对话"解疑释惑。

激发深度内省，让"对话"高效有质

有些同学的作业中会有一些新奇的想法，我会让这些同学用视频或音频的形式记录下自己的解题思路，在不同的小组内进行分享，鼓励学生"争当小老师"。在"合作对话"的过程中有时会产生质疑，但这种质疑更能引起其他同学的内省，提出自己的见解，完善不足之处。作为教学内容的设计者和实施者，我也会适时地对学生思维的深度和广度进行培养，鼓励学生一题多解，在分享的过程中培养学生的自信心，提高学生的学习兴趣，在"合作对话"中引发学生深度内省，提升学生的思维。

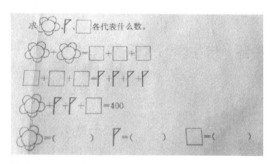

比如这道题，就出现了几种不同的思路。小老师的思路是2朵花等于3个正方形，那1朵花就等于1个半正方形；4面旗子等于3个正方形，那2面旗子就等于1个半正方形，最后一个式子是1朵花+2面旗子+1个正方形=400，只要把1朵花和2面旗子换成正方形，也就是1个半正方形+1个半正方形+1个正方形=400，则1个正方形=100，1朵花等于1个半正方形，也就是150，2面旗子=1个半正方形，1面旗子=75。

这时有组员说："我觉得都转化成正方形不好算，总有半个，不整。"所有成员都开始默默思考，不一会儿，有个组员说："既然都转化为正方形总有半个出现，不好运算，那我们就把所有图形都转化成花或者旗子试试。"同学们开始尝试，大家皱着眉头想了好一会儿还是一筹莫展，看来转化成别的图形比转化成正方形更让大家为难。这时，我引导道："同学们认真观察前两个式子后有什么发现？"有的同学说："前边两个式子的一侧都有 3 个正方形，2 朵花 =3 个正方形，4 面旗子 =3 个正方形。""你想到了什么？"有同学抢答道："2 朵花 =4 面旗子，1 朵花 =2 面旗子，最后一步把花转化为旗子，也就是 4 面旗子 +1 个正方形 =400，4 面旗子 =3 个正方形，也就是 4 个正方形 =400，1 个正方形 =100。"这时另一个同学提出了不同的见解："我的想法和你的不一样，我最后把旗子转化为了花，2 朵花 +1 个正方形 =400，2 朵花 =3 个正方形，也就是 4 个正方形 =400，1 个正方形 =100。"通过这样的生生"对话"，引发同学们深度内省，提升了他们的思维。

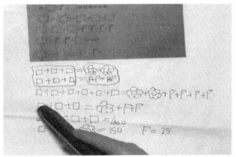

"对话"着眼生活，实践历练成长

教育学者王世元曾说过："理想教育这一理念，从根本上确立了培养人格健全的社会人的目标，将个体成长的需求与国家社会的需求紧密联系起来。"疫情期间，定期召开班队会，互相讲述那一张张"请愿书"、一枚枚"红手印"、一个个最美"逆行者"的故事，从"对话"中感受民族精神与家国情怀，提升民族自豪感。

以小组为单位开展科学研究，如：病毒是如何产生的？它的传播途径是什么？我们怎样才能防控？引导学生遇事冷静，在研究中了解疫情，更好地科学防控。

引导孩子们关注身边发生的事件，用数学的眼光看世界，用数学知识解决生活中的问题。如：以自己家庭为例，计算家庭一个月需要的口罩和消毒酒精的数量；为父母计算在小区管理期间每次出门购买大米、油、盐等生活物资的数量。让孩子们切身感受到数学就在身边，学数学真有用。再比如：每天准时收看"新闻联播"，主动收集、整理疫情的相关数据；利用所学的数学知识，动手绘制统计表和统计图，分析疫情数据情况等。这样的活动，使学生关注社会，了解社会，拓宽了视野，增长了知识，提高了观察问题、分析问题和解决问题的能力。

特殊时期在给我们的学习和生活带来挑战的同时也带来了机遇。面对挑战，理想教育文化为我们指明了方向，紧紧围绕"教育是培养人的活动"这一核心，我们跨越"时空"，通过自我"对话"、师生"对话"、生生"对话"、亲子"对话"、与生活"对话"，实现"共同成长"。在理想教育文化的指引下，我们把握机遇，使教育教学绽放更加绚烂夺目的色彩。

（作者单位：北京市星河实验学校国美分校）

合作 探究 寻源 对话 思进

武萌萌

"教育者的职责就是负责'扰'、负责'启'，而受教育者在'扰动''启发'之下，进行'有味道的咀嚼'，吸收营养，而不是填鸭式的满堂灌教育。"第一次在《教育文化构建的人性基础》上看到这句话的时候，我并不理解。那到底什么是"扰启"？怎样做是有效的"扰启"？

最初，我认为"扰启"就是在学生已有认知的基础上，给学生一些有效提问，让学生深度思考。但在参加理想教育课题的过程中，同时也在课堂实践中，我慢慢有了新的认识。

一、积极调整习题设计，"扰启"学生主动探究

在执教人教版二年级数学上册过程中，有这样一个例题（稍加改编）：二（3）班的2位老师和30位学生租车去冰场运动中心，租下面的客车，坐得下吗？（此处省略图片）在设计之初，我想让学生们在计算座位数量的时候，一边圈，一边算，让学生们感知多种多样的计算方法。在实际试讲的时候，我发现学生们可以根据这个座位示意图利用多种算法求出座位数，也能讲解清楚自己的想法。可以说，这是一节完完整整的课堂，有不同思维的展现和做练习题时的辩论。但下课以后，我总感觉差点什么。到底是哪里出现了问题？我想应该是学生能力提升得还不饱满。

根据发现的问题，我做出了调整：在展示学生的想法和思路后，让学生先分出正确和错误的做法。在分析错误做法的基础上，学生能够明白做题时要注意审题，计算要认真，同时能够再次感受到他们列算式不同的原因是看座位图的角度不同。这让学生在做题—交流—做题中有了更多思考。之后再一次进行试讲，我感觉对这一环节的处理就有了抓手。

所以，尊重学生，并不是给学生充足的时间、充足的空间来独立解决问题，

而是在这个过程中通过"干扰""扰乱"，使主体思考更深刻、更全面、更准确，也更清晰。

　　解决了第一个环节中的问题后，我发现在巩固训练的时候还略显苍白，依然是传统的出示题目—独立思考—互动交流模式，好像还是一个机械的做题动作。这时，我想，怎么既能让学生掌握本节课的重难点，还能让思维能力得到提升呢？于是，我根据学生的实际情况安排了如下的"合作对话"主题。

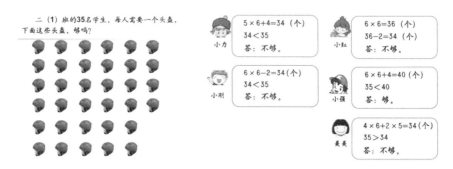

　　我出示题目，并把各种解决方法呈现出来，让学生辨析每种做法正确与否，这就对学生提出了一个更高的要求，不仅要会解决，还要能读懂每种做法。这样一来，学生由被动学习的状态转换成了主动学习，真正做到了在实践中"内省"。

　　针对这一节解决问题的课，我在两次调整并实践的过程中，深度思考了几个问题：如何进行"扰启"？怎样做是有效的"扰启"？如何创造一个有利于学生进行"内省"的环境？以前我认为尊重学生就是给时间、给空间，让学生有机会表达自己的想法，不批评，多鼓励，课堂上尽量开放。现在我有了更深刻的认识——尊重学生就要给学生方向性的指引，需要让学生有目标。"开放又不开放"的课堂才是有效的课堂。

二、精心的教学设计，"扰启"学生的高阶思维

　　三年级数学上册要求初步认识分数。在备课过程中，我又遇到了同样的问题，在不断地试讲过程中感觉到学生对于这部分内容的学习似乎比较轻松，我借助学生的生活经验，紧密结合具体情境教学生认识分数。在组织学生们去古诗小镇实践的活动中，中午用餐时，很多学生都把自己的食品分给了大家，我引导学生分享物品时采取"平均分"的方式。解决问题的教学活动，也是通过创设生活情境，引导学生关注生活中可以用分数表示的情况，体会分数在生活中的应用。注意借助几何方式，提供充分的操作活动来认识分数。

由于分数概念具有双重性，既有"数的特征"，也有"形的特征"，只有从两个方面认识分数，才能很好地理解并掌握它的本质意义，因此我借助不同的实物模型，帮助学生认识分数形的特征。我们安排了分一分、折一折、涂一涂等动手实践活动，让学生在动手、动口、动脑等多种表征的联动中体会分数的含义。

在课堂试讲的过程中，我发现，每到最后一个环节的时候，学生们似乎就产生了不同的想法。我就以学生们创造的不同的分数作为最后一个环节的教学资源。借助讨论"都是四分之一，它们的大小相同吗？"来再次让学生们感知：由于单位"1"不同，虽然都是四分之一，但是大小不相同。接下来，我抛出了一个问题："都是这个正方形（大小相同）的四分之一，形状不同（分割方式不同），它们的大小是否一样呢？"这个时候班里产生了两种声音，学生们大多认为这一个个的四分之一是不一样的，因为它们的形状不一样，它们的分割方法不同；还有一部分学生觉得是一样的。到底是一样还是有所不同？班里陷入了激烈的辩论。这时，一个小男孩说："我认为是一样的，我把其中的这个四分之一剪切拼挪，它们是一样的。"他一边动手操作一边说。此时台下包括在场的老师，都响起了热烈的掌声。趁热打铁，我让学生们赶紧进行小组合作，深度探讨。学生们借助手中的作品剪一剪、拼一拼来验证这个问题。通过动手操作，学生们恍然大悟。

学习几分之一甚至几分之几，对学生来讲并不是难点，学生们在学习时一步一步通过自主学习、小组学习，发现问题，找到解法，从而提升思维，才是最难能可贵之处。

在参与理想教育课题过程中，我的教案、课堂设计能力和教材研读能力都有了非常大的提升！从开始的按教案上课，到现在能抓住重点，找到每节课的"根"，适当调整课堂设计，无论是学生还是教师，都在理想教育课题里收获了许多。在不断地实践和研究"合作对话"教育教学范式中，真真正正构建起了"合作成长共同体"！未来，我也会继续践行理想教育文化，让课堂中的学生在合作中思进！

（作者单位：北京市星河实验学校国美分校）

合作对话　让学生爱上英语学习

——以外研版七年级上册第 9 模块第 2 单元"People and places"为例

刘肖婷

　　我作为"合作对话"教育教学范式研究项目实验校的一线教师，将"合作对话"教育教学范式的理论应用到课堂教育教学实践中，不断探索通过应用"扰启、内省、质疑、实践"的教学方法论，实践"独立、追求、养控、审美"的学生生长方法论。本文以一节初中英语读说课为例，为"合作对话"教育教学范式课堂提供一种切实可行的实施思路。

一、"合作对话"教学方法论的运用

（一）创设情境，通过"扰启"引入话题

　　教师根据教学内容、教学目标、学生的认知水平和无意识的心理特征，灵活、有效地创造具体、生动、形象的教学情境，一方面能够有效地激发、保持、提高学生的学习兴趣，降低学生学习的疲劳程度，使学生积极地参与教学活动与过程；另一方面能够缩短学生的实际经验、接受能力与教师、教学内容之间的距离，降低教学难度，便于学生准确、快捷地感知、理解、运用教学内容。这对于提高课堂教学效率、培养学生的创新精神和实践能力有着非常积极的意义。

　　在教学中，借助"扰启"唤醒学生学习与对话的意愿，激发学生的对话兴趣。良好的"扰启"环节能够让学生快速从语境外的状态进入语境，更好地投入学习、发掘兴趣，还能够对已掌握的知识进行检验和论证，以夯实学习基础。因此，在"扰启"阶段，要创设符合学生学情、年龄特点的语境，并设计相应的教学环节，帮助学生夯实已有基础。

教学实践：

教师通过一段自己录制的视频引入。视频中教师因为各种事由，从北京去到了温哥华，再到纽约，但无论到达哪个城市，都是上午10点，引出"Why it's always 10 o'clock?"的问题，从而导入"时差"的话题。顺着话题，教师通过创设哆啦A梦的情境，带领学生复习国际大城市名称的英文单词及"be doing"现在进行时的表达，"扰启"学生已知。

（二）问题驱动，借助"内省"撬动思维

内省是学生深入思考、不断反思的过程，也是最有效的教学过程。只有真正内省，才能有真实收获。在课堂上，学生通过内省深入文本之中，构建合作与对话的时空，实现与文本、与同伴和与老师的互动对话。在实现"合作对话"的过程中，教师通过教学指令、动作、环节设计等各方面的结合，使学生处于主动地位，主动内省。

教学实践：

通过情境引导，跟着哆啦A梦的随意门去世界各地，看到世界各地的人正在做不同的事情。学生通过一步一步回答老师提出的问题，对文章进行精读，获取细节信息，分析文段结构并找出答案。

Main idea:

The first paragraph

Supporting details:

Paragraph A—E:
- Where
- When
- What

Where: Beijing

When: 1 a. m.

People are not:	People are:
	sleeping
having dinner	working
	going home from work

（三）互动生成，利用"质疑"建构知识

在读后的第一个环节，通过师生、生生之间质疑，引发学生深度思考，促进思维发展与提升，帮助学生明确思维方向，总结所学重点，形成学习观点。

📷 教学实践：

跟读课文，随后，情境中的哆啦A梦要离开了。抛出这一问题："离开了哆啦A梦，我们还能够谈论世界各地的人在做什么事情吗？"要求学生们小组合作，根据黑板上所给出的文章已知信息进行课文复述，并总结现在进行时的重点句型。

（四）任务驱动，在"实践"中达成目标

实践的方法是使教育发生内省与质疑的基础。在英语学习中，学生在生活实践中获得语言输入和创作的灵感。实践学习有利于增强学生认知体验，提升学习效率和效果。在实践环节，要注意创设真实的情境，让学生有话可说，能身临其境地运用当堂课所学习的知识点和语言来表达。

📷 教学实践：

在最后的环节，为引导学生将学到的语言表达进行实践应用，设计如下场景：新年到了，你作为中央电视台的记者，此时此刻在纽约时代广场电话连线世界各地的朋友，询问当地的时间和人们正在做什么。学生之间进行小组合作，编创对话，运用所学的词汇和句型，摆脱已知框架，进行自主创新。同时，课堂的最后，以一首"Time Zone"诗歌，引发学生自主思考"人生时差"的概念，让学生能够把握自己的节奏，不盲目羡慕、追逐他人，既不骄傲自满，也不自怨自艾。

二、教学反思

在"扰启、内省、质疑、实践"的教学方法实践中，这堂课一步步实现了学习理解、应用实践、迁移创新的学习目标，并在课堂最后实现了育人价值。

在"合作对话"教育教学范式的实践与探索中，"合作"与"对话"的教学思维已深深植入我的思维，对我的教育教学产生了深远影响，拉近了我与学生的距离。在未来的教育教学实践中，我还将继续钻研"合作对话"教育教学范式，找寻能在提质减负的同时提升学生英语学科核心素养的教学模式，培养具有"尊重、民主、责任、科学"等优秀品质的"最佳公民"。

（作者单位：北京市陈经纶中学分校望京实验学校）

灵动师生新课堂　呵护学生促成长

刘伟娟

▶ 案例背景 🖉

这是北京版英语三年级上册的第二节课。本节课的学习内容是介绍班里新来的两位小学生 Mike 和 Sara 及与他们围绕课表和座位等进行对话。教学目标为：运用所学语言在新学期的语境中，获取、梳理关于新同学和新课表的信息，与同伴交流新座位及新课表，记录新学期中遇到的新同学、新老师和新课程，并表达自己的感受。

所以，在教学设计中，我把教学重点放在了介绍两位新同学的国籍、安排座位和谈论课表上，并设计了各种形式的操练，根据以往的教学经验，预设了学生会出现的各种问题。但是，"意外"还是出现了。

▶ 解决问题的过程描述 🖉

课文对话的第一句，Miss Wang 介绍两名新同学"We have two new pupils."，学生就莫名卡住了。开始的时候，5 个单词总能少读 1 个（有的忘记说 two，有的忘记说 new），后来我临时加入了用手拍节奏和用手指数数提示词语数量的方式，终于不丢词了，却又读不好"pupil"这个单词了。

"pupil"中的字母"u"发字母本身 [(j)u:] 的读音，很容易读记。但是总有同学把"pupil"发成"people"的音。预设这节课的教学重难点还没出现，第一句就卡了两次，此时的我心急如焚。

我用红色粉笔在黑板上重重地写下这个单词，再次强调后，又进行了提问和操练。可是学生主动输出 pupil 时，依然会出错。我越来越着急，学生却越来越倦怠，我感觉他们无比散漫与不经心，一个单词，操练了这么久，为什么还读不好、记不住呢？肯定是"故意的"！

气氛越来越沉重，学生们仿佛也感受到我即将爆发的"怒火"，我的表情越来越严肃，学生们也不自觉地坐端正。过关的同学，全都盯着读错的同学，有的还做出特别夸张的无奈的不可思议的表情，甚至开始低声嘲笑。而被点到读句子的学生，在老师和所有同学的"注视"下，也变得小心谨慎，声音一个比一个小。

又出现了把 pupil 读成 people 的同学，"哎呀，读 ['pju:]，怎么又错了！""老师是不是生气了？""嘘，别说话了。""是 ['pju:]，pupil 不是 people。"……还没等我说话，其他同学就开始坐不住了。此时，课堂出现了"两极分化"：会读的学生要么用奇怪的声音和夸张的表情"帮忙"纠错，要么"无所事事"地走神发呆；读错的学生眼神迷茫，越来越不自信，不敢看老师和同学，头越来越低，恨不得要"藏"进课桌里，课堂纪律很快变得松散。

读正确的学生本以为我会严肃地反复讲给读错的学生听，或者直接要求他们大声跟读几次。但听到其他同学此起彼伏的 ['pju:]['pju:] 纠错声时，我突然联想到了 pupil 的 ['pju] 读音和网络语"piu"（意为发射、被击中、被戳中，形容一种声音）相似，"piu，piu，piu"像开枪时的声音。于是我灵机一动，走下讲台，夸张地对读错音的同学做出"手枪"姿势并配音"piu"，这一举动吸引了所有人，他们先是一惊，后来仿佛明白了我的用意，跟着我一起端起了"枪"，用可爱的"piu，piu"提醒声代替了之前的"嘲笑"。读错的同学被逗得跟着放松了下来，明白读错音就会被"piu"的"枪声"提醒。随之，学生们"端枪"和"瞄准"的姿势变得千奇百怪，读错的同学"中枪"后马上举手还想再"复活"重新挑战，我及时肯定他们并加上积分和小贴画奖励，课堂马上活跃了起来。很快，刚做"端枪"准备，学生就联想到"piu"——"pupil"，难点成功被攻克。

不仅如此，虽然只是几分钟的"小插曲"，课堂氛围却变得不一样了，学生们不再拘谨或局限于"听"我讲。在接下来的学习中，大家"各显神通"，比如，在后文学到"Sit in second row, please"，出现新单词"row"时，有的学生联想到并哼起了最近流行的改编儿歌"row your boat"，并做出了划船的姿势，我给予肯定，顺势告诉他们是同样的单词 row，而且 row 除了有划船的意思，还有排、列的意思……困难逐一解决，整节课下来，学生们不停思考，勇于表现和尝试，意犹未尽。

▶ 案例分析 🖋

著名教育家叶圣陶曾说："教是为了不教。"在教学中，教师的主导作用是创造条件促进矛盾转化，调动学生的积极性，引导教学活动向教学目标方向发展；学生的主体作用是在教师的指导下，生动活泼、自觉主动地掌握知识，这是取得教学效果、提升教学质量的前提。

在思想、学识、能力以及可调动资源等诸多方面，学生在客观上和事实上相对教师处于明显的弱势地位；教师和学生具有法律赋予的教育和被教育的责任，具有完全相同和明确的任务目标，即促进学生成长；教师在促进学生成长的同时，也要促进自己成长，以便更好地实现教学相长。因此，学校的师生关系，是一种法律赋予的"合作成长"关系，是一个"合作成长共同体"。学生始终处在中心——"学生成长"是核心任务。由此看来，"合作成长共同体"的建构，揭示了学校师生关系的客观实在，是真实的师生关系。

本节课中，出现了与教学预设不符的难点，第一次读句子读不好的时候，我马上想到了用手拍节奏来应对，这考验了我对教学内容是否能灵活处理。当第二个难点和最头疼的课堂纪律、"两极分化"问题同时出现时，教师的冷静和灵活处理至关重要。我没有严肃地站在讲台上，像个"演讲家"或者"批判者"，而是借机"走了下去"，融入和引导学生，把紧张的课堂变成了宽松、和谐的新课堂。学生也变得放松、自由却不散漫，思维活跃不受局限，在老师的引领下"稳步前行"。对读错音的同学，其他人能够做到尊重、包容、理解，而不是嘲笑；出错不自信的同学，也能被小心呵护和鼓励，在轻松的新课堂中，收获知识，感受到愉悦；学生们注意力也被聚拢了回来，真诚地与老师、与同学合作，能够"管控"成功或失败的情绪，收获成长。

"合作对话"课堂教学致力于推进教师在教学中创设平等、尊重、合作、对话的氛围，让教师与学生、学生与学生在此基础上形成"成长共同体"，双方就某个或某类问题进行探讨，以此建立或完善共同体成员的认知体系和价值体系。这种教学方式实现了由单一的重知识教育向综合的育人教育转变，给学生的兴趣留出了充足的时间和足够的空间。

"纸上得来终觉浅，绝知此事要躬行。"对于如何由传统课堂向理想教育新课堂转变，我会在今后的教学中不断深入探索和反思。我将带着爱与责任，与学生相互促进，共同成长。

（作者单位：北京市三里屯一中）

爱是"合作对话"的基础

——信息传递在生态系统中有什么作用

张　璇

　　说话者和倾听者构成对话的双方，对话是跟倾听紧密相连的，没有倾听就没有对话。真诚倾听中势必包含着关爱。在弗莱雷看来，爱是实现对话的条件之一，也是他希望通过对话达到的一个结果。没有爱就没有交流，就没有对话，爱是对话的基础，爱也是对话本身。克林伯格说过："教学本来就是形形色色的对话，具有对话的性格。对话是优秀教学的一种本质性标识。"我认为，师生之间进行有目的、有导向的交往和对话，能达到"润物细无声"的教学意境。

▶案例背景 ✐

　　"生态系统的信息传递"在生态系统知识体系中占据重要地位。教材首先介绍信息的种类，如物理信息（光、声、温度等）、化学信息（生物分泌的化学物质）、行为信息（动物的特殊行为），使学生了解生态系统中信息的多样性。接着阐述信息传递在生态系统中的作用，包括生命活动的正常进行离不开信息传递、种群的繁衍依赖信息传递、信息能调节种间关系以维持生态系统的稳定，帮助学生理解信息传递对生态系统有序运行的意义。在教学中，可结合实例，如蜜蜂跳舞、植物开花需要光信息等，让学生深刻体会信息传递在生态系统中无处不在和它的重要价值。同时，这部分内容为后续学习生态系统的稳定性等知识奠定了基础。

　　本节课的重点是信息传递在生态系统中的作用。"资料分析"列举了几种生物的生存、繁殖与生育和信息传递的关系，让学生分析并总结得出"生命活动的正常进行，也离不开信息的传递"的结论。随后，教材简要概述"信息在调节种间关系时所起的作用""信息传递在农业生产中的应用"，体现了与生产实践的结合。

▶解决问题的过程描述 🖉

我引导学生分析"蝙蝠"的资料，先问："这是什么动物？"

学生不假思索地答出："蝙蝠。"

又问："蝙蝠必须依赖什么方式来识别周围环境、取食和飞行呢？"

有学生答："超声波。"

我就准确地回应他们："是回声定位。"

我接着又问："那么，什么是回声定位？蝙蝠的什么部位会发出超声波？什么部位接收呢？"

部分学生答："蝙蝠喉部能够产生超声波，超声波通过口腔发射出去。当超声波遇到昆虫或障碍物而反射回来时，蝙蝠能够用耳朵接收，并能判断与探测目标是昆虫还是障碍物，以及距离自己有多远。"

我又追问："那么，这是什么信息？"

学生联系新学的知识很快答道："声音，物理信息。"

我有意降低声音说："假设蝙蝠的耳朵聋了，它就不能正常进行取食、飞行、识别这些生命活动，由此可见，信息有什么作用？"

我把蝙蝠有缺陷的生命活动和它所依赖的信息放在一起让学生思考，学生有些意外，但经过几秒钟的思考，答出："生命活动的正常进行，离不开信息的作用。"

▶案例分析 🖉

充满生命活力的有效的生物课堂，应该是和谐有效的对话课堂。我在与学生的动态交流中灵活地设置问题，把一个问题分解成若干个环环相扣的分支问题，从而使建构过程细节化、程序化，使教学目标的达成过程化。综观生物科学发现史，几乎每一个重大的生物学进展，都源于一个好的问题，所以，在课堂上老师不时抛出发人深省的问题，学生一步一步进行思考，往往被看成是智慧和创造的象征，它会使师生之间处于和谐的信息交流之中。我把教材当作可选用、要处理、应充实、能创造、需整合的文本。在备课时，我一直保持一种探究的态度，不断地追根溯源，充实整合教材内容，这也是养成生物科学素养的一种态度。在备课和对学科教材知识进行分析的过程中，通过自己的独立思考、探索、研究等一系列创造性的教学活动，激活教材知识，再依照自身的认知特点和教学风格，形成具有个性化教学特征的知识，这就是我对教材知识的一种内化过程。这样，学生不仅能在重新整合的新情境下愉快地学习，而且还能体验到一种跨度美，从而使信息传递不再仅仅是一个知识，而是升华为一种生物学观点。王世元说过："'双减'政策的主要目的是提高教育质量，关键在于课堂，要做到真正的减负，需要一个抓手，这个抓手解决的是根，解决课堂教学问题就解决了减负的根。"教师的教育教学方法论包括"扰启、内省、质疑、实践"，学生的生长方法论包括"独立、追求、养控、审美"，"合作对话"式课堂的基本工具包括"尊重、民主、责任、科学"。课堂是教育的主战场，是"双减"的主战场。如今在课堂上播下"合作对话"的种子，未来收获的绝不仅仅是减负，由此可见，要唤醒生物课堂的生命活力，要还生物课堂以本真，要展现生物课堂的美。我将为之奋斗不息！

（作者单位：北京市三里屯一中）

合作对话　我们向"爱"而行

——"跳绳"教学案例分析

罗　茜

　　这是一节以"跳绳"为教学内容的小学体育课。本节课以"健康第一"为指导思想，结合我校推进的"合作对话"教育教学范式，本着以教师为主导、以学生为主体的原则，依据低年级学生的心理特点，结合本节课教材内容，给学生创造一个生动活泼的学习氛围。通过教师启发、引导与学生自我内省、实践的方式让学生以饱满的热情、积极的态度投入到学练当中去，使学生在玩中学、学中玩，享受运动带来的乐趣，从而激发学生的运动兴趣，促进学生成绩提高。同时，指导学生在学练中学会制定目标，并养成课后自省的学习习惯，锤炼努力拼搏的意志品质，达到增强学生自信心、提升学生学习能力的目的。

▶案例背景 🖊

　　在体质健康测试成绩计入中考的大背景下，学校各个年级的体测项目训练都在紧张进行中，我也不例外。今年我担任二年级的体育教学工作，开学后二年级一些新转入的学生给我的工作带来了挑战。我先对这些学生的体测项目做了大致摸底，整体来说情况不错，只有妍妍（化名）虽然分数还算可以，但发展不均衡，跳绳基本不会。

　　我课下把妍妍留下与她沟通，了解到她之前在外省市上学，由于各省市之间的政策不同，她之前所在的学校体育课没有教跳绳，家长也不清楚体育对孩子的重要性，因此到现在她都不会跳绳。知道问题出在哪里，我就立刻着手去解决，学生到四年级才会面临体质健康测试的第一次统考，所以现在努力还不晚。当天我就与家长进行了沟通，讲解了体质健康测试的政策以及重要性，并告知了妍妍现在各项目所处的水平，希望家长能配合我一起督促妍妍进行锻炼。

▶ 解决问题的过程描述 🖊

　　在课上，妍妍由于不会跳绳，不能和其他学生一起练习，我就单独叫她出来，针对她的情况制定适合她的教学方法，让她在边上先进行不带跳绳的空跳，找找跳绳的感觉；跳完之后再一只手拿绳边摇绳边空跳，左右手交换进行练习；熟悉以后，再两只手拿绳先进行跳过一次绳的练习；没问题以后，再尝试跳完一个以后再摇一次绳，慢慢地她就能连续跳两个了。由一个到两个，两个再到三个，她尝试成功后，情绪明显发生了变化。原来的她面对跳绳是怯怯的，能连跳之后，笑容漾在她的脸上。我顺势引导她每周给自己定个还没有完成但是通过努力练习可以完成的小目标，这样不仅可以让她了解自己的运动水平，还可以更好地激励她锻炼。第一次妍妍给自己定的目标是连续跳 10 个，在她找我测试的时候，我惊喜地发现她真的完成了自己定的小目标。我当着全班学生对她进行了夸奖与鼓励，增加她的自信心，课后还给她一颗糖作为奖励，她也非常兴奋地找我定了下一次的小目标：连续跳 20 个。后来我发现，接下来的一周她都在刻苦训练，有的时候下课了，她甚至会主动跟我说想留下再练习一会。终于，她迎来了第二次"小测试"，结果毫无悬念，她再次完成了自己的小目标，我也毫不吝惜地对她进行了夸奖与小奖品的奖励。通过几次小目标的制定与完成，我发现她制定的小目标越来越难完成，甚至最后没有完成，于是我让她回家后反思一下自己不能完成目标的原因是什么。第二天我找她进行沟通，她说思考以后还是不知道为什么，于是我就叫她认真观察班里面跳得好的几个学生，看他们是如何跳绳的，并拿手机拍下她是如何跳绳的。在我的引导下，她认真对比之后，说："他们的手臂都是贴着身体的，而我的是张开的，还有，其他同学跳起来离地很近，看起来很轻松，而我则跳得特别高，很累不说，节奏也很慢，以至于目标数多了以后越来越难完成。"针对她自己总结的两点，我在给予肯定的同时，又帮助她改进了跳绳的动作方法。技术改进再加上她自己勤加锻炼和家长的支持，现在她 1 分钟跳绳已经能达到 80 个了。

▶ 案例分析 🖊

　　"合作对话"是指教师与学生、学生与学生、学生与学习资料、学生与仪器、学生与环境、学生与自身等在合作基础上形成"成长共同体"，采取"对话"的方式，就某个问题进行探讨或内省，以此建立或完善共同体成员的认知体系和价值体系的过程。教育者与受教育者之间，本质上是合作关系，以"合作"促进受教育者的成长。在"合作"的过程中，对于低起点的学生，教师唯有用好"爱"这个师生"合作"的黏合剂，方能达到意想不到的教育效果，在学生进步的同时，教师也收获了成长。确实，在遇到妍妍的问题并想办法解决问题的过程中，我也收获了经验、提升了专业素养和自信，从最开始的不知道怎么和家长沟通，到后来能很好地让家长知道体育的重要性，并主动协助老师帮助孩子；从不知道针对这个特殊学生应该用什么方式让她更好更快地练习，到找到用激励的策略使她一次次超越自己；从最开始面对她不自信和畏难情绪的压力焦虑，到帮助她树立自信并爱上体育运动……在师生双向奔赴的过程中，我不断地学习、自省、实践、创新。我知道，目前这个成绩对于家长或者体质健康测试的分数标准来说还远远不够，但至少我和她都知道，在这个过程中，我们在合作，在对话，也在相互成就。

　　每个孩子都是一粒与众不同的种子，可能是一棵大树的种子，也可能是一朵花的种子，亦有可能是一棵小草的种子，这些种子发芽生长可能需要不同的"养分"，有些需要严厉，有些需要爱与夸奖，有些需要和他们做朋友，我希望每粒种子都能向阳生长。我将会带着爱与希望更深入地关注每个孩子，做新时代需要的老师，和孩子们一起快乐学习、快乐成长，逐梦追光，向"爱"而行。

（作者单位：北京市三里屯一中）

抓住教育契机　享受运动乐趣
——在"成长共同体"中成长

闫　毅

▶ 案例描述 🖊

　　小 A 同学进入初三以后体育成绩偏科严重，只有篮球成绩很好，引体向上的成绩几乎为零，1 000 米跑由于自身的懒惰成绩也很一般。体育课上只想着玩篮球，似乎只有篮球是自己释放学习压力、保持愉悦心情的唯一途径。对于引体向上和 1 000 米跑这两项中考体育项目，可以说他是毫无兴趣可言。在体育课上只要老师不注意，他一定是在篮球筐旁。有时不光自己玩，还带动其他同学和他一起一对一篮球"斗牛"。对他反复劝说、批评都没有什么太好的效果。强大的好胜心，使他对篮球"斗牛"的游戏乐此不疲。孩子本身有好胜心，或者说得婉转点，是期望得到赞许和尊敬，这本没有错，表明学生有展示自己能力的欲望。看到这一切，我计上心头。

▶ 解决问题的过程描述 🖊

　　一次体育课后，其他同学都纷纷收还器材准备回教室上下一节课，小 A 利用这一点时间，还在和另一名同学切磋球技。我觉得这正是时候，就主动上前叫小 A。他知道自己没有按时回班，原以为又要挨批评了，可是没想到我主动地邀请他斗球。他有些不敢相信地看着我，说："真的？"我说："怎么，不敢了？你先进攻！"他来了精神，生龙活虎地冲了过来。我凭着大学体育专业毕业的本事，对付个普通初中学生还是绰绰有余的，结果自然不用多说。只见他满心不服气地说："不行，闫老师你刚才那是侥幸蒙的，我不服，咱们再来。"我则胸有成竹地说："想要挑战我是有条件的，等你引体向上做到 3 个，我再给你报仇的机会。"

他的引体向上水平我很清楚，将将能够完成 1 个，动作还不标准，而 3 个是他经过短期努力一定能达到的目标。我知道，对于他来说，提升引体向上成绩很困难，如果目标定得太高，他在一段时间达不到就会放弃。就这样，在这个星期的体育课上和课下锻炼中，我已经明显感觉到他的努力了，可在他的心中，尽快做到 3 个，取得"复仇"资格才是最重要的。一次晚锻炼的时候他主动找我，兴奋地说："老师，我能做 3 个了，你说话可要算数。"经过测试，果然完成了目标，要知道这是他之前几个月都没达到的目标。我说："好吧，这回咱们一对一，3 个球定输赢，不过不能白比，输了可是有惩罚的。"他说："什么惩罚？"我说："输了的人要围着操场跑 3 000 米。"他同意了我的条件。结果还是我赢了，愿赌服输，他就这样独自完成了 3 000 米。他说："老师，我还是觉得能赢你，咱们回头再比一次吧？"我说："没问题，再挑战就是 5 个引体向上的条件了。"

就这样，我一边利用课余时间和他进行篮球竞赛，一边促使他完成引体向上和耐久跑练习。课上，我经常能发现他专注地练习引体向上，甚至给同学们展示自己的成果，交流练习经验，对我的态度也从原先的冷漠变成积极主动、言听计从了。最终，他在中考体育现场考试中取得了满分的优异成绩。通过孩子自身的好胜心，从孩子喜欢的项目入手带动他没有兴趣的薄弱项目，取得了很好的效果。

▶ 案例分析 ✏

爱因斯坦曾说："兴趣是最好的老师。"美国心理学家布鲁纳也说："学习的最好动机，乃是对所学教材本身的兴趣。"反而言之，没有了兴趣的学习往往是在做无用功。作为一名负责中考体育考试的体育教师，我不能保证让所有的考试内容都成为学生的兴趣点，但是，我觉得可以通过学生感兴趣的项目激发带动学生全面提高。学生的缺点往往是用错地方的优点，有时我们可以将他引入一个正确的方向，激发学生的内驱力，也许能取得事半功倍的效果。而引入方法正是"合作对话"的基本工具："尊重、民主、责任、科学"。在与学生相互尊重的基础上，民主地接受学生的挑战，制定出清晰的责任条约，并用科学的方法进行指导与督促。

在这次教学活动中，教师与学生形成了"合作成长共同体"，在真诚合作的基础上，围绕学生成长，充分发挥学生个体的灵动能力，借助时间、空间、任务、材料、目标、方法等一切手段促进学生成长。在这个过程中，教师借助多种方法，协助而不是代替学生在"合作成长共同体"中成长。

　　身为一名基层体育教育工作者，我在努力帮助学生提高学习成绩的同时，也会进行更深层次的思考——如何让学生在提高成绩的同时享受体育带给他们的乐趣，从而达到增强体质、健全人格、锤炼意志的目的。

（作者单位：北京市三里屯一中）

老师的鼓励就是学生的阳光

杨 洋

"与传统的课堂教学形式不同，'合作对话'课堂致力于推进教师在课堂教学中创设平等、尊重、合作、对话的氛围，让教师与学生、学生与学生在合作的基础上形成成长共同体，双方采取'对话'的方式，就某个、某类问题进行探讨，以此建立或完善共同体成员的认知体系和价值体系。"老师并不是站在讲台上，而是基于问题以"合伙人"的角色，以平和真诚的态度来和学生"合作对话"。在放松、真诚的课堂氛围中，师生之间实现了"同频共振"。

体育教学不仅要关注学生体育技能的训练，还要关注学生的情绪调控。情绪对学生的心理健康和体育表现有着重要影响。本文将探讨体育教学与情绪调控的关系，以及如何帮助学生更好地参加体育活动。

一、情绪调控在体育教学中的重要性

情绪调控是指学生对自身情绪的认识、调整和引导。在体育教学中，情绪调控对学生的参与度和表现有着重要影响。良好的情绪调控能力有助于学生保持积极心态，提高自信心，从而更好地完成体育任务。

二、体育教学中的情绪调控策略

1. 培养学生积极的情绪态度

积极的情绪态度可以增强学生的动力和自信心。体育教师可以引导学生树立正确的体育价值观，激发他们对体育活动的热情，培养他们积极向上、勇于挑战的品质。

2. 创造良好的教学环境

良好的教学环境可以减少学生的压力，提高他们的愉悦感。体育教师可以营造轻松、和谐的教学氛围，合理安排教学内容，降低学生的疲劳度和紧张感。

3. 教授情绪调控方法

体育教师可以教授学生一些情绪调控方法，如深呼吸、积极思考、转移注意力等。这些方法可以帮助学生在遇到困难时保持冷静，调整心态，提高自我控制能力。

4. 鼓励与支持

体育教师可以在教学中给予学生充分的鼓励和支持，让他们感受到教师的关怀和信任。这有助于增强学生的自信心，激发他们的潜力，提高他们的表现水平。

三、跑步课中的情绪调控案例

我所教的初二年级中有一个"小胖哥"，身高在班级里较高，由于比较胖就不怎么喜欢运动，但自尊心比较强，我一直找不到机会来单独表扬或鼓励他。在开学后不久的一节长跑课上，他举手并走到我面前打报告："老师，他说我是胖子。"说完，他用很受伤的眼神看着我，好像是在说我若没处理好就哭给我看。了解情况后，我想到这是一个突破口，处理得好，一方面保护了他的自尊心，另一方面也会让他对体育运动建立自信。我就问："是谁说的？"他指出了那个男生，我看着那个男生，什么话也没说，没多久那个男生就心虚地低下了头。这时我开口了："你叫他什么？"那个男生沉默着，我接着问："你知道你错在哪儿了吗？"他说："知道。"我又说："那你要怎么做？"他转过头很认真地和"小胖哥"说了一声"对不起"，并伸出了他的右手，"小胖哥"看了我一眼，然后和那个男生说"没关系"，也伸出右手握住那个男生的右手，然后他们都笑了。

班级里其他学生都在看着，趁这个时候我大声地和学生们说："我们班的沈同学不仅在身高和体重上不输其他同学，而且老师刚才看到他长跑时也比很多同学努力，老师相信只要沈同学认真练习，他在很多运动中肯定会比其他同学做得好。"说完全班同学都鼓起掌，并且把他们在课堂上用到的"棒、棒、你真棒"给用上了。我看到"小胖哥"先是惊喜，然后挺直了身体，开心地笑了。经过一学期的观察，他在很多运动中都有了很大的进步，从刚开始慢跑 200 米就气喘吁吁，到现在能和其他学生一起跑至少 200 米而不怎么累；单摇跳绳从一个都跳不过去，到现在一分钟能连续跳几十下了。最想不到的是，从那节课以后，他再也没有在课堂上向我打报告，说有人叫他胖子了。

　　刚刚步入初中的学生比较天真，且说话比较直接，会给同学起外号，而这样往往会在不经意间伤害到那些比较"特别"的学生，老师不只要维护那些"特别"的学生的自尊心，还要让其他学生知道这样是不对的。

　　如果说被同学取笑是那些"特别"的学生的冬天，那老师的鼓励和肯定就是他们的阳光，在阳光的照耀下，他们的春天也就到来了。

　　在体育教学中，最怕的就是教师对特殊情况处理不当，导致有些学生对体育课畏惧和抵触。而要处理得好，教师一定不能太过于严厉，一方面，也许现在一时制止了他们的不当言行，但是会让他们出现抵触心理，课后或者下次会再发生同样的事；另一方面，会让那些"特别"的学生遭到孤立。所以，教师必须在合适的时间及时、适当地处理这些突发情况。

　　进入青春期的学生处于急需成人肯定的阶段，而教师是他们最信任的成人，所以，教师的鼓励和肯定是他们不断进步和积极学习的动力。

　　综上所述，情绪调控在体育教学中具有重要的作用。体育教师需要关注学生的情绪状态，通过培养积极的情绪态度、创造良好的教学环境、教授情绪调控方法和给予鼓励与支持等方式，帮助学生更好地参加体育活动。通过情绪调控，学生可以更好地应对挑战，提高自信心和表现水平，从而促进体育教学质量的全面提升。

（作者单位：北京市三里屯一中）

合作对话　学生们的实际获得
——以"技巧：滚翻组合动作"为例

魏静茹

　　"合作对话"是指教师与学生、学生与学生、学生与学习资料、学生与仪器、学生与环境、学生与自身等在合作基础上形成"成长共同体"，采取"对话"的方式，就某个问题进行探讨或内省，以此建立或完善共同体成员的认知体系和价值体系的过程。面对学校"合作对话"教育教学范式的实践热潮，我在体育与健康课堂中也开展了自己的思考与尝试。以"技巧:滚翻组合动作"为例，通过师生对话、生生对话、自主对话、器材对话等方式对体操教学、"合作对话"的实施、核心素养的培养等各个方面有了新的认识与收获。在课程的创设与实践中，坚持"以体育人"，根据学生特点，在循序渐进中做到学、练、赛、评的系统化实施，在"合作对话"中增强学生的实际获得感。

一、体育与健康课堂中的"合作对话"

　　"合作对话"打破了传统体育教学中的独语状态，它使学生在对话中丰富知识、增长见识、体现自我，成长为具有能动性、创造性，富有对话性和合作精神的现代人。在小学体育课堂中，教师充分运用"合作对话"教育教学范式，对传统的体育课堂教学模式进行革新，带给学生更为合理的学习方式。这将使学生在对话交流中掌握教师所讲授的内容，对于不理解的地方能够通过对话的形式提出来，与教师的教学形成互动反馈，并且最终达到教学相长，顺利地完成教师的教学目标。"合作对话"的诸多益处值得教师结合学生的实际情况不断探索与完善。

　　首先，"合作对话"教育教学范式有利于挖掘学生的创新潜力。在体育对话教学中，鼓励学生标新立异和别出心裁，不用唯一的动作方法完成实践练习，让他们无限的创新潜力被充分地挖掘出来。其次，"合作对话"教育教学范式有利于融洽师生关系。在"合作对话"中，师生组成"成长共同体"，师生之间的关系是情感得到交流的融洽的朋友关系，是共同参与教学活动的伙伴关系。最后，"合作对话"教育教学范式有利于增强学生的实际获得感。在体育教学中，要更加突出学生的重要位置，使学生在反复实践中感受技能动作要点，在对话中有真思考、真碰撞、真获得。

二、"技巧：滚翻组合动作"课堂里的"合作对话"

技巧教学是小学体育课程中的一项主要内容。"新课程标准"中提到：体操类运动的学练，可以有效促进身体的协调发展，塑造良好的体态和优美的身姿，培养空间方位感知能力，发展与同伴之间的友情，培养勇敢、果断、自信等优秀品质。通过构建"合作对话"的不同形式，让学生在健康行为、运动能力和体育品德等方面达到预定的目标。

（一）教师与学生之间的对话

"技巧：滚翻组合动作"的教学，要求在学生之前熟练掌握前滚翻、肩肘倒立的基础上，完成两个技巧动作的组合。在教学的很多环节中，通过教师与学生的对话进行动作技能的讲解与强化。例如，在两个专项小游戏中，通过教师主导、学生听从口令，以游戏的方式帮助学生活动头、肩等各个关节，同时发展学生的核心素质与快速反应能力。在主要环节中，因学生已经掌握了前滚翻、肩肘倒立，教师并没有过于强化这两个动作的技术环节，而只是强化了衔接动作。通过出示挂图、教师示范、学生观察的对话方式，进行重点体现，达到了教师抛出去、学生接得住的目的。

（二）学生与学生之间的对话

"技巧：滚翻组合动作"教学中，更多体现了学生与学生之间的对话。在复习肩肘倒立的过程中，教师采用了两人一组、生生合作的方式完成，利用小圆垫帮助学生达到肩肘倒立"立得快、立得直、立得稳"的要求。在学生练习滚翻组合动作后，教师挑选几名学生做动作示范，其余学生认真观察、给予评价，说出这几名学生的动作好不好，好的话好在哪儿，如果有瑕疵，应该如何改正，通过这个对话过程，也在检验学生的掌握程度。在滚翻组合动作的学练中，教师反复强调"蹬、绷、倒、展、夹、伸"重点关键字，利用两人一组对话合作的方式进行，一人担任小小体操员，一人担任小小裁判长，利用关键字作为打分点，在反复的评价中，再一次强化重难点。

（三）学生与自己之间的对话

在本次课的练习中，教师前期为每名学生准备了一个小圆垫。在课堂中，为了充分激发学生的练习兴趣和思考能力，学生在前滚翻、前滚翻成直腿坐、滚翻组合动作中，可以利用小圆垫，自创练习方法。学生积极思考，为了在前滚翻中达到双腿并拢绷直的目的，将小圆垫放在两脚之间，不让小圆垫掉落；为了在前滚翻中固定头、手着垫的位置，学生将小圆垫放在合适位置，用头触碰圆垫，还能达到用力蹬地的目的；等等。学生在练习中，充分发挥自己的想象力，既体现了对动作技巧的熟练掌握程度，也通过练习强化动作的重难点，以此达到高质量完成动作的目的。

（四）学生与体操垫之间的对话

在整个"技巧：滚翻组合动作"课程中，学生全程与体操垫为伴，也可以理解为时刻与体操垫对话。在做前滚翻准备动作时，低头团身的动作中头着垫的位置是否正确决定了前滚翻是否可以顺利完成。在肩肘倒立的过程中，后倒、翻臀的动作对学生的空间感知能力又有了新的要求。垫子的位置、垫子的软硬程度、学生对体操垫的理解都决定了整个组合动作的完成度。体操垫不仅是学生的练习工具，也是掌握技术动作的踏板。学生只有了解它、体会它、与它对话，才能和它融为一体，将技术动作做到完美。

利用"合作对话"的方式，学生乐于参与滚翻组合动作的学习，表现出较好的体操意识。在练习过程中，学生相互保护与帮助，对同伴做出正确的评价，帮助其改进，并通过教、学、练、赛提升了核心素养。

三、对"合作对话"策略的拓展与反思

教师在课堂教学中运用"合作对话"时不仅要对教材进行严谨认真的分析，还要将学生的学习情况、前测内容进行客观性分析，从而设计合理科学的教学手段与教学方法。在教学中通过"合作对话"等手段，可以展现课堂的新颖性和创造性。"合作对话"不仅仅体现在体操技巧课的教学中，也适用于各教材内容。如"跑：障碍跑"的游戏教学让学生创设"小勇士大闯关"的情景，小组通过尝试练习不同"关卡"，自主体验、小组探讨，在对话中提取最有效的"过关"方法；在过关过程中，通过师生评价、生生评价将"合作对话"扎实落实，从而在障碍跑的过程中，让学生真正掌握方法。教师要针对学生普遍存在的现象提出问题，学生要借助器材在实践中探究"合作对话"。

　　由此看来，教师应抓住教学内容的重点与难点及时进行指导，让学生尝试后体会技术动作，结合"合作对话"形式，享受成功的乐趣。为了提升学生之间的对话水平，教师还可以根据具体情况制作评分语和评分牌，学生在完成动作后，可自行出示评分语和评分牌。增加评价的方式与途径，让学生不仅掌握技术动作，还会评价、会对话，有收获、有反思。

（作者单位：北京市朝阳区实验小学福源分校）

用爱赋能

候　洁

　　在传统的小学美术教学中，老师往往只注重传授基本的绘画技巧，然后让学生自行练习，这就导致在美术课堂上，老师以命题的形式让学生自行绘画创作的时候，经常会听到学生说"没有想法""不知道怎么画""我临摹老师的范画吧"……出现这种状况的原因其实就是让学生长期临摹，一直处于一种老师教、学生学的状态，这种方式往往导致学生无法很好地与老师沟通交流，缺乏师生之间的有效互动以及对学生想象力与创造力的培养，不能有效激发学生的学习兴趣和创作灵感，只会使学生养成墨守成规的习惯思维，难以取得良好的教学效果。

　　《义务教育美术课程标准》（2022年版）旨在培养学生的审美意识、创造力和艺术技能，促进学生全面发展，强调将教学回归到人本身，帮助学生发现美、感知美，提升审美情趣。这也与"合作对话"的教学理念不谋而合，该理念旨在改变传统的教学方式，注重教师与学生之间的交流与合作，以激发学生的学习兴趣和创造力，提高美术教学的效果。本文将通过具体的案例来探讨对"合作对话"教学的理解与疑惑。

一、美术课上的一件小事

　　在三年级一班的美术课上我发现了这样一个现象，当我讲完课上知识、布置完课堂实践任务后，其他学生都兴致勃勃地画起了画，只有一个小男孩愁眉苦脸地拿着笔对着他的画纸发呆。我走过去轻声问他："怎么了？"他非常郁闷地告诉我："我不会画。"我说："怎么会呢？你可以告诉我你哪里不会画吗？"孩子支支吾吾地说了半天也没有说出自己哪里不会，甚至还问我："老师，我可以不画画而去写作业吗？"课后我找到他的班主任老师了解到，这个孩子对语、数、英之外的其他科目课程都不感兴趣，我想那他肯定这些科目学得都很好，但结果并不是，这个孩子的主科成绩在班里处于中等偏下水平，他只是对于作业有近乎强迫症似的执着，觉得只要完成作业，自己的成绩就可以提高。我发现这个孩子对学习方法有一个错误的认知，而想要改变这种情况必须先让孩子改变自己的认知，对学习有一个正确的态度。

但是，我作为一名科任老师，每周只有两节课的时间和学生们相处，所以肯定不能做到像班主任老师那样全面地了解每个学生的特点。于是我主动找到班主任老师，想联合班主任老师一起帮这个学生。首先，对他进行思想上的教育，让他慢慢改变这种只有写作业才可以提高学习成绩的错误认知，并告诉他要全面发展，科任课的学习会丰富他的知识体系，有助于其他主科的学习。其次，在美术课上，我时刻关注他，降低学习要求，鼓励他尝试动手去画、去做，还手把手地教他如何构图、搭配色彩等，针对他提出的问题进行一对一的辅导，只要他有一点进步，我都会及时给予鼓励，并在全班同学面前表扬他的进步。慢慢地，我发现他在美术课上开始变得积极了，会主动拿着他的作品来找我，也不会再说只想写作业这样的话了。从他的变化中，我感受到这段时间我和班主任老师的付出没有白费，和班主任老师的合作模式是成功的。通过这次实践，我发现加强科任老师与班主任老师的合作真的很有必要，班主任老师就是科任老师与学生之间的纽带，做好科任老师与班主任老师的联合，可以更好地促进学生全面发展。

二、小事背后的思考分析

在美术教学中引入"合作对话"教育教学范式是可行的和必要的，它不仅可以提高教学质量和效果，而且可以促进学生个性化发展和自主能力提高，对于克服传统教学的弊端起到了积极作用。

虽然"合作对话"教育教学范式具有很多优势，但在实际操作过程中也可能会遇到一些问题和疑惑。以下是针对"合作对话"教育教学范式可能出现的困难提出的相应解决方式。

1. 学生在合作中不积极参与怎么办

如果有些学生在小组合作中不积极参与，那么他们就无法充分发挥自己的潜力。为了解决这个问题，教师可以给予学生更多的关注和指导，鼓励学生积极参与讨论。同时，教师还可以通过评价机制来激励学生积极参与合作。例如：教师可以根据学生在小组合作中的表现和贡献来给予相应的评分和奖励。

2. 学生在合作中发生冲突怎么办

在小组合作中，学生之间有时会出现意见分歧和冲突。为了解决这个问题，教师可以给予学生一些解决问题的方法和建议。例如：教师可以引导学生学会倾听他人的意见和建议，尊重他人的想法和创意；同时也可以指导学生学会用建设性的方式表达自己的观点和想法。此外，教师还可以通过小组竞赛等活动来增强团队合作精神和凝聚力。

3. 学生在合作中缺乏独立思考能力怎么办

有些学生可能会过分依赖其他学生的想法和创意，而缺乏独立思考的能力。为了解决这个问题，教师可以鼓励学生在小组合作中进行多样化的思考。例如：教师可以引导学生在小组讨论中提出不同的观点和想法，同时也可以给予学生一些独立思考的时间和空间。此外，教师还可以通过引入评价机制来激励学生独立思考和创新。例如：教师可以根据学生在小组合作中的创意和创新来给予相应的评分和奖励。

在实施"合作对话"教育教学范式的过程中，作为小学美术教师，我们需要充分发挥自己的创造力和想象力，积极寻找各种有效的教学策略和方法，以提高学生的学习兴趣和参与度。同时，我们还需要时刻关注学生的个体差异和特点，给予每个学生充分的关注和指导，帮助他们充分发挥自己的潜力。

（作者单位：北京市三里屯一中）

"三十六计"，爱为上计

孙 雍

现在的学生学习压力很大，父母"望子成龙""望女成凤"，导致教育超前，让孩子学了很多超出其认知能力的知识，同时也出现了一些科任学科不被重视的情况，而美术，就是最容易被忽略的一个学科。

作为一名有着超过 10 年教龄的美术教育工作者，我一直致力于美术教育对其他学科及育人的促进作用的研究。在此，我谈谈在小学阶段通过美术教育"拯救"问题学生的几点见解。

小学美术学科现状

艺术课程标准指出：以习近平新时代中国特色社会主义思想为指导，全面贯彻党的教育方针，遵循教育教学规律，落实立德树人根本任务，发展素质教育。虽然美术是小学教育中的重要组成部分，但一些具有美术天赋的学生在主科的压力下，慢慢沦为了后进生。英国社会学家斯宾塞说过："当一个孩子处于不快乐的情绪中时，他的智力和潜能就会大大降低。呵斥和指责不会带来好的结果。教育的目的是让孩子成为一个快乐的人，教育的手段和方法也应该是快乐的。就像一根细小的芦苇管，如果你从这一头输进去的是苦涩的汁水，那么从另一端流出的也绝不会是甘甜的蜜汁。"所以，作为小学美术教育工作者，我们有责任以学科的力量去"拯救"这些有困难的学生。

美术教育对人的影响

美术教育是素质教育的基础学科，它能涵养人的恒心、毅力、兴趣、勤奋等优良品质。很多家长为了让孩子集中注意力，往往让孩子学习绘画或书法。美术还可以发展兴趣，充实人的业余生活；培养创造力，促进创造性思维的发展；帮助学生形成观念，发展学生的学科思考能力；等等。所以，强化美术教学，以美术培养学生的艺术细胞，以艺术提高学生的审美能力，创造美的人文文化，以美的魅力促进学生人格的健康发展，就能很好地为他们将来成才奠定坚实的基础。

在每个学生心里种下一粒远大的、朴实的、会开花的理想种子，是教师最神圣的使命。

三十六计，爱为上计

童话大王郑渊洁认为："差生"是不好的老师和不好的家长一手打造出来的。我有十多年的美术教育经验，经历了无数的问题学生，也相信了美术的力量。很多问题学生，都可能成为出色的艺术家，他们大都具有独特的创造性思维，创意别具一格，老师只要用心，假以时日，定能在育人上有所收获。

1. 抛砖引玉

以前，老师是课堂的主导者；现在，老师更多的是辅导、陪伴和引导，不再霸占课堂的话语权，而是有意识地让学生进行实践，在教学全过程中发挥"扰启、内省、质疑、实践"的作用。我曾经教过一个四年级的学生，他上美术课从来不带东西，别人做作业时，他要么就睡觉，要么就捣乱，还经常在地上爬。他上其他学科也一样，老师个个都对他头痛，在上课时尽量安抚他，以免影响别人。有一次，我找到了他：

"喜欢画画吗？"

"嗯……喜欢。"

"我能看看你画的画吗？"

他给我看了语文书和其他学科书上的涂鸦。

我说："有意思，这画的是战争吧？"

"对！"他高兴地说。

他又给我讲了他画的这个是什么枪、那个是什么坦克。

"那你能不能以后上美术课就画这些？每节课画一个不同的故事。你要答应我，我就送你一本素描本专门用来画你的小故事。"他答应了，从此每节课都画战争，不仅贯穿了情节，而且在画的过程中他学会了思考、得到了满足。我经常关注他，及时给他鼓励和表扬，他转变得很快。哪怕是什么都不像的一个圆和几根线，我都乐意帮他从网上找素材，所以他信任我，他在我这里感受到了尊重。其实，学生完成作业或作品的过程是一个自我教育的过程，这是因为完成作业或作品的过程不仅创造了美，而且提高了审美能力、产生了美感体验，其间或是对生活的热爱，或是对丑恶的憎恨，或是对往事的升华，或是对希望的追求，都激荡着学生的心灵，陶冶着学生的情操。

2.将计就计

"合作对话"式课堂所主张的"师生+时空"情境创设，要求调动学生的参与感，主动和老师一起参与、思考情境创设，这就是一种扰启方式，而学生也有比想象中更精彩的表现、更自主的表达、更积极的探索。我上三年级课时，突然听到有人大叫，一看，原来是个心绪有点凌乱的女孩。我走过去问："你怎么了？"其他学生纷纷对我说："老师，不要管她，她就是这样的。"看来其他学生已经习惯了这么一个破坏纪律的学生的存在，肯定也有老师提示过大家不要理会她。我行间指导时，来到这位学生面前，意外地发现她画得非常好。我当着她的面，看着她的画，说："这是你画的？我喜欢！老师会把你的作品放到橱窗里展览，让更多人欣赏。"她特别开心。之后再上她们班的课，她开始主动来找我，也会拿画给我看。慢慢地，她除了找我画画，也会找我说一些事情，还会突然带来一大堆她的绘画作品给我看。看着她的进步，我体会到了作为美术老师的成就感。

3.仁者无敌

教育的关键是师生关系，好的师生关系不应该是对抗的，而应该是合作的。轮岗期间，刚开始我对学生还不是很熟悉。陈同学上课经常说话，特别喜欢接下茬，我上课经常被他打断。有一次，我问他："你这么不喜欢上我的美术课吗？"他立马反驳我："我是最喜欢画画的，也喜欢跟您说话。"直到今天我都记得这句话，我差点误会了学生。因此，要多跟学生交流，充分发挥学生个体灵动能力，调动多种资源，借助多种方法，促进学生成长。

总结

"合作对话"式课堂上最大的改变，是真正实践"授人以渔"的道理。我相信，每个愿意为教育事业献身的教师，只要有矢志不渝的决心，有不畏艰难的精神，总能找到一把属于你的去开启学生心智大门的钥匙。只要你努力地推开它，就能看见那乌云背后灿烂的阳光。

（作者单位：北京工业大学附属中学十八里店分校）

真诚的"合作"唤醒深刻的"对话"

薛艳梅

教育的目的是什么？这是身为教师的我们必然要思考的一个课题。王世元《理想教育文化建构："合作对话"教育教学范式的理论与实践》一书的开篇就探讨了这个大家都关注的核心课题，书中这样写道："教育的本质是传授知识、完善人格。由教育的本质，可推出人类教育的目的是追求人类的幸福生活。"

由此，我们便有了如何实现这一目的的进一步的思考与实践。

在"合作对话"教育教学范式理念的指导下，我越来越明晰了应该如何引导高中阶段的学生正确认识高考以及高中三年的学习。学校培养人是"为党育人，为国育才"，国家真正需要的是能够为国家发展、社会进步贡献力量的人，每个学生都应自觉地把个人的发展与国家的需要紧密地联系在一起。

然而，现代社会飞速发展的快节奏带来的压力，包括将来的就业压力，让很多学生出现了"卷又卷不赢，躺又躺不平"的焦虑感，以致出现厌学甚至心理问题等。面对这样的状况，我既心疼又焦虑，该怎么帮到这些孩子，让他们重拾对生活的信心、对未来的美好憧憬？《理想教育文化建构："合作对话"教育教学范式的理论与实践》这本书为我指明了方向，为我提供了"合作对话"方法论的指导。

我教的历史班中有一名男生叫小觉（化名），印象中我好像没有完全看清楚过他的面庞，因为他在教室上课的时间很少，好不容易来了学校，要么是趴在桌子上睡觉，要么就是被叫醒后睡眼惺忪地表达他的不耐烦，然后趴下继续睡。我跟班主任了解了他的一些情况，知道这孩子存在一些心理问题，尤其是跟人沟通有障碍，还易怒，所以大家轻易不敢招惹他。在一次考前复习课上，他破天荒地没有睡觉，而是在与老师互动，发言的时候声音很大，但是语调很奇怪，手舞足蹈像在表演，所以大家都不明白他在说什么，只是觉得样子很搞笑。我刚开始有些惊讶，不知所措，但是马上意识到要抓住时机，要保护好他这来之不易的交流互动意愿。我立刻调整自己，专注地努力听他在说什么。让人欣喜的是，他的历史知识储备情况还是很让人惊叹的。其他同学用尽可能的善意去理解他的表现，但还是有人忍不住笑出了声。我及时制止了发笑的同学，并且对他的发言真诚地表达了肯定和欣赏，但是他好像并不太在意老师和同学对他的态度，很快又回到了自己的世界。

下课后我微笑着走到他的身边，亲切地对他说："你课上的发言真的让老师眼前一亮，说明你读过不少书，并且很有思想，老师很希望能够跟你有更多的交流。"他用木讷的眼神很敷衍地看了我一眼，没有说话，然后我很知趣地离开了他的座位。在后来的课上，他偶尔还是会睡觉，但是坐起来听课的时间越来越多了，有时也会冒出来几句回应老师，同学们对他也逐渐包容和接纳了。我在每次课后都会找他聊上几句。当问到他喜欢什么运动的时候，他第一次对我笑了，他说："喜欢骑自行车，还喜欢在黑夜里看星星。"我被他纯真的笑容感动了，握住他的胳膊兴奋地说："我也喜欢骑自行车、喜欢看星星，我们有着共同的爱好。"然后我跟他讲了小时候在农村，骑着自行车在田间小道七拐八拐练车技，还被小狗追；还在黑黑的夜里仰着头与那满天繁星说悄悄话……

（作者单位：北京市三里屯一中）

抱抱我的"情绪小怪兽"

朱婉桐

通过"合作对话"方式，引导学生正确面对和化解自己的不良情绪，与"情绪小怪兽"融洽相处。在教学过程中，围绕学生成长，充分发挥学生的个体灵动能力，不断优化"合作成长共同体"，有意识地培养学生的生长能力，使他们的身心得以健康发展。

▶案例背景 ✎

小米（化名），男，小学一年级学生，性格耿直倔强，脾气暴躁，爱发火，做事易冲动，难以控制自己的情绪，多次和老师、同学发生冲突，甚至还会打同学、推老师。

一次语文课，小米举手回答问题，但是答错了，引起同学们的哄笑，他意识到自己回答错误后马上改正过来，但是老师已经叫别人回答了。他觉得老师故意跟自己过不去，而且是对自己智商和能力的不认可和嘲笑，情绪激动，十分气愤，于是一边大力地拍桌子，一边怒吼，表示不服气。

还有一天的课间，几个同学在下五子棋，小米故意把他平时不怎么喜欢的同学挤了出去，还恶语相向，两人起了争执，而后打了起来，劝架的同学也被小米推倒在地。

通常，他都是以歇斯底里的哭喊和吼叫来宣泄自己的情绪，不时也会跑出教室一去不回，有时是一节课，有时是半天，班级的氛围和课堂进度都受到了不同程度的影响。这是我需要运用"合作对话"教育教学范式去解决的问题。

▶解决问题的过程描述 ✎

1. 明确目标

近期目标——帮助小米树立边界感，学会控制愤怒且学会正确表达，内心趋于平和；长期目标——能正确面对和化解不良情绪，增强自我心理调节能力。

2. 具体举措

第一次辅导：尊重、倾听，建立情感链接。

"合作成长共同体"是一个整体，是在真诚合作的基础上，教师围绕学生成长，充分发挥学生个体灵动能力，借助时间、空间、任务、材料、目标、方法等一切手段促进学生成长。只有我们协助而不是代替学生在"成长共同体"中发展自己，学生才会进行理性思考。所以，首次辅导的主要目的是建立情感链接，让小米获得心理上的认同感和温暖，觉得自己是被理解和接纳的，这样也就打开了他的心门，使他开始自我表达。

小米说："我昨天在和朋友玩五子棋时，刘同学故意碰了我一下，导致我下错了棋。我觉得他就是在针对我，所以我必须要将这口气发出来，让他们知道我不是好欺负的。于是，我就和周围的同学打了起来。"

在本次辅导中，我采用叙事的方式回顾叙述和反思，唤醒小米的对话意识。在回忆与同学之间相处不愉快的经历之后，首先让他重新审视事情的原因和经过，并总结出不恰当的情绪控制带来的消极后果。

第二次辅导：会一会"情绪小怪兽"。

在事情发生的当下，我们会被一瞬间巨大的情绪漩涡给裹挟，最直接的表现就是以大哭来释放情绪。

教师问小米：你觉得哪个"小怪兽"经常会找上你？

教师出示卡片：惊吓、喜悦、悲伤、沮丧、激动……

小米马上回答：是"愤怒"这个小怪兽。

那闭上眼睛想象一下找上自己的这个小怪兽是什么样子的？它是什么形状？什么颜色？可以拿起画笔把它画下来吗？

小米在情绪单上画出独一无二的小怪兽。

教师：那这个小怪兽会在什么时候找上你呢？

小米：老师批评我时；同学给我起外号时；父母凶我时；弟弟和我开玩笑时……

教师：当有不顺心的事情发生时，小怪兽就会跑出来嗷嗷叫，对吗？

小米：对。

教师：当愤怒小怪兽找上门时，我们越生气，行为就越不容易受控制，后果就越严重，甚至是无法改变和挽回的。所以我们要去及时安抚它。

在本次沟通中，我引导小米通过运用不同的工具和方法，回忆和描绘"愤怒"，使他明白要学会安抚愤怒小怪兽，进而激发起他与问题抗争的意识和力量，深化他对方法、工具、技术重要性的认识，为接下来的调节情绪环节做铺垫。

第三次辅导：抱一抱"情绪小怪兽"。

教师：情绪真是只小怪兽呀，没有相处好就会有各种问题，因此有必要了解一些安抚"情绪小怪兽"的方法，让你与它和谐相处。

方法一：转移注意力法。研究表明，暴风雨般的愤怒情绪的持续时间往往不超过12秒，爆发时会摧毁一切，但过后会风平浪静。所以，我们要想办法让自己尽可能地平静度过这12秒。因此，当感觉到情绪快要爆发时，应该尽快离开让自己感到愤怒、生气的环境，将注意力转移到新的环境或新的事物上。我们可以借助心理学的相关研究结果，激发学生自主思考的潜能，帮助学生自主生成调节情绪的方法，触发"德性内生"。

方法二：认知调节法。当我们对同一事件的看法不一样时，我们会有不一样的情绪及行为结果。所以，不是客观事件引发行为结果，而是我们对客观事件的看法引发行为结果，而我们的看法是可以调节和改变的。换个角度，我们的情绪和行为也会发生改变。

方法三：换位思考法。谁都不愿意成为别人发泄情绪的对象，在对别人发火时及时站在对方的角度想想，如果此时别人用相同的方法对待自己，自己会怎么想。

生活中有很多办法可以让愤怒的小怪兽平静下来，相信一定会找到适合自己的安抚愤怒的妙招。

第四次辅导：科学追踪后续，见证成长。

3. 制定奖惩措施

（1）需要在父母或老师的帮助下才能控制住愤怒，奖励1颗星。

（2）靠自己控制住愤怒，奖励2颗星。

（3）无法控制愤怒，扣除3颗星。

在情绪本上记录自己愤怒的时间、事情经过及运用方法。

同时，利用班会时间与同学们一起来做个"愤怒消消乐"小转盘，将觉得适合自己的安抚愤怒小怪兽的方法写在转盘上，生气时拿出来转一转，用班集体的智慧打败愤怒小怪兽。

通过制定奖惩措施，引导学生学会控制自己的情绪，做到与同学积极交流、友好相处，同时在班级活动中，引导同学们集思广益，归纳总结适合自己的安抚愤怒小怪兽的方法。

通过进行"合作对话"式教育，小米的情绪掌控能力有了明显的提高——他极少会为了琐碎的小事而爆发，变得大气，变得宽容，变得会理解别人。当然，这其中免不了有反复的时候，我们要正视与接纳他的反复，看到他的努力，看到他和自己所做的斗争和改变。

▶案例分析

小学生的情绪有很大的外露性，不容易稳定，常会毫不掩饰地在面部、行为中表现出来。他们生气时往往反应激烈，难以自控，影响周围的人。在日常班级管理中，我们会发现很多被情绪小怪兽干扰的孩子，而在"合作对话"的模式下，我们能更好地看见孩子、理解孩子、接纳孩子，帮助他们感受和了解愤怒情绪，学会用合适的方式安抚愤怒情绪。通过创设情境，提出问题，生成对话，发展学生的探究欲望，用孩子最乐意接受的表达方式，走进孩子的内心；我们要引导学生在日常生活中树立主动调适情绪的意识，培养学生积极阳光的心态，促进学生身心健康成长。让我们和孩子一起成长，一起遇见最美好的自己！

（作者单位：北京市陈经纶中学分校望京实验学校）

第二章

尊重成长

"合作对话"教学是理想教育文化追求的教学样态，围绕对话主题开展一系列对话活动，通过"合作对话"弄清问题，形成新的认知，并掌握新的研究方法，形成新的技能；通过对话唤醒学生的认知，构建学生的知识体系，发展学生的实践能力，开阔学生的科学视野，从而构建"师生＋时空"的"合作对话"教学样态。

在学校教学情境中，尊重体现在教师能够以尊敬、平等的心态与言行对待学生，遵从学生的认知发展规律与生活经验，并在此基础上，引导学生参与教学实践。

尊重学生体验，"合作对话"生成"美"

——六年级上册《草原》教学案例

李菲菲

我在讲六年级《草原》这一课文时，因一个学生独特的阅读感悟，师生之间、生生之间进行了充分的对话，从而教学效果超出了课前的精心预设，于是，师生沿着"美"的路线解读文本，创造了"保护美"的新线索，构建了新的阅读体验。一时间，课堂因"合作对话"的生成，变得越发精彩。

▶ 案例背景

《草原》这篇课文是我国著名作家老舍先生的作品。在课文里，老舍先生把自己第一次见到草原的真情实感告诉读者，向读者介绍了草原的自然美和人情美，让读者体会到了草原独特的韵味，感受到了蒙汉同胞的深厚情谊，歌颂了民族大团结。对于学生而言，如何感受文字营造的美感一直是学习难点。

▶ 解决问题的过程描述

我在教学时，参考了很多名师的课堂教学，试着给学生提供更多支点，引导学生通过不同的方法感受文字带来的美。因此，在教学时，我采取先整体感受再品读优美句子的方式进行讲授，并且结合自己对"合作对话"教育教学范式的研究，鼓励学生多读课文，多讲感受，描述情景，充分交流对话，尽可能多地增加生生对话、师生对话、学生与课本的对话。

教师：这真是蒙汉情深何忍别，天涯碧草话斜阳。让我们展开想象，说说夕阳西下他们话别的场面。

学生：蒙古族同胞会说，欢迎你们再来。

学生：多住几天，真舍不得让你们走。

学生：你们的草原一碧千里，真令人神往。

学生：草原风景秀丽，人们热情好客，有空我还来。

学生：奔驰的骏马，静谧的牛羊，一碧千里，并不茫茫，的确是草原天堂。

一切都在我备课的预设之中，学生通过课堂上的充分交流对话，将自己体会到的草原之美，表达得淋漓尽致。

此时一名学生的回答，使我有了新的思考。

学生：老师，这是老舍先生笔下的草原。我去过草原，那里的景色没有课文里这么美。

课堂上的我有些愕然，其实我也去过草原，我和这位学生的想法不谋而合，于是继续对话。

教师：那么，你想说的是什么呢？

学生：听妈妈说是人们不保护环境，使草原沙漠化了。我想说，让我们一起保护地球，让草原一碧千里，永远美如天堂。

学生们顿时议论纷纷。有学生说："是，看不到这么美的地方，多可惜，我还没去过草原呢！为了看到和课文描述一样的美丽景色，我也要为保护草原出份力。"

这节课因为一个学生独特的阅读感悟，因为师生之间、生生之间的充分对话，教学效果超出了我课前的精心预设，于是，师生沿着"美"的路线解读文本，创造了"保护美"的新线索，构建了新的阅读体验。一时间，课堂"美"不胜收，课堂因充分对话的生成，而真诚、感动、精彩。

▶案例分析 🖊

课后我便思考，我觉得"合作对话"式的教学，就是师生都融入其中，在共同交流和探讨中完成一节课，尤其是阅读教学应充分与学生对话，充分尊重学生的独特体验。同时，西方美学理论认为，阅读活动是作家体验与读者体验相融合的一种历史性交流或对话。课程标准也指出，教师是学习活动的组织者与引领者，这个引领者必须具有广博的学识、丰富的教学经验和深厚的人文修养，必须始终关注学生的情感、态度、价值观和行为变化，理解并尊重学生的独特体验。所以，这也给教师设置了更高的标准，教师只有不断提升自己的能力，保证自己有足够的学识与内涵来把握课堂，才能有更充分的对话。

学生在体会了景美和人美之后，通过有感情的朗读，陶冶了情操。学生对草原美景的向往，使得学生联系生活实际，有了保护草原美景的想法。我如果没有与学生充分对话交流，共同探讨，可能就只会循着风景美、人情美的路子教这篇课文，而学生对课文的多元化解读也会被我制止，多彩的课堂氛围也就不会出现。

我不由得感慨，如果我漠视了"对话"，那么学生的这一独特体验、草原的美和当时的课堂，也就不复存在。草原美色永驻，但不会在我的教学中留下如此美的深刻记忆。

（作者单位：北京市三里屯一中）

质疑，让语文课堂充满活力

张晓曼

　　语文学习的最高境界是"享受语文"，是享受思考的成果，是享受思考的过程。"未学患无疑，疑则有进，小疑则小进，大疑则大进。"这是南宋哲学家陆九渊之言。爱因斯坦说："提出问题比解决问题更重要。"新课标要求能主动进行探究性学习。自主、探究性学习的核心就是发现问题。可见，培养学生的质疑能力很重要。我认为："教师在乎什么，学生就发展什么。"教师一定要尊重学生，让学生在语文课堂上充满自信，让学生乐学、爱学，让语文课堂充满问题，让课堂充满思考。

一、探究学习，有疑而问

　　探究性学习是当今培养学生创新素质较为先进的学习方式之一，它的学习效果是通过需要探究的问题来呈现的。问题是探究性学习的核心，所以，我们要恰到好处地设置有价值的问题，让学生在质疑中提出有挑战性和吸引性的问题，这是探究性课堂学习获得成功的关键。在语文教学中，教师要鼓励学生质疑问难，因为质疑问难是激发学生学习兴趣、启发学生思维、发展学生智力的重要手段，是培养学生自主阅读能力的有效途径。运用探究性学习方式，能够让学生在提出问题、解决问题的对话讨论、相互交往与师生互动中开发潜能，从而增强各项素质。

二、学起于思，思源于疑

　　美国心理学家吉尔福特说："科学家成功与否很大程度上取决于他提出问题的能力。"只有发现问题和提出问题，才能有目的、有步骤地提出解决问题的方法，得出相应的结论。培养学生创新精神当然也要从问题开始。

　　在教学过程中，我深深地体会到，问题最易激发学生的学习兴趣，引发学生的思考。学生感到有兴趣，学起来就积极主动，充满热情。"学起于思，思源于疑"，通过平日的教学实践，我发现在课堂教学中围绕主题与次主题的探究，最受学生欢迎。

三、以情育人，立疑激趣

（一）尊重学生，敢于质疑

尊重学生，创设和谐、民主的课堂教学氛围，激发学生强烈的学习动机，是学生大胆质疑的基础。这就需要我们在平时尊重学生、爱护学生，与学生建立平等互助的师生关系，尊重学生的个性，善于保护学生学习的积极性，要让学生感受到成功的愉悦、享受到读书的欢乐，促使学生愉快地进行思考。对于课堂上总爱提问题的学生，即使提出的问题质量不高，也不应轻易否定，要鼓励学生再动动脑筋，想想还有没有别的问题。对于有惰性或生性胆小羞怯的孩子，更应及时地多加鼓励："勇敢些，老师相信你能行！""啊，你真了不起！"一个肯定的微笑，一个赞许的目光，或者一个翘起的大拇指，都会使他们信心倍增，"问"趣益然。

（二）营造氛围，乐于质疑

独立是学生在学习过程中真正意义上的自由。学生的质疑必须建立在自己进行独立追求的基础上。没有学生的独立追求，不经过思，就不会生疑，"合作对话"也就不可能真正发生。所以，要营造好适合对话的氛围、设计好学生自我对话的环节，在课堂上舍得把时间留给学生。

教授《富饶的西沙群岛》一文时，我在征求了学生的学习建议、明确了学习任务之后，就让学生在开放的学习空间里，在自我对话的基础上，进行同伴间对话。学生通过读，通过讨论，提出不少问题。对于那些简单问题，我就随机请学生解答。对于有难度的问题——"西沙群岛风景优美和物产丰富各表现在哪里？""作者是怎样进行描写的？"，我请小组展开讨论。通过小组"合作对话"，这两个很有价值的问题都得到了解决。此刻我才真正体会到，只有建立在宽松、平等基础上的伙伴之间通过互动产生的质疑，才是学生内心最渴望寻找的。

（三）拓展思路，善于质疑

在语文教学中，我们应注重引导学生产生疑问，从而培养学生的思维能力。在教授每篇课文前，我会让学生预习，并要求学生边读边想课文中有哪些地方不理解，把问题写在质疑本上。教师检查后，对认真提问题或提的问题较有思考价值的学生给予肯定、表扬，以此激发学生提问的积极性。同时，在教学过程中，拓展学生的思路，培养思维品质。学生通过自读课文、小组讨论来释疑解难，对课文内容的领悟也就水到渠成。学生学会了思考，也就学会了质疑。

（四）尊重评价，提升质疑水平

学生质疑问难时，教师应及时掌握学生的反馈并及时采取措施，调整质疑的进程，把握质疑的方向，促使教学过程顺利进行。在教授《荷花》这一课文时，一名学生提出：为什么荷花会从荷叶中"冒"出来？其他学生一时思路堵塞。于是，我马上引导："'冒'与哪些词语意思相近？"学生答："长、钻、伸、穿……"我又顺势问："作者为什么选择用'冒'呢？"顿时，学生们从迷茫、困惑中一下子豁然开朗，展开激烈讨论，越思越精，乐趣无穷。

四、拓展延伸，深度质疑

我在备课中精心把握设疑的尺标，根据学生知识能力的实际水平，在尊重学生的基础上，坚持"学生跳一跳就能摘到果子"的原则来设置问题。设疑可以安排在课之初，让学生带着问题进入教学；也可以安排在课之中，当学生提不出什么问题时，教师的设疑如同一颗石子投向平静的水面，会荡出层层涟漪；还可以安排在课之尾，提升课堂教学的吸引力。

总之，我构建探究性课堂教学的思路是：以问题为线索，带动探究性学习；以活跃思维为目的，让学生学得生动活泼。正如教育家刘国正先生所说："就课堂教学来说，不是我教你学，也不是你启我发，而是教与学双方做到和谐的交流，教师引导学生，学生也推动教师，教师得心应手，学生如坐春风，双方都欲罢不能，其乐融融。"教师要尊重学生、引导学生，让学生在语文课堂上充满自信，学会思考，学会质疑，思想的火花一旦点燃，创新的火焰就会熊熊燃烧。

（作者单位：北京市朝阳区实验小学福源分校）

对话教材，让学生穿越时空、感受阅读之美

潘晓旷

理想教育文化有一套完整的理论体系，它从根本上诠释了一种符合时代发展、立足于学生成长的教育理念。它以培养具有尊重、民主、责任、科学素养的准最佳公民为目标，最终实现社会主义核心价值观、学生发展核心素养以及"减负"三个方面落地。"合作对话"式教育是理想教育文化的呈现方式。它重新界定了学校范畴内的师与生、生与生、师生与时空的关系，将师生关系定义为"合作成长共同体"，认为"合作"是"对话"的基础，"对话"使教育深刻发生。在这一教育理念的指导下，我们要改变教学思想、教学方法，创建"合作对话"的时空，使学生经历从"看"到"听"、到"想"、再到"写"的全过程，思维循序提升，最终达到透过现象看本质的目的。

语文学科如何创建"合作对话"的时空，给予学生更多的空间，让"合作对话"落实到位呢？我将阅读作为突破口，通过和学生开展一次次时空对话，与角色交流、同先贤畅谈，感受烽火岁月、体会岁月静好，在一篇篇文章中感受语言之妙、品味阅读之美。

一、对话文本，体现启发之美

阅读是人类从字面符号中获取信息的活动，是一种极其复杂的认知加工过程，而阅读能力是一个人一生之中最重要的能力之一。

当下很多孩子到了高年级就会觉得做阅读理解很困难，不知如何下笔，缺少思路，甚至有的孩子一看文章很长，就连看下去的心情都没有了，这样能做好阅读理解吗？！老师在这个时候才发现问题，从头学、教方法、单独补课等，这时的孩子只是单纯为了分数进行阅读，而不是发自内心地喜爱阅读。以这样的心态

去阅读，是怎么也读不好、读不深的。

所以，结合"合作对话"的创新模式，我力图在课堂上改进方法，促进课堂效率的提高。"合作对话"中包括了"扰启、内省、质疑、实践"的教学方法论，针对学生的问题，我认真研读了解后将之运用到了课堂中。

用好教材，和教材对话。教材内容是我们展开对话的好帮手，因为孩子接触最多的就是手中的教材。低年级的语文教材结合了现阶段孩子的年龄特征，插图比较多，文章不长，都带拼音，方便孩子自主拼读，且内容浅显易懂，形式多样，充满乐趣。这样的教材很适合低年级的学生，但是很多孩子读过一遍后就不会再去看了，孩子总说："上课读过了，老师也教了，回家不用读了。"

这样的读，不能称为读，只能叫作"扫"，于是我首先用上了"扰启"，即扰动启发学生的思维，并在一定的时机进行扰乱，不断激发学生的思维。

二、对话角色，感受想象之美

小学语文教学不但要把握小学生的思维特点，即从以具体形象思维为主要形式逐步过渡到以抽象逻辑思维为主要形式，还要把培养敏捷性、灵活性、深刻性、独创性、批判性思维作为发展智能的突破口。所以，要采用"合作对话"的形式，把学生视为学习的主体，与学生一起合作学习，创建不同的对话空间，以达到提升学生思维的目标。

在学习《称象》这一课文的时候，文章较长，有些孩子不爱读，于是我找到相关的影视作品，先播放一部分，然后暂停。孩子们很着急，都想知道后面怎么样了。此时我抛出问题："此刻你就是曹冲，你会怎么做？""你会说什么？""你又会有怎样的想法？"创设这样一个动静结合的时空想象空间，让学生先大胆猜测可能会发生的事情，学生沉浸在这个情境中，可以发挥自己的想象力，大胆地表达。同学之间还可以互相补充，能力强的同学还有支撑自己的理由。在激发起了兴趣之后，我说："同学们的猜测对不对呢？请你们自己读一读，找找看。"这时候，孩子们就会带着疑问、带着兴趣自主地进行阅读，在读的过程中结合文字和看到的画面，那一刻，仿佛真的成了曹冲，置身于情境之中，体会着角色的感受。

在通读完一遍后，我又要求孩子们找到曹冲称象的自然段，标一标曹冲是分几步完成称象的。在这里我再次创设对话文本的时空转换空间：小组间合作，尝试着用简单的图展示称象的步骤，并说说自己的想法。在活动过程中，学生通过和书本对话、和人物对话，把文字转化为图，再将图转化为自己的语言。一堂课下来，很多同学都能大概复述这个故事，学生的思维能力提升了。

因为对文章的兴趣，孩子们读得津津有味，找起来也得心应手。这时候我激发学生进行内省，回顾在刚刚的教学过程中自己是如何学习的，分别做了哪些事。在讨论过程中，有同学会产生质疑，包括对环节的质疑、对课文内容的质疑，也有对同学回答的质疑。这就形成了一个生生对话的思维碰撞空间，学生为了证明自己的论断，要从文本、资料中找寻依据，再转化为自己的语言与他人进行辩论。

这点对于低年级的小朋友是很困难的，但是这也恰恰激发了学生的学习欲望。在这样热烈的学习氛围中，学生的思维提升了。最后为了巩固学生的阅读效果，我为孩子留的作业就是，回家以后把曹冲称象的故事讲给家人听。这就是一种实践，对课堂的知识进行实践创新，对课文进行简单复述，即使是不熟悉学生也愿意再次打开书去阅读。

三、对话思维，发现阅读之美

学生的思维潜力一旦被激活，就会在实际学习中更主动，如主动进行知识探究、主动独立思考。通过创设不同空间的对话情境，学生的思维被打开，这时就需要借助思维外化的形式载体，帮助学生展现自己的思维。

在低年级学生学习《雷雨》《太空生活趣味多》这类科普文章时，可以开展"科学探索编辑部"活动，还可以借助科学纪录片，结合"天宫课堂"，将对话从校内课本延伸到宇宙太空。学生利用想象以及搜集到的资料不断发表意见，提出想法。在这个过程中，有同学联想到了中国古代神话"羿射九日""嫦娥奔月"，于是组织开展了中国神话故事探索活动，让古今对话其乐无穷。

通过这些方法，孩子对阅读的兴趣大大提升了。通过创设更多的对话，即使每天都看同一本书，也不会感到枯燥无趣。孩子的学习热情有了很大的提升，学习的效率自然也就有了大幅提高。

四、营造时空，享受成长之美

有了思维方法，下一步就要扩大阅读面，抓住一切可利用的时间，为孩子创造机会去大量阅读、广泛阅读。

一年之计在于春，一日之计在于晨。早晨的时间对于孩子来说是最有效的。孩子们来得有早有晚，来了之后就进行晨读，读自己喜欢的书，包括语文书。我鼓励孩子们大声地把书中的内容朗读出来，这既能培养孩子们的朗读能力，也能增加孩子们的识字量。

　　每个课间，我不会刻意要求孩子用休息时间去阅读，但是如果有这样做的孩子，我会特别表扬他。其他孩子看到这个孩子受到了表扬，也会不自觉地模仿，虽然不能做到全班同学都坐在那里阅读，但是总会有一些孩子在课间的时候选择看自己带来的书，而且还会和自己的好朋友分享，几个人一起看书。

　　不仅要看，还要有合作、有分享、有对话。我每周会组织读书会，大家把看到的书用自己喜欢的形式分享出来。可以分享人物，可以讲情节，还可以做成画报展出，更有甚者为书里的人物出了传记。在一次次分享中，学生不仅积累了好词佳句，还在不断的对话交流中，进一步感受到了语言文字的魅力，感受到了书中的每个人物不是"纸片人"，他们也有生命，也有自己的精彩，这激发学生们也要像书中的人物一样，热爱生活、热爱生命，追求美好，不断进取。

　　利用一切可利用的时机，让孩子更多地接触阅读，大声朗读，快乐对话，积极合作与分享。在一次次的合作对话中，孩子们越发感到阅读是件美好的事情。理想教育文化就像灯塔，指引我们教育教学的方向，在新时代，"合作对话"教育教学范式将引导我们不断探究，促进学生全面发展。

（作者单位：北京市朝阳区实验小学福源分校）

"工具"撬动思维，"合作对话"构建高效课堂

肖 瑶

　　"合作对话"是指教师与学生、学生与学生、学生与学习资料、学生与仪器、学生与环境、学生与自身等在合作基础上形成"成长共同体"，采取"对话"的方式，就某个问题进行探讨或内省，以此建立或完善共同体成员的认知体系和价值体系的过程。"合作对话"教育教学范式中的六个认知要素包括实践、问题、方法、工具、技术和表述。其中，"工具"在教学实施中意义重大，本文结合对"工具"的思考与课堂实施展开论述。

　　"合作对话"教育教学范式强调工具的使用，在实践中让我们对"工具"这一要素有了新的理解。"合作对话"课堂中的工具，既包含实物工具，也包含思维工具。实物工具，顾名思义指的是支撑学生学习"看得见"的材料，比如学生需要在体育课上使用篮球、跳绳，在语文课上使用字典、词典，在数学课上使用三角板、量角器等，这些工具可以帮助学生参与学习活动。思维工具，指的是实物以外支撑学生学习的隐性工具，比如探究问题的基础知识、学习方法、学科技能、核心素养等。在实践与探索的过程中，如何有效利用工具成为一线教师的一个难题。

　　因而在实践中，我尝试通过选工具、用工具、造工具等途径，激发学生思维，构建高效课堂。

一、开放的学习环境，为学生提供可选择的学习工具

　　俗话说"工欲善其事，必先利其器"，好的学习工具可以帮助学生学习事半功倍，学习工具的选择也是学生与自己对话的一个有效途径。

　　例如，在四年级下册"复式条形统计图"一课的学习中，学生第一次接触复

式统计图，这是一次实现思维表征的进阶过程。因而在实施环节，教师没有按照书中的方式让学生把图补充完整，而是为学生提供了统计表、单式统计图、复式统计图等多种学习单，将选择的机会留给学生。学生根据元认知，有的喜欢统计表，有的喜欢直观图，有的喜欢统计图。教师允许一切喜好发生，尊重学生的元认知，相信存在即合理。学生在自主选择的过程中，尝试作图，进而发现复式统计表便于对比，但读数不够直观；单式条形统计图便于直观感知，但两幅图分开不便于比较，这引发了对复式条形统计图的需求。

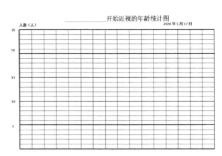

选择工具的过程为学生提供了"扰启、质疑、实践、内省"的机会，促进了思维的发展。看似是选择学习工具，实则是帮助学生更加深刻地在对比中感悟不同统计方式的特点，为学生在数据分析中搭建更多批判质疑的思维对话活动。

二、灵动的学习内容，为学生提供应用工具的机会

应用意识是数学学科的素养之一。它是指有意识地利用数学的概念、原理和方法解释现实世界中的现象与规律，解决现实世界中的问题。应用意识的培养有赖于灵动的学习内容。

以单元"多边形面积"为例，本单元的启示课是平行四边形的面积。学生通过动手操作将平行四边形转化为长方形，通过底、高与长、宽的对应关系，推理得到面积相等的结论，进而探究平行四边形的面积计算公式为底乘高。而在对本单元剩余图形三角形、梯形的探究中，可以通过拼摆、旋转等将三角形、梯形转化为平行四边形来推导面积计算公式。

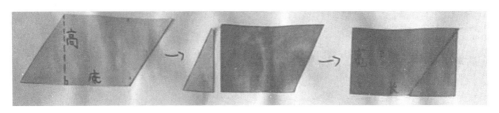

又如探究魔方的表面积，一个面涂色的有几个、两个面涂色的有几个、三个面涂色的有几个、没有涂色的有几个……学生只有通过实践活动，亲自尝试给魔方涂上颜色并数一数，与工具进行"合作对话"，才能更好地获取答案，感悟位置对于所露面多少的影响。

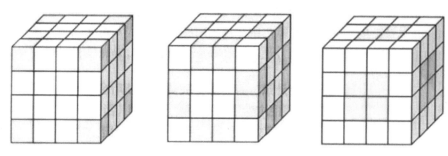

通过以上案例可以看出，学生是在操作学具的过程中感悟、培养空间观念的。丰富独立的活动体验，是不能用观察他人操作、听教师讲授介绍、看视频了解等行为代替的。学生只有使用工具，体会到它的应用价值，才能尝试将工具推广到更多的领域，逐渐形成最佳公民应具备的素养。

三、深厚的学习内涵，让学生创造学习工具

常言道，"授之以鱼，不如授之以渔"。这里强调学习除了知识本身，方法同样重要。这就要求学生具备创新意识。创新意识的形成不是一蹴而就的，就学习而言，我们可以为学生搭建更多创新机会，包括创造学习工具。

如在"角的度量"中，教师可以摒弃以往从认识量角器出发的常规做法，而是引领学生尝试制作量角器。"我们知道测量长度可以用尺子，测量直角可以用三角板的一个直角，如果让你测量一个 45° 的角，你有办法吗？"学生立刻想到

可以把一个直角对折一半。"测量一个 30° 的角呢？"学生能够想到把直角平均分成 3 份，取其中的一份。"测量 10° 的角呢？""测量这个角呢？"教师一次又一次地向学生发出挑战，激发学生思维，为学生创造工具提供机会，进而激发学生测量 1° 的角，产生创造量角器的想法。在创造工具的过程中，学生了解了工具的结构及使用方法，体会到了古人发明创造工具的智慧。

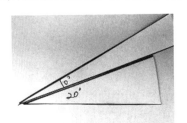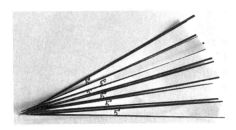

可以看出，创新意识对学生而言并非取得重大突破，而是尽其所能主动尝试从日常生活、自然现象或科学情境中发现和提出有意义的数学问题，探索一些开放的、非常规的实际问题与数学问题，小到工具的开发，大到解决问题的专利，这都有助于学生形成独立思考、敢于质疑的科学态度与理性精神。

工具是人类智慧的结晶，选择它、使用它、创造它，激发学生思维，为打造高效课堂注入力量。

（作者单位：北京市朝阳区实验小学福源分校）

"对话唤醒"对初一学生数学认知的影响

曹洪波

新课标指出：数学教学，要紧密联系学生的生活实际，从学生的生活经验和已有知识出发，创设生动有趣的情境，引导学生开展观察、操作、猜想、推理、交流等活动。俗话说"良好的开端是成功的一半"，有效的"对话唤醒"可以营造浓厚的学习气氛，激发学习兴趣。新课程标准强调"以人为本"的观念，"对话唤醒"环节设计得当可以使学生在上课开始就进入良好的状态，提升学生的课堂学习效率，是一个不容忽视的教学过程。

一、初一学生的年龄特征和认知规律

从智力与能力发展的年龄特征看，初一学生的思维正处于从以具体形象思维为主到以抽象逻辑思维为主的转折期，因此，在初一年级，"对话唤醒"不但要有具体的、形象的内容，使学生易懂，引发他们的关注，还要有适当抽象的、概括的内容，引导学生接受挑战，从而促进学生的思维向更高阶段发展。

对于初一的学生，初中数学和小学数学相比有很大变化，如：知识内容的整体数量剧增，数学语言抽象，思维方法向理性层次跃进，等等。初中数学侧重于培养学生的数学能力，包括运算能力、空间想象能力、抽象概括能力、逻辑推理能力和数据处理能力等。初一是一个衔接期，也是一个关键的转型期，教师有效的"对话唤醒"会帮助学生培养良好的初中数学学习习惯和学习方法，为整个初中阶段的数学学习打下基础。

数学课堂"对话唤醒"的呈现只有以学生的年龄特征和认知规律为着眼点，认真解决好学生学习心理的适应性问题，才能真正体现好课堂的育人价值，因为只有让学生喜欢数学课，使"对话唤醒"深入学生的内心，"对话唤醒"的作用才能发挥出来。根据这样的要求和目前学生的学习现状，笔者精心设计"对话唤醒"环节，以提高课堂效率，提升学生学习的兴趣。

二、数学课堂"对话唤醒"环节的案例分析

《义务教育数学课程标准》指出：数学是人们生活、劳动和学习必不可少的工具，数学学习内容应当是现实的、有意义的，并与学生已有的知识体系相联系。因此，数学课堂可以从学生熟悉的生活背景、已有的数学知识出发，创设情境，使学生发现生活中处处有数学，对数学产生亲切感，让学生积极主动地投入到数学活动中去。

在初一的教学实践中，笔者通过研究课堂"对话唤醒"环节对学生数学认知的影响，找到了适合他们的做法。

1.利用学生身边的实际问题进行课堂"对话唤醒"，能够使初一学生易于接受，激发学生的学习主动性。

例如，在讲"垂线段最短"这个定理时，可利用这样的实际问题：如图，在灌溉时，要把河中的水引到农田 P 处，如何挖渠能使渠道最短？

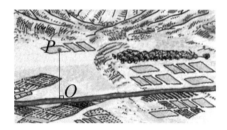

从而得到：连接直线外一点与直线上各点的所有线段中，垂线段最短。

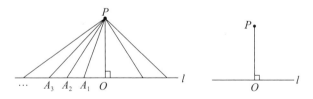

这样做让学生体验到几何定理也是来源于生活实践的，学生很快就记住了这个定理。这也体现了加涅的教学理论。加涅根据信息加工心理学原理提出了一个得到广泛认可的学习与记忆的信息加工模型。他把完整的教学过程划分为九个阶段：引起注意、告知目标、提示回忆原有知识、呈现教材、提供学习指导、引出作业、提供反馈、评估作业、促进保持与迁移。引起注意是教学过程中的首要因素。课堂教学的基本目的是要使学生将所学的知识与方法存入长时记忆，并用它来学习新知识或解决问题。

2.利用温故知新的方法进行课堂"对话唤醒"，创造认知情境，激发初一学

生的求知欲望。

　　数学是一门系统性、逻辑性较强的学科。在传授知识时，要设法在学生认知过程中创设新旧冲突，抓住新旧知识间的联系和矛盾，使学生通过运用旧知解决新问题，发现矛盾，从而使学生积极主动地探索新知，并形成完整的认知结构。"温故知新"是建构主义学习理论的最有力的证明，在运用的时候我们应该对教材进行认真分析，找到新旧知识之间的联系与区别，从而掌握新知识。

　　例如，在讲二元一次方程的概念时，先回顾方程的概念与一元一次方程的概念，根据一元一次方程的概念得到二元一次方程的概念；在讲三元一次方程的概念时，通过让学生回顾二元一次方程的概念就很容易得到三元一次方程的概念。回顾旧知识，从而引起学生注意、激发学生学习原动力——教师充分遵循了学生的认知规律和思维进程。

　　3.利用动手操作法进行课堂"对话唤醒"，符合初一学生好动的天性，使他们因探索而产生兴趣。

　　动手操作的"对话唤醒"方法，是教师指导学生通过动手实验解决某个问题，进而得出一些相关的数学结论，然后教师点出课题的方法。在教学过程中，教师要注重挖掘教材内容，引导学生动手操作，让学生在感性和理性之间架起桥梁。

　　例如，三角形的内角和定理。笔者对三角形内角和定理证明的引入是从学生已有知识经验——知道三角形内角和为180°，并且平角以及平行状态下的同旁内角也是180°——的情况出发的，通过让学生类比小学探索三角形内角和的方法——剪拼法，从而引出添加辅助线的方法。

　　三角形的三个内角之和是多少？有什么办法可以验证呢？把三个角拼在一起试试看。

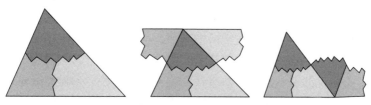

　　从刚才拼角的过程中，学生很快就能想出添加辅助线的方法，从而完成证明。

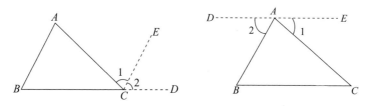

　　这样的"对话唤醒"既从学生的已有知识水平出发，关注学生学习的最近发展区，又使学生对几何的学习由操作层面上升到了推理层面；既遵循了对定理的理解由感性到理性的原则，也体现了罗杰斯的人本主义学习理论和情景认知理论。学生不仅学到了知识，也在动手中体会到了数学学习的乐趣。这也符合建构主义学习理论，即学习不是教师把知识简单地传递给学生，而是学生自己建构知识的过程。

三、"对话唤醒"环节对初一学生数学认知的影响

　　数学是一门源于生活而又脱离生活的学科。初一学生在数学学习上的特点主要表现为以下几个方面：（1）抽象思维能力较弱，以直观经验为主；（2）学习动机不明确，兴趣强烈但不稳定；（3）对直观形象的数学知识比较感兴趣。初一学生的思维正处于从以具体形象思维为主到以抽象逻辑思维为主的转折期，因此，"对话唤醒"的呈现必须具体、形象，同时还要有适当的抽象、概括要求，从而既适应这一时期学生的能力发展水平，又能促进他们的思维向更高阶段发展。"对话唤醒"要坚持选择学生身边的实例为学习材料，使有关概念和运算得到具体形象的支撑。即使是抽象的运算法则，也强调通过具体情境帮助学生营造合理的接受环境。

　　"对话唤醒"环节应该关注学生的生活经验，选择学生感兴趣的身边事物，提出相关数学问题，努力为学生创设一个"生活化"情境，让学生在生动具体的现实情景中开始数学学习，体验和理解数学。

　　教育家苏霍姆林斯基认为：让学生体验到一种自己在亲身参与掌握知识的情感，乃是唤起少年特有的对知识的兴趣的重要条件。因此，作为教师，我们要善于通过创设教学情境来进行"对话唤醒"，以此唤醒学生的大脑皮层，激发学生的学习兴趣，引导学生融入教学情境当中，自主探究知识的神奇奥秘。

　　总之，在数学教学中，教师要注重"对话唤醒"环节，创设宽松、开放的情境，营造轻松愉悦的课堂氛围，尽量让学生多想、多说、多做，有更多机会表现自我，从而体验成功的乐趣，进而形成勇于探索、勇于创新的精神。

（作者单位：北京市陈经纶中学分校望京实验学校）

难忘的"九六定理"

张 伟

上课之前，有两个学生问我一个问题："张老师，如果这个点的位置改变了，那咱们发现的结论还成立吗？"简单的交流之后，我决定改变自己的上课内容，一会儿上课讨论一下这个拓展问题。

上课了，学生们像往常一样面无表情地看着我，我对他们说："刚才有两个同学向我提出了一个新的问题，你们能一起讨论一下吗？看看能不能为这两位同学答疑解惑。"

学生们瞬间就来精神了，那两个问问题的学生，赶紧把自己的观点呈现出来，其中一个学生怕自己表达得不够清晰，就到黑板上去画图说明。我发现其他学生听得特别认真，一个同学马上提出了自己的一些想法："如果你对这个点的位置进行分类讨论，你说的就有可能是对的。"他的观点又引发了新的讨论。

学生们自动组成合作小组，商量出结果后，又有学生到黑板上去补充分享……教室里的讨论声不断响起，参与的热情完全超乎我的想象。

最后，大家得出了一致的结论，几个语言组织能力好的学生，还商量着进行归纳概括，学生们特别高兴，两个问题创造者笑眯眯地看着我，一个代表大家跟我谈判："老师您看，书上有好多定理，我们发现的这个能不能做定理呢？"我赞成地说："那由你们给它起个名字吧！"学生们短暂地商量了一下，然后一个学生在黑板上郑重地写下"九六定理"四个字。他解释说："因为我们是九年级六班，这个定理是全班同学一起发现的，我们商量要用我们班级的名字来命名它！"此时，教室里爆发出热烈的掌声。我面带笑容，充满骄傲地说："同学们，祝贺你们，你们有一双善于发现问题的眼睛，你们有勇敢探究真相的精神，你们有合作探究的好行为，我们的'九六定理'将成为一个里程碑，它是我们九六班数学学习的重要成果。希望在今后的学习中，你们保持这种'合作对话'精神，参与学习的全过程，获得更棒的数学体验！"

下课后，我的心情久久不能平静。回想以前的课堂，很多数学思想方法和结论，都是由老师通过题目去引导出来的，学生的参与是被动的，学习效果不是特别理想。而这节课，学生们就通过他们的思维，通过他们的猜想，把所有情况都分类讨论出来，然后他们自己在互相质疑的过程中，去说服别人，完成一个问题的探究全过程。学生们发自内心地感兴趣，想参与、想合作、想对话的热情空前高涨。

这不就是"合作对话"吗？师生的对话、学生与学生的对话、学生与文本的对话，把人与时空有机地结合起来。通过"合作对话"，得到了一些新的结论，得到了一些有价值的知识点和思想方法。很久以后，学习的知识都会被遗忘，但这个获得知识的"合作对话"过程，会深深地留在每个学生的记忆里。

只有通过自主建构、合作建构，学生的学习才能真正发生，学生才能真正理解知识，也才能够达到深度学习的目的。学生由被动接受知识到主动参与实践，师生间"合作对话"，生生间小组合作学习，学生研究成果展示分享，这些都使学习过程和形式发生重大改变。学生们从发现问题、提出问题到解决问题，真正成为学习的主人。这节"合作对话"课，引发了三个变化：课堂之变、教师之变、学生之变。

我们的教学要做到三个真正落地：一是社会主义核心价值观真正落地；二是学生发展核心素养真正落地；三是"减负"真正落地。我认为"合作对话"是实现三个真正落地的抓手，可能这个抓手不是唯一的，但这个抓手应该是非常有效的，它帮助学生经历学习过程、获取知识方法、提高思维水平。一粒种子，只有落地，才可能生根，才可能发芽，才可能茁壮成长。"合作对话"就是帮这粒种子成长的好方法。在"合作对话"的引领下，我有信心在今后的教学中，创造更多精彩的、经典的课堂。

（作者单位：北京市陈经纶中学分校望京实验学校）

说数学，促思维，立素养

杨国栋

　　新课标倡导：在师生平等对话的过程中进行教学。"合作对话"教育教学范式强调师生组成"合作成长共同体"，围绕主题、次主题展开交流研讨，这不仅有助于师生在课堂上平等交流、互动生成、共同成长，还能使学生在快乐学习中不断成长和进步，最终成长为"最佳公民"。

　　数学知识具有极强的逻辑性，如果教师在课堂上只将数学结论和概念灌输给学生，学生大多难以理解，不懂知识存在的意义，没有体会数学知识的形成过程，便无法用来解决生活中的实际问题。有效运用"合作对话"教育教学范式的理论、主张，师生共同探究知识的道理、重寻知识形成的轨迹，可以让学生更好地掌握、理解、运用数学知识，促进学生创新思维的发展，培养学生核心素养。

　　在课堂上突出学生"说数学"，运用"合作对话"教育教学范式的两个方法论，构建高效"说数学"课堂，可以使课堂教学更加高效，达到学生深度学习的目的。

一、创设情境"说数学"，尊重学习规律

　　爱玩是低年级学生的天性，对从未接触的事物，他们会产生强烈的好奇心，但又无法在一件事情上长久地集中注意力。如何激发他们对"说数学"的学习兴趣？教师依据学生的身心规律，构建适宜他们接受、享受的学习情境，让教学从呆板变有趣，从低效变高效。游戏教学是有效的方式之一。

　　一年级上学期关于"连加、连减"的教学，将教学情境设置为学生喜爱的游乐场情境："小冰邀请好朋友佳怡到游乐场玩耍，进入游乐场购票时，遇到了问题：游乐场一张门票 10 元，买门票共需要多少元？"这个题目和生活息息相关，能激发孩子们的求知和探索欲望。学生们通过自己思考获得自己的解答方式，积极举手，说出自己的答案和理由。

鉴于此，教师再次提问："朵朵妈妈给朵朵 10 元钱，让她去商店买学习用品，朵朵想买一个笔记本、一把尺子。朵朵到商店后，售货员阿姨告诉朵朵，一个笔记本 8 元，一把尺子 3 元。请你们想一想，朵朵的钱够买学习用品吗？"顿时，孩子们的思维瞬间爆发，叽叽喳喳地纷纷开始"说数学"。

可见，教师给学生创设不同情境，强有力地激发了学生的学习兴趣，学生能更快地进入数学学习中，也更容易体会到学习带来的快乐。

二、问题辩论"说数学"，发散学生思维

"说数学"课堂的外在形式是"说"，"思"是其内在核心基础，包括"说中思"和"思中说"的过程。小学低年级数学立足问题辩论——"说数学"，可以锻炼、培养学生的数学思维，引导低年级学生积极思辨课堂问题，更好地实现数学的深度学习。

在二年级数学"乘加、乘减"的教学中，由于学生观察的角度不同，同一幅图或同一道题，可以列出不同的算式去解决。例如："每个盘子里有 4 个桃子，有这样 4 个盘子，还有单独的一个盘子里有 3 个桃子。一共有多少个桃子？"

在解决这个问题的时候，有的学生列出了乘加算式 $4 \times 4 + 3 = 19$（个），有的同学列出了乘减算式 $4 \times 5 - 1 = 19$（个）。同样的一个问题有两种不同的计算方法，这时，老师认真地倾听学生思考辩论的过程，再和学生一起归纳总结，就可以引导学生通过思辨过程感知不同分类标准，实现数学知识的有效学习。

这样立足问题辩论的"说数学"方式，能帮助低年级学生更深刻全面地理解、掌握相关知识，有助于培养其数学思维。通过"说数学"的活动，发散学生思维，引导学生感知数学之美。

三、猜测验证"说数学"，培养学生思维

《义务教育数学课程标准》指出：学生学习数学的过程应是主动的、生动的且有个性的。由此可见，在开展小学低年级数学教学过程中，应为学生观察、计算、实验、推理、猜测、验证等过程提供足够空间、时间，这与"合作对话"教育教学范式所倡导的"师生＋时空"的育人情境完全吻合，即运用发现、探究等方式，在教师的有效引导下，注重学生推理、逻辑、演绎和论证思维的培养，在帮助学生完成验证的同时，使其在探索的过程中掌握数学问题的本质、核心概念，逐步学会用数学的眼光观察现实世界，用数学的思维思考现实世界，用数学的语言表达现实世界。

在二年级数学"有余数的除法"的教学中，通过讲解教材例题使学生掌握简单除法计算后，巧设相关情境，通过猜测验证来进行除法内容的适当拓展和延伸。

"同学们，请你们任意说出生活中你能想到的涉及今天所学的有余数的除法的情境和问题，我能很快说出计算答案！"老师用自信得意的表情巡视一番学生，"不相信，那我们就比试比试？"

学生对此极为感兴趣，异口同声说道："好！"学生立刻紧锁眉头，积极思考后，纷纷举手提问。在多次尝试后，学生发现老师太厉害了，于是不由自主地产生猜测："老师，您有巧妙的计算方法或计算规律吗？"此时老师抓住契机，引导学生对提出的问题和答案进行观察、验证，并大胆猜测、归纳快速且正确的计算方法。

通过这种猜测验证方式，教师不仅深化了低年级学生对有余数的除法的知识的掌握和理解，而且在设问、思考过程中，培养和提升了学生的数学思维能力，为以后的数学"迁移学习"埋下了伏笔。

四、立足实践"说数学"，锻炼学生技能

"双减"背景下，在小学数学教学中开展实践性学习活动，是提升学生综合能力的有效途径。引导学生通过实践来观察、分析所学内容，实现了抽象知识具体化。教师要结合教学内容设计、开展符合学生特点和认知水平的实践活动，引导学生积极参与并有效思考，更好地拓展数学学习的深度和广度。

在"有趣的图形"教学中，老师首先出示长方体和正方体实物，让学生触摸、观察，找到其中包含的长方形和正方形，从圆柱底面取下圆形图，从三棱柱底面取下三角形图，引导学生说出数学中"体"和"形"的关系，培养其初步的空间概念。接着，学生分组开展限时寻找图案的实践活动，在观察和寻找过程中，加深其对图形特征和形状的掌握。然后，引导学生尝试描述所学图形的特征，并画出正确的图形。最后，鼓励学生充分发挥想象力，用所学图形拼接出喜欢的图案。课后，给学生布置在家中找出所学图形并准确描述其特征的实践活动作业。这样的实践活动，不仅可以提升学生的认知能力和水平，还可以有效提升学生的数学应用能力，使其更好地感悟数学的深度和广度。

小学低年级数学学习是学生后续数学学习乃至各科学习的重要基础，此阶段也是培养学生发散思维和学习意识的重要阶段。教师应该从学生的需求出发，转变传统教育理念并不断创新教学方式，创设符合学生需求的"说数学"课堂，在"说

数学"的过程中，激发学生的学习主动性和积极性，强化其对数学的理解和认知，使其掌握数学核心概念，培养学科能力，进而为培养学科素养奠定基础。

（作者单位：北京市朝阳区实验小学福源分校）

"合作对话"式教学设计

缪王颖

　　课堂是我们培养人才的主阵地，教育专家王世元提出理想教育文化，强调教育"育人"的价值追求，为我们全方面培养人才提供了一条路径。理想教育文化的样态——"合作对话"式教学，倡导的是师生之间、生生之间、学生与文本之间、学生与自我之间的一种真正的对话。那么，如何在课堂教学中更好地体现我们的育人文化呢？本文就我的一些做法与大家交流。

一、单元教学目标的确立

　　理想教育文化提出"合作对话"教育，重新界定了学校范畴内的师与生、生与生、师生与时空的关系，为了一个共同的目标——学生成长，构建了学校教育特有的群体——师生成长共同体。这样的"共同体"，本质上就决定了师与生、生与生以及师生与时空之间的合作关系，构建了学校"师生 + 时空"的新型育人共同体。"师生成长共同体"要求我们整节课都围绕一个对话主题展开研究，教学目标以及教学重点、难点都依据理想教育文化、学科课程标准、教学内容分析、学情分析而确立。

　　空间观念是数学学习中重要的核心素养之一，它主要是指"根据物体特征抽象出几何图形，根据几何图形想象出所描述的实际物体；想象出物体的方位和相互之间的位置关系；描述图形的运动变化；依据语言的描述画出图形等"。华罗庚说："数缺形时少直观，形少数时难入微，数形结合百般好，隔离分家万事休。"几何教学通过数形结合来发展学生的空间观念。

　　课标指出：通过观察、操作，认识长方体、正方体，认识长方体和正方体的展开图。结合具体情境，探索并掌握长方体和正方体的体积和表面积的计算方法，并解决实际问题，体会某些实物体积的测量方法。其中不断提到观察、操作、结合情境、探索、体验，就需要教师创设情境，激发学生质疑、提出问题、大胆猜想、运用工具、应用不同的方法，在实践操作中解决问题。在验证过程中，不断内省，形成独立的理解，通过自己的语言表述出来，使学生真正形成一定的技能和方法，真正地内化知识，提升学生的空间想象能力，最终培养学生解决问题的能力。

一方面，建立好空间观念可以帮助学生更好地了解、探索和利用我们生活的空间；另一方面，空间观念是创新精神的基本要素，没有空间观念和空间想象力，几乎谈不上任何发明创造。人类的发展需要这种充满丰富想象力和创造力的探求过程，思维的提升有赖于二维空间和三维空间双向的转化。因此，重视学生空间观念的培养、空间想象力的发展对于培养学生的创新精神和实践能力，使学生更好地认识和了解世界，起着至关重要的作用。长方体作为最基本的立体图形，是学生从二维空间学习转向三维空间学习的开始。

"长方体的表面积"借助给长方体贴彩纸的实际问题，通过选择合适彩纸的活动，使学生建立表面积的概念，建立长方形与长方体的对应关系。学生通过观察、想象、操作、调整，把二维的"面"贴成三维长方体，增强了对立体图形的认知，发展了空间观念。再通过把包裹长方体的彩纸拿下来，找到平面图形与立体图形的对应关系，经历从三维长方体再回到二维的"面"的过程。在整个活动中，发展了学生相互协作、克服困难、解决问题的团队精神。

为了更好地了解学生的情况，我进行了前测。学生是独立的个体，有各自的思维方式和行为模式，教育学生首先要做到尊重，尊重学生的时空自由和独立意识。我可以借助怎样的教学内容来培养他们的空间观念、发展他们的空间想象力呢？我对教材进行了进一步分析。

小学阶段图形认识内容的教材编排，呈现出由整体认识到深入研究的编排特点。人教版教材在编排时呈现出"立体图形—平面图形—角—线（平行、垂直）—角—平面图形—立体图形"这种从三维到二维再回到三维的特点。各维度图形的学习都重视对图形特征的研究。特别需要关注的是，在学习三维图形（立体图形）的时候，教材特别注意与二维、一维图形进行联系，帮助学生多维度地把握图形特征，培养空间观念。

我发现多个版本教材对于三维与二维相互转化指向空间想象的学习素材设计得不够丰富，由二维向三维建构的素材在教材中能够找到一些，然而从三维向二维解构的素材相对较少，有待丰富。

二、主题、次主题的确立

对话活动一：为长方体贴彩纸

活动要求：

（1）把长方体纸盒表面恰好贴满，并标上"上、下、左、右、前、后"。

（2）观察哪些面的面积相等，每个面的长和宽与长方体的长、宽、高有什么关系？

扰启：美术老师用长方体作为装饰，它的颜色不美观，需要给它的 6 个面贴上彩纸。

第一次对话为学生与学具对话。通过扰启学生的元认知，学生运用工具，独立动手实践，在不断内省、质疑中找到合适的长方形并对长方体进行装饰。

第二次对话为师生、生生对话，运用工具进行表述。学生在班级中交流方法，第一种方法是用 6 个长方形进行装饰。在小组中借助学具进行表述，找到长方形与长方体的对应关系。第二种方法，部分同学选择了大长方形，分别包裹了长方体的前、后、上、下或上、下、左、右或前、后、左、右，再选择其他 2 个面。学生的元认知受到冲击，从而思考其他方式。

第三次对话为生生对话，在质疑、对话、实践中加深对表面积的认识。学生尝试不同方式，并寻找大长方形与长方体的对应关系。在教学过程中，要尊重学生的个体差异，发展不同学生的灵动能力，运用不同的工具和方法，鼓励不同的学生学习不同的数学。教育家弗莱雷说："没有对话，就没有沟通，就不会有真正的教育。"他也强调："只有在交流的过程中，才能产生更多、更好或者更有价值的想法。"学生通过自主思考、交流，理解了用大长方形包裹长方体的方法，找到了大长方形与长方体之间的对应关系。学生的灵动能力被唤醒，有了更高层次的追求，实现了深度内省。

对话活动二：求长方体的表面积

活动要求：

计算彩纸的面积，在题纸上记录你的研究过程。

扰启：在装饰的过程中使用了多少平方厘米的彩纸。

第一次对话为学生与学具对话。学生运用工具，独立思考、内省，唤醒元认知，用自己可以理解的方法来计算表面积。

第二次对话为师生、生生对话，交流不同的方法，充分尊重学生。学生选择不同的方法解决问题。方法 1：上＋前＋左＋下＋后＋右；方法 2：上 × 2＋前 × 2＋左 × 2；方法 3：（上＋前＋左）×2。不同方法对解决问题有直接的影响，以此深化学生对方法、工具、技术重要性的认识。

对话活动三：内省实践，解决实际问题

学生从矛盾中扰启，从问题中质疑、内省，倾听自己内心深处的真实声音，与自己进行一次深度对话，最后通过实践完成自我发展。作为教师，我们首先要与学生建立和谐友善的师生关系，"合作对话"要把尊重放在首位，结合实际恰当运用理想教育教学方法论。

扰启：你能看懂他的想法吗？你有什么新的思考吗？

第一次对话为学生与图形对话，以内化知识、解决问题。学生通过充分理解不同的方法，内化并表述出来。方法 4：右面周长 × 长＋左 × 2；方法 5：上面周长 × 高＋上 × 2；方法 6：前面周长 × 宽＋前 ×2。

第二次对话为生生之间运用工具进行表述，实现三维到二维的解构。

在对话、质疑、实践中发展学生的空间观念。

通过多种方法的讲解，经历由三维向二维的完整解构过程，实现想象和操作的双管齐下，进一步提升了空间观念，强化了空间想象力。通过不同的对话，学生经历同伴之间、师生之间扰启、质疑、实践、表述的全过程，达到深度内省。

"合作对话"教育教学范式倡导学校以平等、尊重的方式与学生对话、与教师对话，教师与学生共同参与班级管理，组建协同育人的成长共同体，最大化发掘学生潜能，激发学生的内在潜质，更有效地促进学生的全面发展。

教学过程中运用教师教学方法论和学生生长方法论，有效设计"合作对话"的主题和次主题，通过对话互相扰启、引发内省，实现"剥洋葱式"的层层递进。学习实践的过程让我真正感受到理想教育文化带来的变化，我们在追寻"理想"的路上，幸福地成长着。

（作者单位：北京市星河实验学校国美分校）

构建"合作对话"课堂
提升"合作对话"能力

穆晓媛

　　理想教育文化从育人的角度提出了"合作对话"教育教学范式，其教学方法论指向"扰启、内省、质疑、实践"四个要素，最终目标是培养具有尊重、民主、责任、科学精神的"最佳公民"。有效的"合作对话"能够唤醒学生个体的潜能，激活学生群体的激情，发挥集体智慧的功效，提升教学的有效性。小学数学教学要注重教给学生学习的方法，帮助学生在学习过程中形成认知、方法、技能、观念、视野、道理，需要教育者依次建构知识、方法、能力体系、人格培养路径等。

　　课堂是学生学习的主阵地，教育者要有意识地建构"合作成长共同体"，通过"合作对话"的方式完成教学任务。

一、存在的问题

　　课堂中经常出现这种现象：教师提出一个问题后立即让学生讨论，教室里马上就会出现一片热烈讨论的场面。但只要稍加注意就不难发现，这仅仅是一种表面上的"假热闹"，实际上是"活而无序，活而无果"。有的小组几个人同时抢着发言；有的小组始终只有一两个人发言，其他人一言不发，若无其事地充当看客；有的小组成员互相推诿，谁也不肯发言；有的小组成员借机闲聊、说笑或者干别的事。

　　笔者认为，造成以上现象的原因在于学生缺乏"合作对话"的方法，缺乏"合作对话"的基本技能。主要表现为：在"合作对话"中，不知如何进行对话；有的不能耐心等别人把话说完便大声插嘴、抢话；有的不能相互帮助、纠错、补充。这使得"合作对话"流于形式。

二、问题的解决策略

（一）创设"合作对话"的课堂氛围

在数学教学的过程中，教师要适时地创设良好的思维环境，给学生营造自由思考的空间，提供自由探究的机会，把发现问题的权利和机会交给学生，调动学生思维的积极性、主动性和独立性，激发学生去发现、去探索、去创造，从而培养良好的思维品质，发展思维能力。"合作对话"是能够让学生潜能充分发挥的教学文化。教师教学时，学生的座位不再是传统的"排排坐"，而是"马蹄型""小组合作型""实践体验型"等。在这样的教学空间中，师生之间的关系是平等和自由的，学生之间是尊重和信任的，学生的心理安全得到充分保障，合作探究和共同进步成为课堂的主旋律。

（二）明确"合作对话"的规则

没有规矩不成方圆，虽然"合作对话"鼓励大家畅所欲言，但是也要遵守规则。教师要教给学生"合作对话"的基本方法。例如，角色的分配，要根据学生的性格、爱好、能力、特长等方面合理进行，给所有学生都创造平等参与的机会。这样，学生才能感受到参与的乐趣、交流的快乐，并在参与中获得展示的成就感、分享成果的愉悦感，从而达到培养意识、获得成果的目的。

教师提出研讨问题后和学生出现疑惑后，教师应该首先要求每个学生进行独立思考，然后与同伴进行对话。在对话的过程中，教师要引导学生做到：

1. 学会表达：有条理、有逻辑地表达自己的想法或观点，如"我认为……""我觉得……"，语言通俗易懂，说理有层次，条理清晰。

2. 学会倾听：在"合作对话"中，认真倾听老师的提问、同学的发言；认真倾听操作的要点、合作的要求；认真倾听小组的分工、各自的任务；认真倾听表扬之词、批评之言，从而让效率得到提高。

3. 学会讨论：教师要在"合作对话"过程中，参与小组活动，引导学生在听不懂时能请求对方作进一步的解释，在讨论中能主动发表自己对事物的观点，能结合同学的观点及时调整自己的思路，并从中产生更为新颖的想法，让合作的意识及合作的能力得到初步的培养。

4. 学会评价：教师要引导学生能依据他人的观点做总结性发言，使学生在交流中不断完善自己的认识，不断产生新的想法，同时也在交流和思维碰撞中，一次次地学会理解他人、尊重他人，共享他人的思维方法和思维成果。

（三）注重"合作对话"教学中的能力养成

新课标将核心素养的理念体现在了标准之中。通过引导学生主动参与、亲身实践、独立思考、合作探究，从而实现学习方式的转变，发展学生搜集和处理信息的能力、获取新知识的能力、分析解决问题的能力，以及交流与合作的能力。

1. 明确学习目标，调动思维的积极性。

教师精心设计，将明确的学习目标传递给学生，创造动人情境，设置诱人悬念，激发学生的思维火花和求知欲望，使学生根据个人发展需求和学习风格等确立适合自己的具体学习目标，运用已学的数学知识和方法解释自己所熟悉的实际问题。

例如，学习"厘米、米的认识"时，低年级学生对长度单位缺乏感性认识，课堂上教师为学生提供卷尺、米尺、格尺、直尺等工具，让学生动手量一量课桌边的长度、铅笔的长度、黑板的长度、教室的长和宽等，通过动手操作，多种感官互相协调配合，使学生对厘米、米有了感性认识。通过引导学生动手操作，把动手操作过程内化为智力活动，既调动了学生的学习兴趣，又使学生不但知其结果，而且知其过程，并从感性认识上升为理性认识，完成了认识上的飞跃。

在"合作对话"中，教师要引导学生学会根据学习目标评估显性学习成果，帮助学生发现思维能力、学习意志和社会情感等方面的隐性学习成果，使学生获得更多的内部奖励，不断增强学习的内在驱动力。

2. 重视"合作对话"过程，培养思维的有理性。

现代数学教学论认为，数学教学是数学思维活动的教学，数学学习本身就是数学思维活动过程以及对这个过程的分析。从学生的学习过程来说，某些旧知识是新知识的基础，新知识又是旧知识的引申和发展。在教学方法上，我们要努力选择适合学生的教学方法来引导学生的思维，让学生感受知识的形成过程，使学生在科学和准确的基础上进行阐释、解读和生成。因此，在"合作对话"的教学中我们要重视并善于利用学生的个人生活经验和社会体验，提示、引导和鼓励学生将所学知识与个人生活经验、社会体验进行有效链接。

3. 重视对话表达指导，培养思维的自觉性。

语言是思维的工具，是思维的外壳。加强数学课堂的语言训练，特别是口头说理指导，是发展学生思维的好办法。学生对知识的分析、综合、抽象、概括、判断、推理，都离不开语言的表达。在教学中，教师要做到耐心倾听，适时适量进行指导和讲解，以开放心态、批判性思维评估并理解学生各具特点的思考角度和表达方式，尊重学生对学习资源和学习策略的选择。特别是培养低年级学生语言思维的自觉性时，要注意把操作、思维和语言表述有机结合起来，如：教授"20以内进位加法"，$9 + 5 = ($　　$)$，要求学生摆小棒，边思考边说："9＋几得10？9＋1得10，就把5分成1和4，9＋1凑成10，10再加4得14。"又如，在学习"多少"一课时，要求学生从散乱图形中进行整理，而后比多少，说出谁与谁比、谁多谁少，形成多和少的概念。这样做符合学生的心理特点，既能促进学生有条理地思考，又能培养学生自觉地思考。

学生与教师形成学习共同体，在互动、体验、游戏、对话中开展学习。他们亲身经历学习过程，让心灵发生真实的体验和感悟。教师在教学过程中精心设计，提出一些富有启发性的问题，最大限度地调动学生的积极性和主动性。这样的课堂既重视学生的参与和学习的经验，又凸显了青少年的感性认知和合理认知，使学习体验更真实、更丰富、更广阔。即使面对实践活动中的困难，因为有了团队的支撑，学生也会具备克服困难的勇气。

课堂是学生学习的主阵地，教育者应有意识地建构"合作成长共同体"，通过"合作对话"的方式完成教学任务，有效唤醒学生个体的潜能，激活学生群体的激情，发挥集体智慧的功效，提升学生学习的有效性，真正关注学生实际所得。

（作者单位：北京市朝阳区实验小学福源分校）

"尊重"让教育绚丽多彩

关 玲

作为一线教师，我们每天都要直面学生，无论是课上还是课下，教育无处不在。在教育过程中，如何能让学生学有所得、学有所获，不断成长，从而达到教育的最终目的呢？在我看来，"尊重"是我们展开教育的前提和基础。在课堂教学情境中，教师要能够以尊重、平等的心态与言行对待学生，遵从学生的认知发展规律与生活经验，并在此基础上，引导学生参与教学实践。

尊重从爱出发，那么，该如何表达爱，才能使"尊重"在教育中润物细无声，让教育绚丽多彩呢？

改变称谓——让学生体验亲切

心理学家马斯洛认为：一个学生如果失去爱和尊重，那么他将很难健康地发展。称谓是为了表明人们之间的社会关系而产生的，它区分了人们在社会关系中所扮演的不同角色。然而，在新课改的今天，人们注重的不再是师道尊严，而是师道融洽。称谓就像容貌一样，给人以第一印象，所以我觉得，如果要表达自己对学生的爱，首先就要从称谓入手，将过去生硬刻板的称谓改成亲切自然的称谓，以拉近师生间的距离。因此，教师对学生的称谓必须在尊重、爱护学生的情感基础上表露出来，让他们从内心深处喜爱、接纳，这样才能有利于学生的身心发展，有利于教育工作的实施。

和学生初识，我一一问了学生的姓名，然后亲切地称之为 "Dear Jun，Dear Li，Dear Hua..."，我还让学生亲切地称我为 Dear Guan。这样，我和学生一下子就拉近了距离，气氛显得异常融洽，从中学生体验到了教师的亲切与平和。在平时与学生的交流中，我经常将学生名字的最后一个字叠叫，如：Ranran，Wenwen，Nannan 等，我还时不时地叫他们 "My dear friends，My baby..."。这些亲切的称谓总会让学生在听到之后与我相视一笑，继而打起精神更加认真地听讲，从而让我的课堂充满温馨与爱意。

改变语气——让学生体验自尊

苏霍姆林斯基说："儿童的尊严是人类最敏感的角落，保护儿童的自尊心，就是保护儿童潜在的力量。"著名教育学家韩凤先生也说过："难教育的孩子，都是失去自尊心的孩子，所有能教育的孩子，都是有强烈自尊心的孩子。"我们教育者千万要保护好孩子最珍贵的东西——自尊心。所以，在大力倡导素质教育的环境中，我们教师要转变心态，改变以前居高临下的权威心态，尊重每位学生的个性情感和才智能力，以亲切的面孔，用平等、和谐的口吻与学生交流，以此来缩短师生间的"心距"。

平等委婉的语气可以使学生主动、乐意地参与到共同进行的教学过程中来，使学生从内心深处愿意接受教师的安排。如在平时教学中，我想让学生大点声，我不会去说："Louder please!"而是用委婉的语气询问："Would you like to say it louder?"学生自然会欣然接受请求，大声地再说一遍。教师在与学生交流时，要把学生放在与自己平等的位置上，少用命令式的口吻、少用祈使句，如："Go back! Read the words again. Sit down!..."而应该多用一些协商式的语气、多用疑问句，如："How about read the words once more? Do you mind writing the sentences on your notebook?"

学生是具有独立人格、独立个性和独立情感的人，教师要放下架子，建立起民主、平等的师生关系。对学生尊重与否往往决定着课堂气氛是否和谐、愉快和积极向上。这种协商式的语气让学生体验到被尊重的感觉，学生在感受到自尊的同时也将自己与老师之间的距离缩短了。

赞美长伴——让学生体验成功

小学生尤其喜欢赞美。其实小孩子就是向日葵，他们都有向阳性，赞美就犹如阳光。希望获得别人的肯定和赞美是人们共同的心理需要，一旦得到满足，便会成为积极向上的动力。教师要善于发现学生的"闪光点"，不失时机地给予他们表扬。因此，教师应以欣赏的态度去倾听和感受学生每一天的学习，让他们体会到被赏识的快乐和成功的喜悦。

在课堂上，教师不要吝啬自己的表扬用语，如："Good!""Great!""Well done!""Excellent!""You are my good girl (boy)!"总之，在与学生的交往中，教师要努力创建一个爱的磁场，让学生感受到教师的可亲、可敬，从而使他们"亲其师而信其道"地把学习当作一种幸福、一种享受。社会需要的人才本来就是"万紫千红，百花齐放"的，学生只要最大限度地发挥了自身的潜能，教师就应该用爱、用赞美让他们在努力中品尝奋斗的喜悦！

激励转化——让学生体验自信

美国学者马尔腾有句名言："你成就的大小，往往不会超出你自信心的大小。"可见，自信心是学习获得成功的重要保证。有句俗话说："一句赞美的话胜过一百句批评。"激励在学生学习中的重要性可见一斑。

对大多数学生来说，你说他行，他就行，你说他不行，他就不行。因此，在英语课堂上要将挫伤孩子自信心与积极性的批评转化，改用激励性的话语提出希望，用委婉的话语指出学生应该改进的地方。这样，既成就了学生成功的愿望，又能使学生对自己的不足心领神会。

在英语教学中，口头活动量大，师生之间、生生之间交往多，而学生怕出错，羞于开口、惰于交往等心理障碍极为常见，因此，教师在平时的教育教学中一定要慎用批评。要想很好地表达爱，应该将批评转化，用激励来修正学生的错误。让学生在一个宽容、和谐的课堂气氛中，没有心理障碍，大胆练习，从而让学生在教师博爱的滋润下建立自信。

可见，"尊重"是教师工作中不可缺少的情操，然而表达尊重是一门艺术。因此，我们在实际教学中要不断探索表达尊重的最佳方式，让我们的教育在尊重中闪烁出智慧之光，让我们的教育教学活动显得细腻、温暖。

（作者单位：北京市朝阳区实验小学福源分校）

关注每个生命个体

——"合作对话"式教学策略在初中物理教学中的应用

李育红

与大家所熟悉的合作式的教学方式不同，理想教育文化理念下的"合作对话"教育教学范式，不只注重师生间的、生生间的交流合作，更注重培养师生"合作对话"的能力，通过构建不同的时空，形成"合作对话"主题。在此过程中，师生成长共同体教学相长。下面笔者以人教版九年级物理"电压"这一节课的教学过程为例，对理想教育文化理念下的"合作对话"教育教学范式的实施过程进行简要阐述。

本节课的对话主题是电压及电压的测量，四个对话次主题分别是：体会果蔬电池电压的不同、了解电压的概念、自学使用电压表测量电压、通过电压表测量数据发现新问题。根据设定的四个次主题，笔者构建了不同时空对话，通过四个教学活动将课外、课内活动有机结合，通过情景设置形成了连贯的思维逻辑，促进了"合作成长共同体"的共同进步。

课前调研——立足学情分析，通过"合作对话"尊重和关注每个生命个体

理想教育文化理念的核心是促使每一个生命个体健康成长。因此，立足学情，充分了解学生的认知和非认知要素，对课堂教学的组织与实施很重要，但更重要的是尊重每一个生命个体，并在此基础上实现正面教育功能。本节课主要围绕学生对电压的认识及电压表的使用两方面内容展开。为了了解学生的前认知，课前笔者做了问卷调查，主要调查学生是否制作过果蔬电池及学生对电池的理解。调查得知，部分同学没有制作过果蔬电池，部分学生已经遗忘了制作方法，因此，教师号召学生再次开展果蔬电池的研发。在制作果蔬电池的选材上，有的同学用橙子、西红柿等；有的同学用土豆、大葱、黄瓜等；有的同学还用到了榴莲，并

对榴莲核和榴莲果肉分别进行了研究；有的同学把水果进行冷冻再制作果蔬电池。

在不只以分数评价孩子的教育理念下，这些科学活动绝不是可有可无的。虽然孩子们不是科学家，却可以像科学家一样思考问题，进行研究。在教师与学生的沟通过程中，教师不只是陪伴者，更是受益人。在语言的表达上，教师会不自觉地夸赞学生的创意，并通过协商、质疑等方式鼓励学生进行更加深入的探讨。这样的方式极大增强了学生在学习过程中的参与度，帮助他们成为独立的学习者，而不是小组中被忽略的成员。理想教育文化理念下的"合作对话"，更关注每一位学生的进步。

注重学科核心素养的培养——构建对话，设立对话主题

理想教育文化理念下的"合作对话"的实施过程要依据四个原则，即数量原则、质量原则、关系原则、方式原则。在"电压"一课，笔者依据课前的学情调研，设立了四个"合作对话"主题环节。

1. 课堂展示交流果蔬电池

在对话构建过程中，学生将生活经验与物理实验相结合，学生与实验对话，学生与学生对话，在对话的过程中发现不同，引起认知冲突。此环节是课前实验探究的延续，组间形成了对比，学生间的交流真实发生了。课外到课内的时空构建，促成了问题的生成来自学生，体现了"合作对话"的原则。

2. 小组研讨果蔬电池的作用

果蔬电池在实验中起到了什么作用，是本节课引出电压概念的关键问题，既是教学重点，也是教学难点。在此环节，教师通过提供自制教具，建立类比模型，利用学科学习方法，搭建师生间交流的平台。自制教具采用了生活中学生熟悉的桶装水抽水机、矿泉水瓶及磁性游标。在这一教学环节，对于如何能够形成持续的水流这个实际问题，学生们展开了讨论，有的小组提出抬高一侧的水瓶，有的小组提出不断向一个水瓶中加水。在解决这个问题的过程中，持续是关键，在教师的引导提示下，引入电动抽水机解决了这一问题。培养科学思维，注重概念的形成，是"合作对话"的重要内容。这个过程中，通过解决实际问题，师生在互动中实现了"合作对话"的深度和广度。

3. 小组通过类比迁移的方式，借助电压表说明书，练习使用电压表

理想教育文化理念下的"合作对话"教育教学范式，更关注"师生成长共同体"将"合作对话"作为能力和技能加以培养。因此，这一教学环节旨在实现学

生与资料的对话，使学生能够独立进行知识迁移，强化质疑，培养独立思考能力。在"合作对话"的过程中，教师与学生的平等对话体现在语言、态度及意识等方面。因此，学习的过程是师生双向互动的，以进一步提升学生的科学思维能力。

4.通过电压表的测量数据，发现新的问题

这一环节是本节课教学的高潮，因为接下来的实验探究是让学生通过数据发现问题、思考电压的作用最为重要的过程。小组在利用电压表测量果蔬电池电压的过程中，发现果蔬电池的电压可以变化。有的小组发现金属片插深一些，果蔬电池的电压会有所改变；有的小组发现测量一个水果和测量多个水果（串联）得到的电压不同；有的小组发现大葱制作的果蔬电池和苹果制作的果蔬电池电压差别比较大。小组间合作交流，深度思考果蔬电池电压的影响因素，是对电压这一概念更深层次的思考。

本节课，从课外到课堂，学生都积极参与，对电压这一抽象的概念有了深刻的认识，快速掌握了电压表的使用方法，并对不同的果蔬电池两端电压进行了测量，提出了更深层次的问题。更重要的是，在整个过程中，学生的学习是愉悦的、高效的、有深度的，这表明"合作对话"教育教学范式是师生共同进步、乐于接受的学习方式。

理想教育文化理念下的课堂教学通过时空构建，培养师生具备"合作对话"的能力和习惯。师生的教与学不系统，会导致知识碎片化；师生的教与学不深入，会导致结果表面化；师生的教与学轻过程，会导致能力低级化。因此，理想教育文化理念下的对话时空立足于立德树人的教育教学宗旨，构建不同时空，促进师生成长共同体的共同进步，在润物细无声中达到科学思维的全面提升。更重要的是，这样的课堂将"知识教育文化课堂"变成了"育人教育文化课堂"，为立德树人的教育过程提供了抓手。

（作者单位：北京中学润丰分校）

站在学生的角度思考问题

——初高中历史课程衔接新探

欧 芃

　　"中外历史纲要"（以下简称"纲要"）教材内容高度浓缩，初高衔接的内容很多，如何把握好衔接的角度？"纲要"教材表述极其精练，可挖掘的知识很多，如何把握好衔接的深度？"纲要"教材涉猎宽泛，需要解读的概念很多，如何把握好衔接的广度？高中历史注重理性，高中的教材在初中的基础上把历史的阶段性特征更加细化，同时，对历史结论的分析推理使知识呈现得更为系统、严谨甚至抽象。那么，高中能否继续初中教学中的感性活动？本文以"纲要"上册第一课"中华文明的起源与早期国家"为例，力求老调新谈，受王世元老师启发，谈谈"合作对话"教学理念在初高中的衔接策略。

　　"纲要"是全体高中学生必须修习的课程。其教材编写基于以下要求："高中历史教科书的内容要注意与初中历史教科书的衔接，既要避免内容上的不必要重复，又要避免初中、高中历史教科书之间的脱节；高中历史教科书应在初中历史教科书的基础上，使相关知识进一步拓展和深化，使学生能够从更新、更多的角度学习历史和认识历史。"教材编写者力求在初中教材的基础上，通过严谨的时序梳理、主题串接、思考延伸等方式帮助学生提升历史认识，形成历史感悟，殊为不易。

课程意识基于学生的自主建构

　　所谓自主建构就是学生能运用已学的知识（前知识），通过自主整理，复习以往学习的核心内容，为进一步学习做准备。初高中教学衔接的目的就在于给学生创造熟悉的历史情境，铺垫基础知识，为学生学习思维的展开创造条件。"中华文明的起源与早期国家"一课，涵盖初中"中国历史"七年级第一单元3课（中国早期人类的代表——北京人；原始农耕生活；远古的传说）、第二单元2课

（早期国家的产生和发展；青铜器和甲骨文），共 5 课内容。5 课的内容要 1 课时上完，而且，初中教材未涉及考古学中的文化概念、商朝内外服制和西周"宗法制""井田制"等概念。因此，高中历史教师的案头要配齐初中历史教材和课标解读。

本课共三目，分别是石器时代的古人类和文化遗存、从部落到国家、商和西周。教师可利用表格引导学生对初中所学内容进行复习整理，同时，引导学生翻阅教材，找出他们熟悉的课文内容和插图材料，比如教材中"中国旧石器时代重要人类遗址分布图"和"中国新石器时代文化遗存分布图"与七年级历史教材完全一样。经过漫长的暑假，进入全新的高中课堂，教师引导学生梳理初中所学，可以增进学生的亲近感，拉近高中教师与新生的心理距离。在精准判断初中已学知识的基础上，师生间形成了学科共同语言，为"合作对话"式教学的实施奠定了条件。

课程意识体现在学生的自主参与中

"合作对话"式课堂是以承认教学中的对话关系为前提，以对话为主要方式开展教学的过程与活动。实现教育"合作对话"，必须建构"合作成长共同体"。

"合作对话"要完全建立在"成长共同体"基础上，通过对话，唤醒受教育者强烈的对话愿望，主动与教师、学生、资料和自身对话。高中历史课堂也同样适用于"合作对话"式教学。

梳理好初中所学，我肯定了学生的初中成绩和表现。如何吸引他们继续学习呢？我结合本课教学内容，结合时事，指出杭州亚运会圣火是在良渚博物馆广场点燃的，然后问学生们其中的寓意是什么。学生们自由畅谈，有的说为杭州增加一个新的景点，有的说杭州人发源于此，有的说证明我国历史悠久。带着疑问，师生组成"合作成长共同体"，期待接下来的学习过程。

我国的古人类文化遗存分布广泛，体现了多元一体的特点。全国各地有很多博物馆和丰富的古人类文化遗存，是很好的学习资源，如良渚文化遗址已于2019 年列入世界文化遗产名录。初中历史教材在小字部分对其作了介绍，而高中则只用小字提及良渚遗址，并附了一张良渚古城图。教师补充了该博物馆的参观资料，从中可以知道良渚古城是目前所知我国史前时代规模最大、格局功能最完备、保存遗迹最丰富的古城，它与外围水利系统一起构成了完整的都城格局，在城市规划史和建设史上堪称杰作，是早期城市文明的杰出范例。良渚古城遗址真实、完整地保存至今，可实证中国长江流域史前时代稻作农业发展的高度成就，可填补东亚地区新石器时代城市考古遗址的空缺，为中华五千年的文明史提供了独特的见证。

噢！原来良渚文化遗址实证了中华文明上下五千年，所以亚运会圣火要在良渚遗址点燃。书中之观点、身边之遗址，两相比较，可以丰富学生的体验，通过情境拢启，学生会自觉运用先前所学知识充实认知结构，潜移默化地达到高中课程的要求。

课程意识体现在学生对重要概念的理解中

初中的教材呈现是"以点带面"，着重介绍河姆渡、半坡等文化遗址，远古的传说和夏商的建立，但知识体系架构、学科思维方法以及史料选取意识等相对欠缺。而高中的教材更加强调历史的阶段性特征和对历史结论的分析推论，知识呈现更为系统，对知识的储备要求更高。"新石器时代晚期"的历史在初中阶段几乎没有涉及，但高中历史教材中却如此表述："距今约5 000年的新石器时代晚期，大汶口文化和仰韶文化被龙山文化所代替。龙山文化的代表器物是黑陶，胎壁薄如蛋壳，被称为'蛋壳陶'。同时，北方江河上游有红山文化，长江下游有良渚文化。它们都出土了精美的玉器，并且出现较大规模的祭坛和神庙。"短短几行字，出现了五种文化遗存。

教材如此呈现，我们却不能只让学生识记几个历史概念。在课堂实践中，教师引导学生，利用考古发现和文献史料，多重印证，对核心概念进行内省、质疑和内化，从而进一步分析新石器晚期文化的特征及呈现意义，从分析特征和意义的思维过程中，深入理解什么是文化遗存、什么是母系氏族社会、什么是父系氏族社会、阶级社会的特点是什么等高中要求掌握的知识。

又如，初中教材几乎没有提及宗法制的内容，高中教材则明确提出"西周实行分封制与宗法制"，并在"历史纵横"栏目详细介绍了宗法制。在学生的知识储备不足的情况下，教师可以由浅入深地进行思维的引领：（1）请用自己的语言向同学们讲述什么是宗法制，进一步理解何为宗法制。（2）有人说宗法制是分封制的基础，你是怎么理解这句话的？（理解宗法制的意义）（3）位于浙江省浦江县的"郑氏门门"，自南宋开始，历宋、元、明三朝，十五世同居共食达360余年，鼎盛时有3 000多人同吃一锅饭，其孝义家风多次受到朝廷旌表，明太祖朱元璋曾亲赐"江南第一家"。你认为出现这种现象的根源是什么？说明了什么问题？在对初中教材的理解的基础上挖掘思维的深度，是符合高中学生的学习实际的，是初高中衔接的有效手段。

　　本文基于开学"历史第一课"的教学实践，尝试用"合作对话"教育教学范式，为初升高的学生搭建适合学情的课程思维和模式。与以知识为主的备课不同的是，"合作对话"教育教学范式鼓励教师不仅是教科书的执行者，也是教学的参与者、学生共同学习的伙伴。"教师的职责现在已经越来越少地表现于传递知识，而越来越多地表现于激励思考；除了正式职能以外，教师将越来越成为一位顾问，一位交换意见的参加者，一位帮助发现矛盾论点而不是拿出现成真理的人。"这就需要教师既要有扎实学识，不断挖掘教学内涵，又可以走近学生，站在学生的角度思考问题，同时巧妙地找到师生"同频共振"点，引导学生潜移默化地养成历史学科核心素养。

（作者单位：北京市三里屯一中）

践行"合作对话" 尊重学生个体发展

——一堂课引发的思考

翟 策

这个学期，我们再一次迎来了一年级的"小豆丁"。刚刚从温馨的家、快乐的幼儿园离开，他们还没有来得及适应，就一头扎进了六年的小学生活。对于这些娇嫩的"小花苞"，一年级是他们适应小学生活的第一步，而我有幸能帮助他们。

一年级的学生，之前一直是用"玩"来认识和了解科学的，没有科学的方法和系统的知识，因此，兴趣是重要的第一步。植物是他们学习科学的第一课。面对植物，他们一点都不陌生，甚至能说得"头头是道"。从"我们知道的植物"这一熟悉的话题入手，学生很快就畅所欲言，而这也是培养学生学习兴趣的良好契机。为了更好地激发学生观察植物的兴趣，让学生持久地投身于观察、研究植物的活动，本节课还设计了种植大蒜的活动，以便观察植物的结构和生长变化。

本节课伊始，我让学生观察一幅图片，学生表示认识图片中的很多种植物，并且能正确地叫出它们的名字。这个时候我需要更多地了解学生已有的认知，所以继续提问。

"这个是什么？它是植物吗？"我指着图片中的蝴蝶问学生。立刻就有学生回答："不是，它是动物！"

"那植物和它有什么区别？或者说植物有什么特征？"我提出疑问，引导学生深入思考。学生独立思考的时间虽然不长，我却不能打扰他们。他们需要自我内省的时间，而我需要做的是静静等待……慢慢地，有学生开始举手了。

"老师，蝴蝶会飞，植物不能飞，它有根，长在土里，飞不出来。"

"植物是有根、茎、叶的，而蝴蝶没有。"

"植物需要浇水，而蝴蝶可以自己找水喝。"

…………

学生的思维完全打开，答案一个接着一个地跳出来。听完他们的答案，我在肯定他们的同时，又一次打开他们的思维大门，加速他们的内省学习："那么，我们如何照顾好一棵植物呢？它们需要什么呢？"接下来又是安静思考的时间。很快，就有学生提出他的想法。

"我觉得它需要水，我可以天天给它浇水，这样它就能有充足的水喝了。"

"我要把它放在阳台上，这样它就能晒得到太阳了。"

"我要帮它除草，杂草就不能和它抢养分了。"

"我要给它捉虫子，不让它受到伤害。"

…………

学生对植物的研究兴趣很大，回答的内容不仅表达了植物真正的需求，还说出了自己如何照顾植物。从最开始调取学生对植物的原有认知，描述植物有根、茎、叶，能生长、会开花等显著特征，到种植植物，要进行长时间的研究观察。其间，学生在不知不觉中感受到了植物是有变化的、是"活的"这一最大特征。

真的是不知不觉吗？其实不是的。本节课的难点在于要让学生知道植物是有生命的。但生命是什么？学生显然还不能立刻理解这么抽象的词语，这就需要我在这节课中利用问题链的方式，做好前期铺垫，扰启学生，引导学生积极主动地思考、内省，外化思维，激发内驱力，从而更好地学习本课的内容。开始的时候，学生仅仅能认出植物的名字，但到本节课结束，学生能够清楚地知道什么是植物、植物的特征是什么以及想要照顾好植物，就要为它提供相应的生存条件。不仅如此，在课堂中，每个问题之后，我还等待了一定的时间，让学生独立思考，看似时间很短，感受起来觉得很长。这很有必要，学生接收到扰启问题后，是需要内省的，如果不用思考答案就脱口而出，说明这个问题太浅了，没有真正地扰启学生，没有触及他们的思维，长期下去学生不会形成独立的思考意识，更不要说成长了。尊重学生的思维水平，为学生的成长考虑，才能提出深度扰启学生思维的问题。好问题是需要时间思考和解决的，这个时间不能省去，学生可以通过这个时间，去分析问题、剖析知识。只有学生充分思考，拥有自己独立的思维意识，才能使思维外化，得到答案。

教育的对象是学生，在课堂中，主角也是学生。教师应时刻牢记，培养学生的多方面能力是中心。这与"合作对话"的主旨不谋而合。就本节课而言，所有的问题链都是围绕着学生设置的，师生问答，外化对话。从最开始提问，调取学生对植物的前认知，进而引导学生思考，这是在为学生种植植物做铺垫。最后，学生已经了解了植物的显著特征以及种植植物所需的条件，以此为基点，教师顺势提出种植萝卜或大蒜。学生在看护植物的过程中，感受到植物的生命力，自然而然就突破了本节课的难点。难点变得"不难"了，学生的能力自然也在课堂中提升了，双方合作，共同成长。

（作者单位：北京市星河实验学校国美分校）

"扰启"师生思绪的"机灵鬼"

——批判性思维在"合作对话"科学课堂中的引领作用

白桂侠

我们目前正处在信息爆炸的时代，每天都会从报纸、杂志、电视和网络上接触到很多新消息和新观点。要辨析这复杂的世界，就要有一双慧眼，而要练就一双慧眼，就要经过科学思维的训练，具有批判性思维。批判，是一种求真精神。一个人要形成自己的独立思想，就要淘金式地对待各类信息，适当地理解、整合、吸收，最后形成自己的观点和看法。"批判性"，是"辨明和判断的能力"，批判性思维是指"熟练地、能动地解释和评估、观察、交流信息和论辩"。

本篇由一个"扰启"师生思绪的"机灵鬼"引发。

▶ 案例背景 🖊

学习四年级"茎和叶"一课时，因为是特殊时期，学生在家上网课。学生们已经经历了凤仙花种植、发芽、长根等阶段，在每一个阶段，我根据以往的种植经验和心得教他们对凤仙花小苗进行精心呵护，学生们都没有疑问。我估计经过这段时间的生长变化，该开始讲授"茎和叶"一课了。

▶ 解决问题的过程描述 🖊

一上课我就让学生打开摄像头，让大家看看他们的凤仙花的生长情况。我发现杨同学的小苗长了一窝，盆里是密密麻麻的一层，都瘦瘦弱弱的。于是我就指导她："一定要注意间苗，挑出一两棵健壮的小苗留在这个花盆中，剩下的一定要分盆儿，分时带点儿土，别伤根儿。"我还告诉她，这样下去哪棵苗也长不好，缺乏生长空间，无法进行光合作用。此时，刘同学抢着发言："老师，我看过一篇资料，说是可以把这些小苗捆在一起，这样它们的茎就变粗了，不会影响生长。"他说完方法后，我当时并没有在意，只是"哦"了一声，表示有些怀疑，没有肯定，也没有否定，继续我的教学进程。我又看到张同学和郑同学的小苗，一盆里只有两棵凤仙花，大约有十几厘米高了，茎很粗壮，颜色发红。

此时，我就对这两位同学说："要'闷尖儿'了，不能让它徒长苗，这样只会一直长高下去，影响开花结果的时间，因为营养散失了。"这时刘同学又抢话了："老师，不能'闷尖儿'。'闷尖儿'的地方会招蚜虫，去年我种的一棵花'闷尖儿'的地方就招了蚜虫，最后死了。"听到他的话以后，我就接着问："那你说应该怎样做？"他强调道："要在它们茎的侧面用刀各削去一块儿，然后用绳子绑在一起，这样就可以避免蚜虫的侵害了。"我能够从视频里看到有些学生愣住了，不知道是我说的做，还是刘同学说的做。此时，我就说了："究竟哪种方法好呢？同学们可以这两种方法都试一试，看看哪个效果好，毕竟实践是检验真理的唯一标准。刘同学，为了用事实说话，你一定要做这个实验呀！"

没想到，郑同学按照我说的"闷尖儿"后几天汇报时，说："我的小苗有蚂蚁。"我吓了一跳，告诉她赶快捉住它，别让它伤害小苗。真是怕什么来什么，我心里暗暗猜想：真像刘同学说的那样，"闷尖儿"后的伤口招来了蚂蚁吗，还是一种巧合？我期待着其他同学的实验结果。

又过了一周左右，张同学非常高兴地告诉我："老师，我的凤仙花开花了！"这用事实告诉我们"闷尖儿"是有效果的。而四（1）班的高同学，在课上向我展示他"闷尖儿"后的凤仙花仍然没有开花，而是长出了十几个小杈儿，这时我告诉他："营养还是散失了，要掰掉多余的杈儿，只留3个大的杈儿，其他的杈儿都不要。"接着我又问他们"闷尖儿"后的地方招虫子没有。每个同学我都要这样问一问，刘同学也在一旁听着，发现都没有出现他说的情况。我接着问他做实验的情况，他说："没有成功呢，老师，我没有绑紧。"我说："没关系，重新来一次吧，这次绑紧点儿。"

▶ 案例分析 🖊

这个"扰启"师生思绪的"机灵鬼"，引发了课堂的"地震"，让参与课堂的师生共同"内省"，进而产生"质疑"。作为科学课的老师，我们不就是一直在期盼这样"唱反调"的学生，让他们给人以启迪，指引方向吗？他们就是构建师生"合作对话"的催化剂，而作为老师的我，要在课堂上不断深入了解、理解学生的所思、所想、所为，转变思路，读懂学生的心思，聚焦"对话"主题——怎样才能让凤仙花苗健康苗壮地成长。我只是按照常规的方法教学生管理幼苗，而思维活跃的刘同学却提出了新奇独特的种植方法，"质疑"常规方法的可行性、有效性，使科学课堂走向深入探究，引发了师生的深度思考。有经验的教师会抓住课堂的生成，更好地引领学生，激励学生用实验证明自己的观点。让课堂得到更好的延伸，到课下去"实践"，这才是检验真理的唯一标准。

在凤仙花的生长过程中，师生与凤仙花构成了"成长共同体"，学生学会了养护和管理凤仙花的知识——蹲苗、间苗、浇水、施肥的时机等，教师也获得了专业成长。最终，经过种植实践活动，张同学的凤仙花开得最大最艳丽，她绘制了三张自然笔记，在课堂展示后参加了"金蕊"自然笔记作品征集活动等比赛，获市级二等奖。在教师节的时候，她挑出最饱满的凤仙花种子装在一个小袋里送给我，我感受到分享的快乐，至今回味起来仍幸福无比。

回想刘同学这个"机灵鬼"，虽然在当时打乱了我的教学计划和进程而让我措手不及，感觉有点失面子，却"扰启"了师生的"思绪"，引人深思。像这样在课堂上"唱反调"的学生，老师一定要注意大力表扬，不能因为失了面子而打压、批评学生，让学生不敢积极发言。老师要创造宽松、平等、民主的课堂氛围，让学生畅所欲言，不迷信权威并敢于挑战权威。

同时，这个学生能唱出"反调"，也说明他上课专心，听讲的状态特别好，全身心地投入，针对老师的问题快速做出反应，而且采用的是批判性思维，体现了思维的敏捷性和洞察力。而新型"师生＋时空"育人共同体也注重采用批判性思维，历经质疑、比较、鉴别、判断的过程，运用"扰启、内省、质疑、实践"的方式促进学生的知识生长，在教学过程中培养学生独立思考怎样去照顾凤仙花幼苗，以让其开花结果，这也是批判性思维在"合作对话"的科学课堂中所起的作用。

（作者单位：北京明远教育书院实验小学）

由一份意外作业引发的思考

汪爱苹

"合作对话"教育教学范式下的教育者和受教育者都要有意识地建构"合作成长共同体",在此基础上,教育者通过"对话"的方式使受教育者认同、接纳"合作成长共同体"一起完成"共同体"的建构。因此在作业布置、作业完成、作业分享过程中,教师更应该用真心、爱心和耐心带领孩子们在"合作成长共同体"基础上开展教学活动,形成乐于参与、主动表达、相互分享的对话式教学行为,从而实现受教育者由内而外的知识、能力与情感态度价值观的建构。

▶案例背景

轩轩同学为三年级一班男生,平时比较喜欢上科学课,课堂上有时不能遵守纪律,注意力经常不集中,做实验的时候老是不按要求,自己想当然,课堂笔记也不爱写,是科学学科的潜能生。

三年级第二学期有一个单元内容是"蚕",我购买了足够的蚕卵和蚕,带着学生喂养、观察蚕宝宝。轩轩的兴趣被调动起来,每天到科学教室观察蚕宝宝的生长变化,课堂上和同学们分享观察到的蚕宝宝发育、吃食及粪便的情况。经过一段时间的教学后,我布置了"介绍蚕的一生"的作业,他的作业不仅提交了,而且十分优秀,是他自己独立完成的,用绿色的彩纸做了桑叶,用白色的卫生纸制作成各个时期蚕宝宝的模样,从一龄到五龄,惟妙惟肖,获得了同学们的好评。

▶ 解决问题的过程描述 🖉

当我拿到他的"介绍蚕的一生"作业，感到十分震惊，没想到一个科学学科的潜能生，能做出这么精致、表达清晰的作业来，就和他聊起来，问他这是谁的创意、怎么做的，孩子说得头头是道，十分兴奋。于是，我首先请他在班里做了介绍，然后给他和作品拍照，在全班表扬他认真完成作业，作业质量高，还使用了其他的材料。同时还告诉他，我将在年级内请同学们欣赏他的作品，并将他的作品塑封，留给下一个年级使用。

孩子十分开心，自此之后，他在科学课上都能有意识地参与学习活动，努力克制自己的坏习惯，逐渐成为科学学科的好学生。

▶ 案例分析 🖉

从这个案例中，我们可以看出作业的重要性。在小学科学科目中，作业可以用来增加学生的科学知识并开拓其思维，以促进学生全面发展。在课堂中适量地布置作业，学生既不会感到课后作业繁重，也不会认为课堂枯燥无味。合理地布置课堂作业可以帮学生巩固在课堂上学到的新知识，并且还能更好地完成教学目标。

1.巧妙设计课堂任务，提升对话效能

教师在上课时不能灌输性地将知识传授给学生，有些科学课程对于小学生来说不是很容易理解。教师要根据本节课的教学目标和重难点来设计课堂作业，根据学生的兴趣，教师可以设计一些实验作业，通过与实验、工具、教材、文本资料等与学习成长相关的内容对话，帮助学生在动手中领悟其中的知识，形成能力。

2.丰富作业完成形式，促进合作发生

在小学阶段，学生的自控能力是比较低的。学习本就是一件辛苦的事，若教师只采用单一的方式教学，就会让学生感到枯燥和乏味，这也是如今提倡趣味化教学的原因。教学不单指在课堂上的学习，还包括课后作业这一部分，其完成形式对学生兴趣的影响也是很大的，如果可以按照自己喜欢的方式来完成作业，那学生就不会对作业感到排斥。合作是科学学科作业完成的重要形式之一，所以教师在课堂中就要先培养学生的合作意识，引导学生进行合作。除此之外，教师也要让学生说出自己感兴趣的作业形式，可以独立完成，也可以跟别人合作完成。在学生叙述时，教师也可以适当地引导他们选择以合作的方式完成作业。

3. 优化作业评价手段，激励学生成长

教师在检查作业时，通常会给学生写评语，但作业发下来之后，学生之间进行对比就会发现，教师给出的评语大体相同，并没有根据学生的具体情况来对学生进行评价，自然也起不到激励作用。教师要对作业评价进行优化，针对学生的不同情况来进行鼓励或批评，如学生学习科学的态度，是否使用了科学方法、用科学知识解决实际问题，是否能描述实验现象、总结科学规律等，让学生可以更好地认识到自己的优点和不足，积极地将不足改正。让学生真正意识到教师的关注，不仅可以促进师生之间的感情，还能促进学生的学习。

如果是习题类的作业，教师可以在作业本上进行点评，可以是对学生的状态进行评价，如"今天上课精神满满，继续保持"，也可以根据学生作业的完成情况来评价，如"进步很快，继续保持"。如果是实验类的作业，可以让学生拍成视频发到微信群里，教师根据视频进行点评。教师也可以根据学生的兴趣，在作业本上贴一些符合学生具体情况的贴纸。积极正向的评价会让学生提升学习态度，具有针对性的评价也有利于促进学生的全面发展。

教育学者王世元曾在发言中指出：教育不是"育分"，而是"育人"，教育的最终目的是要培养出具有"尊重、民主、责任、科学"核心素养的"最佳公民"。理想教育文化也更加关注社会主义核心价值观、学生发展核心素养以及减负这三个方面的真正落地。"合作对话"教学范式研究中的教师教学方法论，是运用扰启、内省、质疑、实践开展教学活动，作业更是承载学生实践的载体，增强学生认知体验，揭示人类知识的客观性、规律性及知识给人类带来的效率与效益。

（作者单位：北京市朝阳区实验小学福源分校）

真尊重，才有真对话、真合作

王慧敏

听课听多了，渐渐发现一个有趣的课堂现象：老教师注重自己讲，学生基本全程跟着听讲和做笔记，课堂偏安静有序；新教师问得多，学生全程参与回答，课堂呈现一番热闹景象。那么，这两种课堂状态是"合作对话"吗？是新课标所倡导的"合作"教学模式吗？

显然，都不是。

老教师的课堂没有对话，只有老教师自己的自说自话，是一言堂、满堂灌。学生在课堂上只听不说、只记不想，这种表层化参与使学生难以真正融入课堂，算不上合作。

新教师的课堂虽有问有答，但过多的提问使学生缺乏思考的时间，难以真正参与。并且许多提问还是无效提问，回答只要用"是／不是"就可以概括。我曾经做过一次记录，一位教师一堂课曾经出现 57 次提问，这些提问包括 34 次"是不是"句式、5 次"重复一遍老师说的话"。当我把提问清单呈现给这位教师时，她惊讶地瞪大了眼睛，她也没意识到一堂课竟有这么多提问，还大多是没有思维含量的提问。

这两类教师的共同特点是：教师讲的都是自己想讲的，却未必是学生想知道的。整个教学过程中，教师只关心自己的教，而忽视学生的学；重视知识的传递，而忽视学生学习过程中的情感因素。这种场景下，学生在课堂无论是听讲、记笔记，还是回答问题，都是一个没有参与思维的工具人。这种"没有学生在场"的教学，本质上，都是教师心中、眼中没有学生的表现，起码，是没有真的尊重学生的表现。

一节真正的好课，一定是"合作对话"式的，教师和学生是平等的对话者，教师心里、眼里都要有学生，时刻关注学生在课堂上的起点和成长，而不是自顾自地完成本堂课的教学任务。一句话，教师要切实尊重学生。

尊重学生需求，课前收集学生的真问题、调查真学情

"以问题为导向"是道德与法治学科建设和教学必须坚持的重要原则之一。但过于简单的问题学生不屑回答，过于发散的问题学生无从回答，这些都是假问题、伪问题。唯有真问题，才能唤起学生学习的主动性，学生才有表达和参与的欲望，在课堂互动中去掉伪装，展示真实自我。唯有那些解答前能够激发学生兴趣、解答后让学生豁然开朗的问题，才能够成为课堂教学的真问题，也才值得对话。

真问题只能通过真学情获得。教师课前通过问卷调查、访谈、观察等前测技术，发现学生成长中的真实困惑和问题，以此作为开展"合作对话"的起点，才能触发学生的真思考，为该节课的教育价值奠定基础。例如，教学"尊重朋友，保持适当的空间"这一内容时，教师通过问卷调查发现：一些学生特别是女生认为朋友应该忠诚、好朋友就要时刻陪伴在一起。对此，我设计了一个话题：朋友黏人怎么办？好朋友间要不要保持距离？这个问题一抛出，立刻引发了学生巨大的兴趣，争先恐后地举手发言。

尊重学生发展规律，课中关注学生真感受、做到真倾听

新课改背景下，教师们都很关注教学情境的创设，以激发学生的思考。但是，一些教师创设的情境要么让学生无动于衷、形同虚设，要么学生的思考方向偏离教师的预设，教师要不断地暗示甚至明示，学生才能回到教师预定的思路上来。究其原因，就是情境设计脱离学生实际经验，没有深入浅出地把新知识隐含于学生常见的生活情境中，或者虽然涵盖了新知识，但干扰因素过多，分散了学生的注意力。归根结底，是教师没有尊重学生的发展规律，没有从学生的视角选取学生熟悉的内容进行加工、创设情境。

例如，在讲授七年级上册"生命可以永恒吗？"这一课时，有的教师采用欣赏泰戈尔的小诗《生如夏花》作为导入方式，视频唯美，朗诵深情，美则美矣，但学生未有所动。原因在于学生没有相应的认知基础，很难产生情感共鸣。倒不如替换成学生自己的校园日常电子相册，在真实的情境中学生更能触景生情。

倾听学生发言是教师对学生最大的尊重。课堂上，教师一边倒地强调学生要听话、注意听讲，却很少能停下来静心倾听学生的声音。首先，是教师选择性倾听。教师在提出问题前，心中已经提前准备好标准答案了，对于学生回答的内容中与标准答案不一样的地方，教师自动就屏蔽掉了，结果就是听不见学生真实的

想法。其次，是教师"好为人师"的习惯作祟。对于不一样的答案，教师本能地启动驳斥机制，一边听讲，一边反驳，并且沉浸于这种反驳中沾沾自喜。最后，如果教师在学生发言前就已经猜到了他要说的内容，可能会对他的发言内容缺乏耐心或者心不在焉。这三种态度，都使得学生对于课堂发言渐渐失去兴趣，从积极参与转到消极沉默，或者非对抗不合作，就静静看着教师一个人自说自话地表演独角戏。

合作是双方的，对话是双向的，单向的说教构不成合作的课堂。教师必须要摒弃一言堂的惯性，放低身段，认真倾听学生的发言，让一言堂变成群英会，才能发挥学生的主体作用，使其真正参与到课堂中来。

此外，教师及时、真诚、有针对性地对学生的发言进行评价是学生参与学习的有效催化剂。这种及时反馈的背后是教师对学生的尊重。只有发自内心的尊重才会赢得学生的心，点燃他们学习的热情，才有课堂上的真对话、真合作。

尊重学生成长，课后关注学生实际获得、做到真反思

一堂课的好坏，不在于教师讲得是否顺利、成功，而在于学生是否有真获得。

一个知识点，教师教过了，不代表学生掌握了。在课堂上，学生说"我记住了"，未必是真记住了，说"我懂了"，也不一定是真懂，教师要做更深入的观察，甚至还要通过科学设计课后作业，发现学生学习的真相。

反思是教师专业成长的助推剂。每堂课结束的时候，教师都要认真反思：自己的教学过程有没有以学生为本、突出学生的主体地位？教学情境创设真的符合学生的认知发展规律吗？是否关注到每一个学生、是否认真倾听了学生的发言、是否及时做到反馈？教师只有通过不断反思，总结课堂上的得与失，并将反思的内容记录下来，在后续教学中检验反思和改进的效果，才能达到个人专业素养的真正提升，与学生共成长。

总之，课堂中教师面对的是一个个独立的个体，是有思想、有个性、有感情的学生，不是任由教师安排的工具人。要想通过"合作对话"开展有效教学，教师必须尊重学生自主、尊重学生需求、尊重学生的发展规律和成长获得，这样才能有课堂上的真对话、真合作。

（作者单位：北京市陈经纶中学分校望京实验学校）

课堂里的哄笑

杜建梅

"合作对话"倡导以"尊重、民主、责任、科学"为宗旨培养最佳公民，这一理念促进了师生在课堂冲突中的关系向良性方向发展。

▶案例背景 🖊

"双减"政策下，减负提质的要求让教师更加重视让学生能够接受教师的教育教学工作，使学生更好地成长。"合作对话"教育教学范式的理论与实践研究活动正好在此刻走进我校，使我在课堂把控上得到新的启发。

▶解决问题的过程描述 🖊

新学期来临了，老师们又投入紧张的教育教学工作中。对于我们科任老师来说，上课讲知识、带着学生练习、提高教学技能都不成问题，发愁的是有些班里总有个别学生在课堂上表现出乎意料，搅扰了正常的教学秩序。

周四，我按时进到六年级 3 班，进行六年级"坚毅"心理课程的教学，今天上课的目标是让学生知道坚毅的组成部分。为了让学生更好地理解，我播放了一个名为《坚毅》的动画视频，视频有画面有解说，是讲一个小男孩喜欢骑自行车，一直坚持到长大参与成人的比赛，中间遇到了很多的挫折，但是他坚持了下来，视频很好地诠释了坚毅的组成部分。

视频看完了，我问："看完视频，你们觉得哪一个画面让你有感觉，可以让你体会到坚毅这种心理品质？"一个女生愣头愣脑地举起手，我就请她来回答，她大声说："那个骑自行车的人从悬崖上嗖地掉下去了！我觉得特别好玩！"同学们听了哈哈大笑，我有点尴尬，不由得想起她五年级时在一次课上大声说话，我提醒她，她耍脾气怒道："我怎么就不能说话了！"虽然我教育了她，她最后也接受了我的批评，但我仍然觉得尴尬：怎么会有五年级了还不知如何面对老师提醒或提问的学生？

这次又出现了尴尬的状况，我想我这次不能再批评教育她了，毕竟她回答出了一半的内容，而且她的反应也是因学习资源引发的，只是反应得有些不合时宜。虽然她的回答惹得全体学生大笑，但我是不是可以忽略她的过度反应，借着大家注意力都在这里，通过引导她来带着大家思考呢？我笑呵呵地说："是的，骑自行车的人嗖地就掉了下去，然后呢？"我引导也在哈哈大笑的她思考，她停下笑，想了想说："他利用自己背的降落伞落向地面。"我说："然后呢？"她说："然后他又撞上了大石头！"同学们听到这个回答，又大笑起来，她也跟着笑了起来。我面带笑意地继续说："然后呢？"她想了想说："然后他爬起来继续骑！""然后呢？""然后再遇到悬崖时就飞过去了，还做了个漂亮的回旋！""然后呢？""然后他和其他人一样成功到达终点！"我继续追问："那你觉得坚毅品质是什么？"她想了想说："坚毅品质就是跌倒了爬起来，再跌倒再爬起来！"我说："你说得非常好，坚毅品质的组成部分就是不怕跌倒、不怕困难、百折不挠、有毅力，下面我们再体会下，除了毅力，还有什么助力让他坚持了这么久？"……

▶案例分析 ✎

面对学生这种课堂随意答问的状态，去年我还处于尴尬中，没想到今天很自然地就化解了，想来这中间就是参与了"合作对话"教育教学范式的理论与实践研究活动，在潜移默化中让自己找到了应对尴尬的方法。"合作对话"教育教学范式课堂致力于促进教师在课堂教学中创设平等、尊重、合作、对话的氛围，而创设这种氛围的前提是让学生敢于发表自己的看法。正是因为心里有了这样的观点的萌芽，所以我在这次小小的冲突碰撞中不仅看到了学生的反常举动，也看到了她对学习资源、对当时的课堂有自己的真实反应。今天看来，我的成长要感谢这位学生，正是因为有她的存在，我这个起引导作用的教育者也在不断地成长。今天的课堂，教师与学生已经不仅仅是师徒关系、主客体关系，而是"合作成长共同体"。比如，这次这个小小的心理冲突发生了，我如果批评学生扰乱课堂秩序，或者不让学生开口、控制学生，那学生很可能会反抗，或当面怼老师，或背地里小声嘀咕，或腹诽，这样老师和学生就不会是一个呈现良性发展的"合作成长共同体"。

这次事件让我感受到，教育要"发生"必须得是学生发生向好的变化，毕竟教育有没有效果还是要看学生是否成长，而老师对学生的尊重、民主、责任、科学的态度是学生向好变化至关重要的一环。课堂应是互动的课堂，是方方面面条件相互对话的课堂，只有尊重学生的年龄特点，让学生说话，让学生表达，唤醒学生强烈的对话欲望，学生才是真正意义上参与了课堂，否则，无论教师的控制力多么强大，提供多么优秀的学习资料、多么充足的学习时间，学生没有反应也就没有教育的发生。

　　总之，希望自己在以后的教育教学工作中能够做到让学生主动与教师、与其他学生、与资料、与教具、与自身真正对话，实现学生由内而外的知识、能力、情感态度与价值观的建构，让"教育"真正地发生！

（作者单位：北京市三里屯一中）

第三章

责任为先

理想教育文化的实施，始终要围绕"人性"这一要素特征进行，因为它是生命个体追求幸福生活最基础、也是最核心的要素。这一代教育工作者是焦虑的一代，面对社会舆论的种种约束，面对越来越有个性的学生个体，面对学校的各种评价机制，他们迷茫、困惑于所从事的工作意义何在、要培养学生哪些关键品质。理想教育文化要求教师要明确自己的定位。教师首先要成为最佳公民，具备"尊重、民主、责任、科学"核心素养，才能培养出面向未来的最佳公民。

成为最佳公民

——人文主义视角下的高中"合作对话"教育教学范式实践探索

李　鑫

　　"合作对话"的理念旨在促成教育者、教育资源、受教育者三大组成要素构成"成长共同体"。相较于传统教育理念，"合作对话"更强调受教育者与教育者、教育资源的主动对话，而非被动对话，这对于教育者进行教育设计和供给教育资源提出了更高的要求，也为优质高效的教育过程提出了上位指向。"合作对话"教育教学范式以对话为主要方式开展教育过程，教育者在教育中创设平等、尊重、合作、对话的氛围，打破过去教育者主导话语权的模式，教育者转而通过辅导、陪伴和引导来有意识地让学生进行受教育实践。在"合作对话"教育教学范式的指引下，师生间、生生间能够通过相互质疑、共同讨论来建构起成长共同体。在师生成长共同体中，教师尽可能地实现"隐身"，最大限度地唤起学生的探索欲与求知欲，把教育空间与教育时间真正还给学生，提升学生在身体维度、情感维度、心灵维度的有效思维。基于此，教育过程才能够更好地实现社会主义核心价值观落地、学生发展核心素养落地、减负真正落地。

　　人文主义认识论强调回归人之本源，这与"合作对话"教育教学范式对教育参与主体的关注相互契合。人文主义地理学家段义孚指出，人文主义的精髓在于，关注形形色色的人的诉求，并通过合作与对话来追寻其背后所蕴藏的善与美的共同点。基于这样的认识，才能创造一个打动人心的新的空间秩序。人文主义认识论有三个主要特点。对"我向性"的强调是人文主义认识论的第一个特点，即将"我"作为感知主体。我们研究的世界是"人"的世界，每个人、每群人眼中的世界都有其不同的意义。人文主义认识论的第二个特点是强调感知主体对自我、对他者、对环境"诉诸情感"。感知主体所诉诸的情感是存在差异的，这种差异不仅取决于主体的身体本能的感受和需求，同样也取决于主体在日常生活中的情感体验。不同主体自身的性格和气质以及主体在日常生活中所体验到的外在世界的人和事，都会对主体的情感诉求产生影响。人文主义认识论的第三个特点是感悟性，这里的感悟性是以经验为基础但是又超越了经验乃至情感的思维，是人们在看到社会不公时对空间正义和道德的感悟。

相较于传统教育范式，人文主义视角下的"合作对话"教育教学范式为解决青少年身体、情感和心理迅速发展所产生的教育矛盾和冲突提供了新思路。本研究基于人文主义视角下的"合作对话"教育教学范式，依次从身体、情感、心理三个维度选取日常教育真实情景中的典型教育案例，搭建外部动力源（教师）与内部动力源（学生）之间的"合作对话"平台，并在此基础上构建师生成长共同体，为探索如何让受教育者成长为具有"尊重、民主、责任、科学"素养的最佳公民提供借鉴。

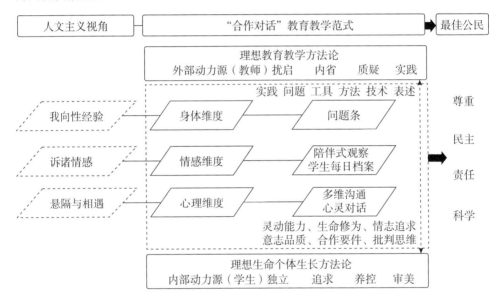

一、身体维度下的"合作对话"

人文主义视角下的"合作对话"教育教学范式强调，受教育者首先是从自我身体的角度出发来与教育环境进行"合作对话"的，而科学合理的我向性是"合作对话"的根本前提。人文主义的核心在于强调个人及其潜能，感官功能决定了个人潜能的大小，受教育者主动进行"合作对话"的潜力正取决于能否科学合理地运用感官去真实地感知周围的环境。每一个"我"基于各自不同的身体感官对日常实践的感知存在差异。不同受教育者的身体差异就决定了他们的灵动能力与生命修为也会有明显区别。在人文主义视角下的"合作对话"教育教学范式指引下，教师可采取"问题条"方法来对学生进行"扰启"，学生在此过程中能够从较为科学合理的"我向性"角度出发形成身体审美与精神追求。

基于此，本研究主要采取"问题条"教育策略来实现身体维度下"合作对话"共同体的构建。高中学生正处于身心快速发展的青春期，学生对于身体及其身体所获得的经验的关注达到前所未有的高位。例如，高中男生由于身高与体能的快速成长，对赛场上纵横驰骋的感官体验形成了强烈的热爱与痴迷，高中女生则由于自我意识的萌发与对外在评价的重视，往往通过佩戴首饰、烫染发等装饰方式来塑造自我。这些行为本身体现出青春期少男少女对自己身体层面的关注，是青少年成长的自然过程，但过度关注往往会衍生出许多次生问题，比如上课注意力不集中甚至逃课，课余时间与同学打闹以致产生矛盾，课后安排过多活动而置课业于不顾。为应对此类问题，本研究的解决办法是基于"合作对话"教育教学范式中的"实践"与"问题"认知工具，以促成受教育者在身体层面上的"审美"生长。具体实践中主要采用"问题条"的教育方式进行操作。首先，教师引导学生每日在"问题条"上书写至少五个问题，问题内容不限，但需要是自己真正用心思考过的。案例分析结果表明，这部分学生将更多时间投入与自己身体维度对话的过程当中，而忽视了精神层面对知识的诉求，归根结底，这部分学生对学习的兴趣不够浓厚。然后，教师尝试引导学生通过每日坚持使用"问题条"的方式积极主动与教师和同学对话，从无问题到有问题，逐渐发现对学习的深层兴趣，合理平衡每日的身体层面关注时间与精神层面关注时间，从而真正实现受教育者的内源式养控。

二、情感维度下的"合作对话"

人文主义视角下的"合作对话"教育教学范式强调，教育者与受教育者基于自身的文化基底来建构师生情感维度"合作对话"共同体。其一，该视角强调教育者与受教育者之间以及不同受教育者之间在情感维度下进行"合作对话"的前提，是从彼此原本的知识基础与文化背景中挖掘出共同认同的尊重内核与民主本源。其二，该视角鼓励教育者与受教育者之间以及不同受教育者之间通过使用合理的方法与工具来促成"合作对话"实践，让受教育者在差异化"独立"中实现自我情志追求与意志品质的提升。

基于此，本研究主要采取陪伴式观察与学生每日档案这两种教育策略来实现师生情感维度"合作对话"共同体的构建。高中学生之间的情感关系处理对学生今后的人际关系处理能力起到至关重要的作用。高中生的情感成长正处于从半成熟向初步成熟过渡的关键时期，学生的情感认知不断丰富，情感体验也在与日俱增，随之而来的就是学生之间情感关系上的摩擦。这一问题给班主任的实际工作带来较大挑战，因为学生之间的情感关系若处理不当，有可能衍生为不同学生群体之间的情感矛盾，甚至升级为家长之间、家校之间的情感问题。为应对此类问题，本研究在班级管理中主要采取陪伴式观察与学生每日档案这两种教育策略。首先，陪伴式观察策略为引导学生之间主动对话奠定信息基础。学生之间的情感相处看似事小，但直接或者间接影响到学生当下以及今后的情绪管理和身心健康。当前青少年学生在心理和情感上看似独立自主性更强，但其实更需要被倾听、被看见、被信任，因此本研究坚持每日对每一位学生进行陪伴式观察，即在课前、课中、课后通过眼看、耳听等方式仔细观察学生的各个方面，包括课堂表现、作业表现、师生对话以及为人处事等，从而对学生当天的情感状态有较为全面的把握。然后，学生每日档案策略为引导学生之间主动对话打造材料基础。由于当前班级容量较大，学生数量较多，每日的学生信息量纷杂，仅凭班主任的观察记忆是难以铺垫好学生的材料基础的，因此本研究采用学生每日档案策略来对每位学生进行建档，即坚持记录下来每一位学生每日获得的进步与出现的问题，从而形成"一生一案"的材料体系。当学生出现情感关系处理上的问题时，能够依托这些材料来从纵向和横向上对学生之间的情感关系进行完整复盘，从而促进学生在真实情境基础上进行彼此之间的主动对话，能够在第一时间化解芥蒂、安抚情绪。

三、心理维度下的"合作对话"

人文主义视角下的"合作对话"教育教学范式强调，教育者可引导受教育者通过"悬隔感悟"与"不断相遇"来打造心理维度下的"合作对话"共同体。该视角强调教育者不仅应加强与受教育者进行直接经验的"合作对话"，还需要悬隔起原本的知识基础与文化基底，在"不断相遇"中形成更包容的"合作对话"路径。在该视角下，教育者通过采取内省、质疑的技术与表述，引导受教育者明确合作要件，形成批判思维，促成受教育者的合理养控与责任追求。

案例一：学生从小缺乏较好的自控力，过度依赖电子产品，家长在处理态度上呈现出父亲过于生硬、母亲过于放纵的两极化态势，在学生进入高中阶段后，打骂的方式不再适用，并且随着父亲出差时间的增多，母亲对其电子产品使用的把控以及学习方面的引导便更显无力，学生愈加与母亲锋利对峙，母子之间关系的硬化直接影响到学生的表现与心理健康。为应对此类问题，本研究在进行学生教育时主要采取"多维沟通"的教育策略。"多维沟通"意在强调班主任分别与家长、与学生、与科任教师之间针对学生某一问题进行多主题、多维度、多方向的实时沟通，深入挖掘学生、家长之间的矛盾症结，并与其他科任老师携手找到该矛盾在学生学习表现上的投射，然后有针对性地采取措施，以弥补学生与家长之间对话的缺失，促进彼此主动交流与沟通。

案例二：学生作为纪律委员在管理班级时出现比较明显的双重标准，具体表现在管控班级上课说闲话问题时把控不住自己的说话问题，在反映其他同学上课吃零食、用手机等问题后却充当自己好友违反纪律的"保护神"，而当这些问题影响到该生在班级的威信并导致其管理效力下降时，该生所采取的应对方法是大声驳斥同学们的质疑，并消极回应老师们的善意提醒。通过阶段性的陪伴式观察，班主任了解到该生从初中阶段开始便存在一定程度的心理障碍，具体表现在与同学、与老师的相处中往往情绪忽高忽低，有时失控难以自持，甚至出现较为极端的行为，但据家长反馈，该生一直拒绝接受相应的专业心理干预。为应对此类问题，本研究在进行教育时主要采取"心灵对话"的教育策略。"心灵对话"意在引导学生每日要给自己的心灵留出一定的空白时间，在这段时间内与自己的心灵安静地对话，按照与老师、与同学、与家长以及与自己达成的正向约定，逐一对标自己每日的心态与行为是否实现了让自己满意、对他人友善、对班级环境热爱的多维感悟体验，在与自己内心有效对话的基础上达成自我醒悟与完整认知。

四、结论与反思

研究得出，人文主义视角下的"合作对话"教育教学范式强调通过多种教育策略构建"合作对话"共同体。其一，受教育者首先是从自我身体的角度出发来与教育环境进行"合作对话"的，而科学合理的我向性是"合作对话"的根本前提，可采取"问题条"教育策略来实现身体维度下"合作对话"共同体的构建。其二，教育者与受教育者基于自身的文化基底来建构师生情感维度"合作对话"共同体，可采取陪伴式观察与学生每日档案这两种教育策略来实现师生情感维度"合作对话"共同体的构建。其三，教育者可引导受教育者通过"悬隔感悟"与"不断相遇"来打造心理维度下的"合作对话"共同体，具体可通过"多维沟通"与"心灵对话"策略来实现构建。之后的研究将继续从真实教育教学情境中挖掘可塑性案例，扩充被试样本数量，提升"合作对话"质量，并在此基础上丰富成长共同体中的主体维度与材料广度，进一步探索"合作对话"教育教学范式在基础教育中的实践路径。

（作者单位：北京市第十七中学）

审视教学思吾身，前瞻理想面未来

——《故乡》教学实践的反思

于学芹

　　"合作对话"的目标是实现"合作成长共同体"。本专题从受教育者成长目标、教育内容、教育设备、教育方法、选定的时空等方面，着手拟定内容，确定教育教学主题，选择教育资料，准备教育教学设备，设计课后安排；围绕明确的教育教学目的，组织实施小说单元的"对话活动"，即通过围绕主题的对话唤醒受教育者；根据已经储备的知识工具与技术，就生成的问题不断与他人、与教育资料、与实验实践等进行对话，以实现新知识、新技能等的建构。

内容的确定

　　《义务教育语文课程标准（2022 年版）》第四学段（7～9 年级）的课程目标，在"阅读与鉴赏"中要求引导学生"在通读课文的基础上，理清思路，理解、分析主要内容，体味和推敲重要词句在语言环境中的意义和作用"，"能对作品中感人的情境和形象说出自己的体验，品味作品中富于表现力的语言"。

　　"文学阅读与创意表达"部分，在第四学段（7～9 年级）的"学业质量描述"中要求学生"在阅读过程中能把握主要内容，理清行文思路，用多种形式介绍所读作品的基本脉络；能从多角度揣摩、品味经典作品中的重要词句和富有表现力的语言；能分类整理富有表现力的词语、精彩段落和经典诗文名句，分析作品表现手法的作用"，并"能通过对阅读过程的梳理、反思，总结不同类型文学作品的阅读经验和方法"。

　　综上，课程目标、课程内容和课程评价都要求，在学习经典小说作品时，应关注故事情节、人物形象和小说主旨三个方面的内容。

　　根据测试题的完成情况，可以发现学生已有一定的小说阅读积累，但往往停留在内容层面，无法细致深入地分析人物形象和小说主旨。因此本专题旨在引导学生学会梳理小说情节，试着从不同角度分析人物形象，并结合自己的生活体验，理解小说的主旨。

最终，我将九上第四单元整体教学分为三个课段，以单元目标为导向，以探究主题、成长自我为核心，逐层递进，由浅入深。第一课段"建构维度，梳理情节"，学生通读小说，以表格或示意图的形式梳理故事情节，并学会转换视角写故事；第二课段"选取角度，品析人物"，学生精读小说，建立人物档案与词语库，品读人物；第三课段"比较研读，归纳主题"，学生比较阅读小说，分别归纳《故乡》《我的叔叔于勒》《孤独之旅》这三篇小说的主旨，研讨三篇小说在主题上存在的共性特征，并开展"我想对您（你）说"的写信活动表达获得的成长教益，在此基础上进行小说缩写。

本专题重点为：第一，通过读演和对比言语形式，深识人物形象和人物关系；第二，通过揣摩具体词句，分析心理描写、标点等在表现人物形象中的作用；第三，在单元小说学习之后，能运用生动的语言、恰当的描写手法展现故事的场景与人物内心，增强形象思维能力。

具体的实施分为以下几个环节：

（1）对话唤醒：故乡之人的展示交流，小组间互学互评。

（2）次主题一：读演对话内容，展现人物形象。

学习活动1：读一读——请同学们批画文中的人物对话，以四人小组为单位，用恰当的语气和语调分角色读出人物的性格特点。

学习活动2：想一想——通过读演，你感受到怎样的人物形象？

这一环节不仅是以分角色朗读来加深对人物形象的理解，也是围绕学生成长，充分发挥学生个体灵动能力，调动多种资源、借助多种方法，促进学生的成长。这种师生平等合作的理念贯穿"合作对话"式课堂的每一环节。

（3）次主题二：对比言语形式，深识人物关系。

请同学们再细读课文中"我"和少年闰土、中年闰土、杨二嫂的对话，从语言形式上比较异同，可以从句子长短、语气轻重、语调高低、特殊标点、重复语这几个方面来比较。

这不仅探讨故乡之人的变化，还要求学生遵循此方法，自己学习，自主探究，弄清楚故乡的人发生了怎样的变化，从哪些地方你看到了这些变化，文章是如何展现这些变化的。

通过读演、对比言语形式和圈画关键词等方法，探究小说中人物变化的原因，为把握小说主题做铺垫，在此基础上提炼阅读方法。

从语言到言语形式的对比，在主题的设定上虽有主次之分，但方向其实更加开阔，细腻的地方则在于如何让学生在实践中学到知识，而不是以前那样按照知识灌输的模式去教学，真正实现了将课堂还给学生。

（4）知识构建：理解人物的角度。

理解人物描写的各个角度、言语形式、标点等。帮助学生构建积极主动的阅读策略和方法。

（5）拓展练习。

追溯语言形式，梳理关系变化。细读课文《我的叔叔于勒》，比较文中菲利普夫妇在不同时期的言语形式，把握菲利普夫妇与于勒关系的变化。课内通过专项训练与综合性训练相结合的方式进行巩固提升。

课后的反思

1. 对话唤醒环节：围绕故乡人物之变展开深入学习

同学们通过各种形式深入研读文本，总结概括了人物的变化，让我深刻感受到，《故乡》的课后问题也在变化。课后习题，之前淡化环境的变化，重点突出人物的变化，我印象深刻的一道课后习题就是要求用表格的形式，列出人物的外貌、语言、对"我"的态度、对生活的态度等变化。因为题干要求已经相当明确，学生拿起笔就可对号入座，寥寥几笔就标划出了相关内容。其实，学生深入的思维与概括总结能力训练并不到位。现在的习题则是：这篇小说写故乡，主要是写故乡的变化，通读课文，梳理这些变化，并用一张示意图表示出来。改变后的问法，就需要学生由本溯源，由浅及深，深入阅读，深入寻找。

除了梳理人物变化，还要体会故乡环境的变化。对于如今的故乡，学生可以轻松找到第二自然段描写的回故乡时初见故乡的萧索景象，并能体悟、读出"我"内心的伤感与悲凉。适时回顾自然环境描写的作用，并引向作文指导。再提问：曾经的故乡是怎样的呢？找到相关语段或词句，概括出你的认知。两轮提问后，学生才基本找齐当年故乡的相关段落。继续提问：这是美丽的故乡，它是如何美丽的呢？哪些词语使你感受到了昔日故乡的美丽呢？只有聚焦到"月夜刺猹"，才能深刻理解儿时故乡的美丽。那就是：深蓝的天空，一轮金黄的圆月，沙地上种着一望无际的碧绿的西瓜……一位少年，手捏一柄钢叉，向一只猹尽力刺去……昔日故乡的情景，犹如一幅美丽的图画刻在了"我"的脑海深处，指名学生读文，感受这种美丽。

如此分析、学习，学生的读悟深刻了，思维与概括能力也切实得到锻炼。

2. 次主题二环节：对比言语形式，深识人物关系

叶圣陶先生说："一篇课文都是作者动了脑筋写出来的，在学习一篇文章时，就要学习作者是怎样动他的脑筋，看作者是怎样想和怎样写的。"王尚文教授也说："我们语文教学的奥秘就藏在言语形式里。发现言语形式，关注言语形式，深入言语形式，从而把握它的奥秘，这就是语文教学的主要任务。"叶老告诫我们，读者应该关注的不仅仅是作者写了什么，更多的是写的过程和方法，这和王教授所阐述的言语形式其实是一体的。因为，文学作品无论是它的工具性还是人文性，都要通过言语形式来表现。作者在写作过程中将文字排列组合的过程就是作者自己独特的言语形式，不同的排列组合，其表达形式和传达的思想情感都是不一样的。确定"言语形式"是文学作品教学的主要内容，那如何教呢？哪些言语形式是值得发现和探究的呢？

"有些文学语言是经过作者特殊安排的。我们可以从它重叠变化的过程和呼应对照的关系中，发现它类似交响乐的效果，领会它的暗示性与真实意义。"例如：《故乡》中对杨二嫂的一个对比刻画："我吃了一吓，赶忙抬起头，却见一个凸颧骨，薄嘴唇，五十岁上下的女人站在我面前，两手搭在髀间，没有系裙，张着两脚，正像一个画图仪器里细脚伶仃的圆规。""我孩子时候，在斜对门的豆腐店里确乎终日坐着一个杨二嫂，人都叫伊'豆腐西施'。但是擦着白粉，颧骨没有这么高，嘴唇也没有这么薄，而且终日坐着，我也从没有见过这圆规式的姿势。"

这段对人物外貌的描写似乎非常寻常，只是写出了一个市井女人前后几十年外貌的变化。几十年的时间，外貌的变化是再寻常不过的。细细品来，却发现有一处藏有深意。一"站"一"坐"无不在暗示着这个女人年龄、遭遇、经历等的变化。终日"坐"着暗示杨二嫂是一个矜持的人，也可以看出当时豆腐店的生意不错；而"站"以及"站"的姿势暗示她为生活所迫不得不走出店门，变得刻薄、自私，甚至不惜和别人去争去抢，才能让自己生活下去，这是她个人的悲哀，亦是当时整个社会的悲哀。这是暗示的力量，读不到暗示，就读不懂文字背后厚重的历史。

再有就是奇妙的点号。标点符号不像文字表达那样显性，除了常规点号之外，标点的精妙运用可以达到"此处无声胜有声"的效果。读鲁迅的文学作品不难发现，他好用省略号和破折号。省略号一个很重要的作用是表示说话内容或列举的省略，但什么时候省略、省略什么就是一门艺术。破折号有解释说明的作用，说

多了会丢失一种神秘感、少一些回味，说少了又唯恐没有说明白。"著粉则太白，施朱则太赤。"很多文学作品在标点符号的运用拿捏上是非常讲究的，也是可以给读者丰富信息的。

《故乡》中写"我"见到阔别二十多年的闰土时这样写道："他站住了，脸上现出欢喜和凄凉的神情；动着嘴唇，却没有作声。他的态度终于恭敬起来了，分明的叫道：'老爷！……'"闰土的回答简单得不能再简单，但仔细揣摩，就足见用心。一声"老爷"叫得分明，之后便是沉默无语，究竟是作者省略了闰土的话，还是闰土根本就没有再说话？这里的情感波澜就显现出来了。不难看出，二十多年后的闰土已经完全意识到了和"我"的身份差别，虽有千言万语想对儿时的朋友倾诉，可他能说吗？他又该如何说起？心中的五味杂陈和波涛汹涌化作一系列的省略号在闰土和读者的心中翻腾。这种强烈的感受刺激比文字要强烈得多。

当然，文学作品的言语形式还有很多，本文只提出了以上感受最深刻的两点。语言文字的魅力在于语言文字本身的美，然后才是文字背后的情感。只有理解了文字本身，才能有穿透文字的力量和能力，才能引领学生领略文学的浩瀚。

3. 学生活动的延伸

这是学生互评故乡之人的展示交流的结果。以往也有教师在课堂上用过此方法，但所有人参与评价且在课堂上当场呈现，在平时的线下教学中是有一些困难的，所以，当我们想调动学生学习的积极性时，线上教学的一些特点也能为我们提供帮助。

新课标出台后的任务群的学习以及要求线上教学的窘迫，使得课堂教学还有许多遗憾之处，但勇敢实践、挑战新的变化，就能引发更多深思，在这样的课堂教育中，师生关系被重新定义。"合作对话"式课堂更是致力于推进教师在课堂教学中创设平等、尊重、合作、对话的氛围，让师生间、生生间在合作的基础上形成"合作成长共同体"。我想把接下来的课堂计划交给学生，希望会有精彩的呈现。止笔之际，内心忽又惊悚起来，对于这个似乎可以实现的精彩愿景的奢望，一下子又昏暗、缥缈起来，但鲁迅先生《故乡》结尾的话又给了我勇气。

改变就有希望，哪怕一点一滴。

（作者单位：北京市三里屯一中）

"合作对话"的大能量

刘　珊

"合作对话"的非认知工具中的"批判思维"是一种很有价值的思维方式，有了这种思维，学生能自己不断发现问题、解决问题，"合作对话"范式之"寓教育于活动型"教育方式又能使学生在这个过程中快乐地获取知识，更好地体会数学魅力，受到情感态度及价值观的熏陶。

▶ 案例背景 ✎

本案例是人教版数学教材八上第十二章"全等三角形"第 2 节"三角形全等的判定"的内容。以往在进行这一节的教学时，会让同学们根据"边边边"的探究经验，先画出一个已知三角形，得出与之两边一角（不限定什么角）相等的三角形，不出意外，绝大部分学生画的这两个三角形都是全等的，从而认为这个命题是正确的。此时教师一看结果都很统一，一般会再提示学生：有没有反例呢？如果没有学生提出反例，就会让学生根据课本上的下一个思考活动继续探究，有了这个思考，学生就会恍然大悟"边边角"的情况就是反例，是不能判定全等的。

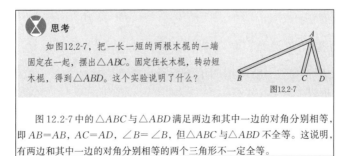

思考

　　如图12.2-7，把一长一短的两根木棍的一端固定在一起，摆出△ABC。固定住长木棍，转动短木棍，得到△ABD。这个实验说明了什么？

图12.2-7

　　图 12.2-7 中的 △ABC 与 △ABD 满足两边和其中一边的对角分别相等，即 AB＝AB，AC＝AD，∠B＝∠B，但△ABC 与 △ABD 不全等。这说明，有两边和其中一边的对角分别相等的两个三角形不一定全等。

这样的过程在以往的课堂上是很顺畅的，学生接受度高，没有提出过疑问，自然而然地从性质定理过渡到判定定理。但是实际上这样的方式是在既定轨道上完成任务，学生是直接接受这个定理，仅仅参与一点定理的证明，并没有真正地思考过两边一角其实可以分为不同情况，从而导致不同的结果。

由于课本有给出典型的反例，所以学生能明确"边边角"不能作为三角形全等的判定定理。但是在实际的应用过程中，不少学生都使用过"边边角"，说明不少学生对这个命题的理解比较片面，不够透彻，需要进行更深一步的研讨。但我发现这也是一个有探究意义的错误，因为有个别学生发现他在用"边边角"时，其实是能证明全等的，从而误以为"边边角"是可以在任何情况下使用的，但他并没有意识到这与课本定理相悖，导致记忆错乱，后面经常使用这一假命题当作判定定理。

▶ 解决问题的过程描述 ✎

"合作对话"的非认知工具中的"批判思维"在这节课里就显得尤为重要。我发现在教学中可以采用这种错误例子作为引子，对学生进行扰启活动，学生重新审视所学知识，引发思考："边边角"除了课本上给出的反例，还有没有其他的情况？

因此，这次授课时我更改了课堂结构，增加一堂习题课。挑选用"边边角"判定出全等的学生的探究过程，展示给全体学生看。有的学生会发现其中的问题，但也只能说"角非夹角，所以不行"，这还远远不够。我再引导学生提出疑问：既然课本用了"不一定"这个词，说明在某些条件下"边边角"可以判定三角形全等，某些条件下不可以。那到底"边边角"在什么情况下能判定三角形全等呢？

"合作对话"范式有四种教育方式，其中一种是"寓教育于活动型"，受此启发，我组织了一次数学命题的辩论活动。整个活动提前规划，每个命题就是一个论点。

课堂展现如下：

1. 确定论题："边边角"能否判定三角形全等

论题1："边边角"不能判定两个三角形全等。

理由：根据课本上的说法，这个命题完全不能判定两个三角形全等。

论题2：只有在某一种特殊三角形的情况下，"边边角"才可以判定全等。

理由：特例往往是存在的。

论题3："边边角"能否判定两个三角形全等视两个三角形的形状和对应角的特征而定，有时可以，有时不可以。

理由：根据以往探究经验，应对各种情况进行分类讨论。

对此，学生的看法基本是基于自己做题时遇到的情况而定，并没有更深入地思考这一命题是否适用于其他情况。从根本上来说，学生知道三角形形状有类别，但在看到"三角形"一词时，一般很少分类看待，而是选用自己最熟悉、最习惯的某种三角形形状来思考，无形中就对这个命题的主角"三角形"进行了限制。

因此辩论的关键点在于：条件所指具体是什么？仅用"边边角"来描述是否完整、准确？

2. 辩驳互论，相互质疑

辩驳1：如果在两个三角形中，有两条边和其中一边的对角分别对应相等，那么不能判定这两个三角形互为全等三角形。如课本展示，这两个三角形明显不全等。

辩驳2：如果两个三角形都是直角三角形，可以通过转化条件，用"HL"或者"边角边"去判定全等。这说明，在两个直角三角形的情况下，"边边角"可以判定全等。

辩驳3：不一定只有在直角三角形时成立，其他情况也有可能。在钝角三角形的情况下，"边边角"可以证明三角形全等。可以作一条高，先证两个小直角三角形全等，然后可知高相等，再证另两个小直角三角形全等。继而可运用"边边边"，证这两个钝角三角形全等。

3. 完善论点，释疑解惑

若两个三角形无法利用三角形全等判定定理来判断全等与否，而条件指向"边边角"时，不能盲目下结论，需要审清题意，明确对应角和三角形形状的特征，细致地进行判断，分情况确定，不能一概而论。

▶案例分析 ✎

1. "合作对话"的非认知工具——批判思维，蕴含着巨大的能量

学生在被扰启的过程中，运用已有的知识和技能，充当新知识的质疑者、发现者。学生通过理论到实践，再到理论，再到实践……收获的不仅仅是这个命题的真假与否，更重要的是经历"批判"的过程，体验批判思维方式。批判思维有利于发挥学生的主体作用，培养学生的学习兴趣；有利于充分挖掘学生的潜力，培养其创新思维能力。

2."合作对话"范式之"寓教育于活动型"教育方式十分活泼，深受学生喜爱

辩论赛这样的活动型教育手段，是一种语言上的行为，是"辩论""辩驳""讨论"，它能让学生将自己的看法加工后，按照自己的思路表达出来，将自己对事情的认知充分地传递出来；它也是一种思维上的碰撞，是"辨别""分辨""改变"。活动过程中，学生的思维随时运转，找寻有利于自己的论据，也会随着对方的论点而及时改变自己的看法，重新审视自己的论点。这样快速更新的信息和知识，使学生有充足的获得感和成就感。

在"合作对话"范式的理论体系的启发下，我逐渐发现了不少我从未尝试过的方式、途径以及有意思的活动、模式，并融合到实际教学中，取得了意想不到的收获，这对师生的共同成长是大有裨益的。

（作者单位：北京市三里屯一中）

扰启引发内省　让学习有深度

张　晶

　　小学数学学科具有高度抽象性、严密逻辑性、广泛应用性，这使学生在学习中难免会存在着趣味不足、认识不清、思路不明、体验不够等问题。为了解决学生的以上问题，我认为需要基于学情，关注学习过程中的"扰启"环节，激发学生的学习兴趣，让学生带着思考深入学习，努力让学生体验到学习的成功与思考的快乐。

　　建立在理想教育文化基础上的"合作对话"教育教学方法论中的"扰启"，是教师在备课中首先考虑到的一个思想方法，也是教师组织教育教学过程中普遍使用的思想方法。"扰启"强调教师"扰"动的作用，从而带来对学生的"启"发。"扰启"既有教师的主动作为，也有教师对学生适时、适度回应而设置障碍之意。教师主动作为的"扰"对学生具有"点拨"之意，使学生"灵动"起来、"兴奋"起来，使之情绪昂扬；教师回应学生而设置的障碍是教师有意"干扰"或"扰乱"学生思维所为，其目的是让学生思维更加全面、更加深刻。我将结合自己的教学谈一谈如何在"合作对话"课堂教学中通过扰启引发学生内省，促进学生深度学习。

一、激"疑"扰启，于困惑中活跃学习的思维

　　英国教育家托·富勒曾说："没有疑问就等于没有学问。"一切知识的获得其实都是人类对客观世界的不断认识和了解，当人们不能理解某些现象及背后原理的时候，疑问自然而至。所以在组织教学时，教师应适当进行课堂设疑，并注重激"疑"，让学生带着疑问与思考进入课堂。

　　如教学"有余数的除法"时，一上课，教师先设疑，让学生动手摆学具（彩棒）来解疑：把 10 根彩棒平均分成 2 堆，每堆几根？把 10 根彩棒平均分成 3 堆，每堆几根？你发现了什么？把 10 根彩棒平均分成 4 堆，每堆几根？还剩几根？

每堆能再分 1 根吗？ 在学生操作、回答的基础上，教师引导揭示算理，使学生主动探索、思考并发现规律。 教学开始环节通过激"疑"，打开了学生数学思考的大门，打破了学生原有的认知结构，使学生饶有兴趣、充满热情地投入接下来的学习。

"学起于思，思源于疑"，当疑问产生后就能激发主动思考，从而触动认知冲突，进而启动探索学习动力。一名优秀的教师往往都是善于激"疑"的，鼓励学生大胆质疑，启发学生拓宽思路，引导学生深入探索，从而达到因疑生趣、由疑诱思、以疑获知的目的。

二、巧"问"扰启，于对话中引领学习思考的方向

"提问"是课堂教学一种常用的组织形式，提问既可以是教师设问，也可以是学生自问，某种意义上"提问"就是一种自然而真切的师生互动对话，是沟通师生思想认识、产生情感共鸣的纽带。日常课堂中往往是不缺问题的，但很多问题却是简单的应答式问题，如"是不是？ 对不对？ 能不能？ 同意不同意？"等。其实，一个好的问题是能够调动学生良好情绪、激起学生思维浪花、引发学生主动探索、引领学生学习思考方向的。

以"轴对称图形"的教学为例，当学生对"对称"有一定的理解后，可以让学生剪出自己认为对称的图形，教师在学生展示完自己的作品后，可以对学生的操作过程及结果进行分析与概括，这样可以加强学生对知识的理解。 接着，教师可以向学生提问："你是怎么剪出这个对称图形的？""为什么这样剪就可以形成一个对称的图形呢？"学生回顾自己的做法、回答教师的问题，在此过程中，学生可以将本节课的核心概念用自己的语言表达出来。

三、示"错"扰启，于展示中加深学习方法的甄别

著名特级教师华应龙指出要善待学生的错误，提倡化错教育。其核心理念认为"教学中并不仅仅成功是一种收获，有时出错也是一种难得的教学资源"。对于学生经常出现的错误，教师可以刻意收集，适时抛出，引发争论，从而探寻错误背后的原因，加深对知识本质的认识。

例如，在学习四则运算的混合运算时，很多学生搞不清运算的法则和顺序，当加减乘除一起涌来时，学生就会六神无主，不知如何下手，这时他们就可能采用最直白的、简单的做法，而这样的做法恰恰落入了出题人的陷阱。 如 $54-27\div3$，因为没能很好地掌握运算顺序，学生很容易先算减法后算除法，导致

计算的错误。这时教师可以将正确的算法和错误的算法一起展示，然后问学生哪种算法正确，以此激发学生的讨论和求知欲望。设置悬念能够让学生积极说出自己的想法，查缺补漏，加深对运算顺序的甄别。

四、设"障"扰启，于冲突中打下学习新知的伏笔

数学被誉为思维的体操，在进行数学教学时要讲究思考的坡度，循序渐进，所以教师不仅要善于打牢认知基础，还要能把握学生思维拔节之处。这就需要教师合理设"障"，利用挑战性问题，引发学习冲突，让学生感受学习新知的必要性。

例如在认识"毫米"之前，我首先提出问题："刚才通过测量，我们知道了自己的身高，我们周围的物体大家是不是都能够测量出来呢？"由学生测量身高这件事扩展开来，引导学生放眼周围，使学生对测量的重要性和生活中测量应用的广泛性有一个感性的认识。然后，我直接提出问题："你们能测量出数学课本的长、宽、厚吗？"让学生先估计数学课本的长、宽、厚，然后再动手测量并填写记录单。结合实际的测量过程，学生会出现测量和记录的困难，自然地发现米和厘米都不太适用测量和记录数学课本的长、宽、厚，由此体会到：只有厘米这个单位是远远不够的，要想准确地测量出课本的长、宽、厚，还必须寻找一个更小的长度单位，从而产生探索新知的强烈欲望。这个设"障"为下面新知识的探索提供了有效的知识结构的冲突，为学生进一步的研究提供了良好的契机。

尊重学生的原有认知，在数学课堂中激"疑"、巧问、示错、设"障"来扰启学生内省，激发学生学习兴趣，促进学生深度思考，在内省中主动学习，让抽象的数学变得更有乐趣，让学生会用数学的眼光观察现实世界、会用数学的思维思考现实世界、会用数学的语言表达现实世界，从而培养学生的数学核心素养。

（作者单位：北京市朝阳区实验小学福源分校）

以价值观为引领
促进学生知识的内化生成
——"合作对话"范式英语课例分析

刘　彦

本文是一则教学案例，介绍了一节践行"合作对话"教学范式的英语听说课，我将价值观渗透融入各个教学环节，在从单纯的知识传授转变为关注学生综合素养的提升方面，进行了一些有益探索。

▶ 案例背景 ✎

以七年级上册外研版教材"Module10　Spring Festival"为例，本模块的话题是中国的传统节日——春节，对话和阅读文章所描述的都是中国的传统民俗。三课时分别围绕 How to prepare for Spring Festival、How to celebrate Spring Festival 以及 How to introduce Spring Festival 展开。从学科价值和育人价值角度分析，本模块的育人目标是要让学生通过课堂学习，不仅能初步用英语介绍祖国的主要节日和典型的文化习俗，还要通过了解世界上的主要节假日及其庆祝方式，关注中外文化异同，进而加深对中国文化的理解，增强中华文化认同感。那么我是如何做到以价值观为引领促进学生知识的内化生成的呢？接下来让我们聚焦到本模块的第一课时——"Unit1 Are you getting ready for Spring Festival?"。

▶ 解决问题的过程描述 ✎

1. 师生对话，开启智慧

这是一节听说课，为了导入本课的主题——春节，教师向学生提出问题："Do you know what are the Four Traditional Festivals in China?"问题提出后，所有的中国传统节日在孩子们的头脑中——闪现，他们的答案也五花八门，甚至不时有英文夹杂着中文的回答，但这都不重要，重要的是中国传统节日的概念在孩子们心中萌起。接下来由教师来揭晓答案："The Four Traditional Festivals in China are the Spring Festival, Qing Ming Festival, the Dragon-Boat Festival, and the Mid-Autumn Festival."紧接着教师又提出问题："Among the Four Traditional Festivals, the customs of one have been included in the first batch of national intangible cultural heritage list. Can you guess what the festival is? "此刻，孩子们没有丝毫的迟疑，他们异口同声地回答："It's the Spring Festival!"是啊，春节在每个中国人的心中都是如此重要和特殊的存在，但此刻"春节"民俗被批准列入第一批国家级非物质文化遗产名录这个事实，就像一粒火种，燃起了孩子们进一步了解春节的探究热情。由此可见，以价值观为引领的师生对话，在导入主题的同时，更激发了孩子们的学习兴趣。

2. 生本对话，知识建构

本单元对话主要描写玲玲和家人、朋友正在忙着为春节的到来做准备。在准备过程中，留学生托尼打电话询问此刻玲玲一家人正在做的事情。最后，托尼提出想要参与到准备活动中来。在一系列的听说练习之后，为了帮助学生更加深入文本、挖掘主题意义，我设计了如下问题链，引导学生细致研读对话："1. Who asks the questions? 2. Why does he ask so many questions? 3. Can you find another fact to prove your idea?"通过深入阅读，学生陆续找到了答案："1. Tony asks the questions. For example, Are you getting ready for Spring Festival? Is your father helping you? What are you doing at the moment? What is your mother doing? 2. Tony asks many questions because he is interested in Spring Festival very much. 3. Another fact to prove the idea is that Tony asks if he can join them."通过以上生本对话，促使学生经过内省，理清了文章的内在逻辑，掌握了文章的整体架构。他们自己总结发现：对话是以第一人称的口吻描述玲玲一家此时此刻正在做什么。对话是由托尼的询问层层推进的。托尼与玲玲打电话沟通时，他关切的询问和想要参与到准备活动中来的意愿，充分体现了外国人对中国春节的喜爱，这可以进一步增强学生的文化自豪感，以及对传播中华优秀传统文化的渴望。由此可见，在价值观引领下的生本对话，帮助学生通过内省实现了知识的生成。

3. 生生对话，实践拓展

通过本节课的学习，学生的语言知识和情感铺垫已经累积到一定程度，在语言输出环节，教师给学生创设了如下情境："Everyone is having a great time at Lingling's home. At this moment, Betty's father is inviting her to have a video chat...What will they talk about?"有了之前对托尼与玲玲之间对话的深入学习，此刻生生之间在真实情境下演绎新的对话，对于绝大多数学生而言就是水到渠成的事情了。

4. 自我对话，落实素养

学生的学习不限于课堂，为了让文化自信的种子在学生心中继续生根发芽、茁壮成长，教师给学生布置了如下作业："Christmas is one of the most important festivals in western countries. How do people prepare for it? What do they have in common with us? And how about the differences? Try to search for information on the Internet and make a report to show your ideas."学生作业的完成情况完全超越了我的预期，为了对比中西方人民为节日所做的准备活动，他们到网上、书里查找信息，或是与同学、父母交流探讨，结果不仅关注到中外文化异同，而且加深了对中国文化的理解，增强了中华文化认同感。最令我欣慰的是，学生在此基础上，还能对某些生活中的现象提出疑问，甚至勇于表达自己的观点，这不正是我们所努力追求的目标吗？那就是让学科核心素养走进学习者心灵，成为学习者身心不可分割的一部分。即使学生日后忘掉相关知识，一些更深层次、更有意义的内容也会一直伴随他们终生。

理想教育文化倡导"合作对话"式教学，且注重对学生关键能力和必备品格的培养。本节基于"合作对话"教学范式的英语听说课，围绕师生对话、生本对话、生生对话和自我对话四个不同维度展开，通过"扰启、内省、质疑、实践"的方式促进学生知识的生成。但是贯穿每个环节的主线始终是对学生进行价值观的渗透和引领，其目的就是要让学生在接受知识的过程中实现知识与人格精神的共生，变被动成长为主动生长。

朝阳区教工委副书记王世元曾说过，切断教育焦虑的逻辑，根本是要转变教师单纯传授知识的教育文化，把学生从"知识的容器"中解放出来。借助课堂改革，让教育回归本来面目——传授知识、开启智慧、培养人格，这也正是我们每一位身在教育教学一线的教师需要思考的。我们要从单纯注重知识传授转变为关注学生的综合素养的提升，充分利用好课堂这一主战场，培育社会主义核心价值观和提升学生成长核心素养。

（作者单位：北京市三里屯一中）

错误中学习　　合作中成长

张晓花

　　学生核心素养中学习能力的培养要突出学生的主体地位，教师要成为学生学习的指导者和帮助者，在教学中，教师要对学生进行"扰启"，允许学生试错，让学生合作交流，鼓励学生带着问题去内省、质疑和实践。

　　2020年春季延期开学期间，在教师对学生学习进行线上指导这一特殊背景下，如何帮助学生借助英语词典和利用网上学习资源进行词汇有效自主学习以发展自主学习能力，我通过下面的案例谈谈自己的一些尝试。

▶案例背景 🖊

　　这是2020年春季延期开学学生居家学习期间的一节七年级英语在线辅导课，教学环境是学生英语学习微信群这一虚拟空间，教学主题是"Keep safe from the virus"。本课的辅导对象是北京市朝阳区一所九年一贯制区级示范校七年级学生，学生从五年级到初一上学期每周有一节外教口语课，对真实性语言材料并不陌生，但借助英语词典和利用网上学习资源进行词汇有效自主学习的能力较弱，教师只是在七年级上学期进行过一些初步培养。延期开学期间，在学生进行居家学习、教师进行线上指导这一特殊环境下，教师认为这是一个很好的借助词典和网上资源来引导学生在实际运用中掌握查词典及其他词汇学习策略、培养学生自主学习词汇能力的教学契机。

　　本案例有4位学生：郑嘉琪，英语成绩中等偏下，学习态度较认真，学校课堂上很少发言；王九儿，英语成绩优异，乐于表达，有多次国外旅行经历；李卓越，英语成绩中上，思维跳跃，学校课堂上自控能力较差；李羽飞，英语成绩优良，爱钻研，在学校英语课堂上已有非常好的利用词典进行自主学习探究的良好习惯。

▶解决问题的过程描述

1. 情景描述

线上辅导第一天在我和学生内心紧张与零互动的氛围下结束了。今天是线上辅导的第二天，我在英语学习微信群这一虚拟空间，发布了利用英语动画片《小猪佩奇》"Petro's cough"这一集和世卫组织发布的防范新冠病毒感染风险五条建议的图片资料进行视听和阅读的学习任务，学生需利用教师提供的资源，依据学习单和任务单进行自主学习。

2. 故事的起因

任务发布10分钟后，安静内向的郑嘉琪向我发来了私信："张老师，麻烦问一下这个词什么意思啊？我没查到。"

3. 故事的发展

看到郑嘉琪同学的问题后，我发现那个词竟是昨天在备课时自己不认识，根据上下文猜测应该是一种食物名称的"cuppet"。这时，一是想给自己点时间去词典中查一下（备课不充分啊，不过当时我还是很自信能查到的），二是自信自己有一定的教学智慧。我迅速把这个问题发到了班级英语学习群："《小猪佩奇》里有一句'It tastes of cuppet flavored yogurt.' 'cuppet'这个词有人能查得到吗？问题来自郑嘉琪同学。"

分析：网上学习资源丰富多样，教师的作用之一就是要帮助学生选取适当的学习资源，并利用好各平台对学生的学习进行组织管理，组织学生进行有效交流。在面对网上多渠道丰富的学习资源时，教师和学生是平等的，都是学习者，一方面，教师要花更多的时间进行精心备课和设计；另一方面，当出现突发问题时，教师要学会应对，把危机变成契机，与学生共学习同成长。

4. 故事的高潮

一石激起千层浪！

先是王九儿有图有真相地把在线词典的截图发到群里："不能查到！"

李卓越天马行空地进行凭空想象："应该是小木片吧。"

爱钻研的李羽飞凭着对自己词汇量的自信，立刻说出自己认为的正确答案："应该是木偶。"

李卓越英语词汇量还是可以的，立刻反驳："木偶是 puppet。"

自认为这是一种食物名称的我，正紧张地翻着家里各种纸质版词典，虽然也没找到这个词，但还是像孩子一样抢着说出自己的预测："应当是一种食物名称，一种什么口味的酸奶。"

显然是进行过深入思考的郑嘉琪几乎是同时发出自己的预测："应该是一种很不好的味道。"

李羽飞终于显示出了研究型学生的英雄本色，在群里对字幕进行了上下文情境的标画，用以佐证自己的观点："应该是种特殊的味道！"

这时出现了一个插曲，王九儿的父亲竟然也参与到讨论当中（学生群中有个别家长自行入群）："是那种像中国果冻一样大小的酸奶杯！"

不得不说，平时上课注意力不太集中的李卓越在这个时候思维也是跳跃的："问问外教 Pamela！"（天啊，Pamela 寒假期间已回到远在苏格兰的家，现在正是苏格兰时间凌晨 5 点！不过事实上，你们愚蠢得忘记了时差的英语老师已经和 Pamela 一起找了 10 多分钟的答案了，Pamela 也没见过这个词！）

历经近半个小时的讨论，虽然都没有在各种词典中找到这个词，但终于达成了共识：反正应该是种食物，就是一种特殊风味的食物吧！

分析：这些学生我已经教了半年，一直关注学生自主学习能力的培养，要求每一名学生准备英语词典，鼓励学生课上课下通过查词典来获取答案和进行词汇及语言学习，在延期开学居家学习开始之前也让所有学生下载了多版本的在线词典，确实没有白下功夫。其实答案并不重要，学生们这种乐于并善于探究答案的意识足以让教师满足。此外，一名同学在利用多方工具查询无果的情况下想到向外教求助，其实也反映出学生思维的敏捷。网络平台和词典是没有生命的，但正是这些平台和工具把教师和学生鲜活地联结了起来。

5. 故事的结尾

故事到这里本可以结束了，但一向安静的郑嘉琪再次发声："为什么找不到这个词啊？"

还好这时我已经和 Pamela 通过回看原视频找到了答案："我知道答案了！"

这些学生焦急地问："老师，答案是什么？快说！快说！"

本来还想卖个关子的我看到孩子们那么求知若渴，也实在不好意思逗他们了，便把 Pamela 答复的英文截图发到了群里："你们看明白了吗？"

学生们阅读了 Pamela 的英文解释，有的恍然大悟，有的还是没有看懂，这时我进一步解释："佩奇口音（accent）重，外加小孩子特殊的说话方式，写字幕（subtitle）的人写错了，应当是 carpet（地毯），地毯口味的酸奶，形容难吃！谢谢郑嘉琪提出问题，谢谢大家参与讨论！"其实根本就没有"cuppet"这个词！字幕编写者的一个错误竟引发了一场班级群的"查词"大案！

分析： 内向女生郑嘉琪在这个故事中的表现让我尤为惊讶，她能向教师提出问题，在问题讨论过程中自己有逻辑判断，并在大家都认为找到答案时仍能质疑，这不正是学生普遍缺乏的批判性思维能力吗？另外，教师没有把答案直接解释给学生，而是让学生阅读外教 Pamela 的英文解答，教师也是在充分利用一切资源辅助学生的学习，让学习真实地发生。

6. 故事的后续

这几个学生知道答案后就心满意足地不再出声了，随后陆陆续续有一部分学生把他们完成的当日学习任务单发到了群里，看到班级的典型问题，我再次向他们提出了两个有挑战的问题。这一次，王九儿和李羽飞仍然冲在前面，可喜的是，又有好几名学生加入了讨论，一名同学在教师的点拨下，甚至从构词法和词性方面给出了非常全面的解释。从早上 10 点半开始的微信群大讨论在下午 6 点才结束，而我们班级英语学习微信群也就此拉开了延期开学期间学生自主学习、合作探究的大幕。

分析： 上午的讨论主要在教师和 4 名学生之间展开，但网络是无形的，没有发言的学生是否也参与到学习中了呢？教师怎样做到监控呢？下午针对学生共同问题的教师提问，就是一种线上教师反馈和评价的形式。反馈和评价的结果是可喜的，很多学生从上午无声的参与者转换成了有力的发声者，并进行了更具理性的判断，学生的潜力真是无限大啊！

▶案例分析 ✎

课堂绝不是单向传递的场所，而是一种沟通的"组织"。延期开学期间，在教师对学生学习进行线上指导这一特殊背景下，学校的"实体课堂"变成了"虚拟课堂"，教师在教学上进行了一系列的变革，可所有这些变革难道只适用这一特殊时期吗？这些变革及其引起的一系列变化不应当引起教育者对原有的课堂教学的反思吗？

1.教师应当怎样减少教师的教

捷克教育学家夸美纽斯在提到班级教学制时，提出教学的主要目的在于：寻求并找出一种教学方法，使教员因此可以少教，学生可以多学。学生学习能力的发展需要教师的指导和帮助，现代信息技术不仅为英语教学提供了多模态的手段、平台和空间，还提供了丰富的资源和跨时空的语言学习与使用机会，那我们究竟该如何合理利用现代教育技术，做到"少教"呢？

2.教师应当怎样加大学生的学

作为教师，我们怎样才能实现叶圣陶先生的教育哲学——"教是为了不教"，帮助学生发展学习能力，成为学生学习的指导者和帮助者呢？教师在教学中要突出学生的主体地位，是不是首先就要把自主学习的时间还给学生，把提问的权利留给学生呢？我们是否可以相信学生，让学生自己多去体验，教师通过"扰启"的方式，允许学生试错，让学生合作交流，鼓励学生带着问题去内省、质疑和实践呢？

（作者单位：中国教育科学研究院朝阳实验学校）

理想教育文化理念下的
初中物理教学方式变革

赵　斌

理想教育文化的实施，始终要围绕"人性"这一要素特征进行，因为它是生命个体追求幸福生活最基础、也是最核心的要素。那么，我们教师如何转变观念，在理想教育文化理念的指导下变革教学方式，找到最有利于人性教育的教学方式，以实现我们的教育理想呢？本文以初三物理复习教学为例，阐述理想教育文化方法论对教学的指导价值。

注重理想教育，转变教育观念

我们这一代教育工作者是焦虑的一代，面对社会舆论的种种约束，面对越来越有个性的学生个体，面对学校的各种评价机制，我们迷茫、困惑：我们从事的工作意义何在？我们要培养学生哪些关键品质？初三阶段的复习学生烦、教师累，学生总是问："我为什么不停地刷题？我的高中、我的大学都要这样过，有意义吗？那还是现在就放弃吧……"

以往我总是会告诉学生只有大量做题，才能熟能生巧，才能在考试中取得优异的成绩。而理想教育文化告诉我们，我们的教育目标是培养最佳公民，"育人"是首要目的。"知识"是"育人"的重要载体，而我们教师必须通过扰启、内省、质疑、实践的方式促进学生的知识生长，在教学过程中培养学生独立个性，使其成为有追求的一代青年。有了这样的教学方法论作为指导，我改变了以往"考练考"冗繁的复习方式，教学观念的变化带动了教学方式的变化，从而对学生产生了积极影响。

今年有一位叫熊壮的初三学生，他觉得学习太苦，成绩也不理想，本来打算不再继续高中的学习，但在中考中物理取得了满分，更重要的是，在他复习的过程中，教师给了他最大的尊重，他在辅导其他同学物理复习的过程中找到了自信，也对未来的学习和生活有了新的向往。

注重单元备课，转变课堂复习方式

本学期我转变了以往按照教材顺序第一轮一节一节地复习、第二轮一个板块一个板块地复习的方式。通过单元备课，我将初中物理的内容进行深度整合，注重知识之间的联系。更重要的是，在单元备课的过程中备学生原有知识储备，备本单元主要知识内容，备学生未来知识生成的结构需求，备本单元知识结构的建构逻辑，备"育人教育文化"的载体——知识与时空文化的设计，备单元的课时安排。

在进行单元备课的过程中，发现学生的问题正好是他的最近发展区。把握住学生的最近发展区能够加速学生的发展。如在进行"功与能"的单元备课的过程中，发现学生对于最省力的机械和效率最高的机械总是容易混淆，这是因为在新授课的过程中教师太注重学生"解题能力"的培养，而不是培养学生"解决问题"的能力。找到了学生的最近发展区，教师提出如何提高电动晾衣架的机械效率的问题，提出生活中滑轮组实际问题的解决，扰启学生，学生通过查阅资料对问题提出疑问，利用金属滑轮、塑料滑轮进行实验检验。

小组成员互相协作，学生在解决实际问题的过程中，经历探究和合作的快乐，体会知识与生活的联系，感受成功的体验与喜悦。

注重个体成长，转变课堂文化

理想教育要求教师明确教师定位。教师首先要牢记自己是最佳公民，具备"尊重、民主、责任、科学"核心素养，才能在教学的过程中扰启学生的兴趣，关注学生的个体发展。如复习"声现象"的内容时，以往学生都觉得内容简单，所以没有兴趣，没有积极地投入，自然不能在原有知识的基础上发现新的问题，从而提升思维能力。

在今年的复习中，教师组织学生在课堂中以小组为单位，根据所提出的影响声音的三个特性演奏乐曲，并向同学们讲解声音的变化是如何实现的。在实践活动中，教师强调，在展示的过程中最好是体现声音某个特性的变化。学生的展示精彩纷呈。有的小组用格尺演奏出《两只老虎》，通过格尺伸出桌面的长度不同改变振动频率从而改变声音的音调。有的小组通过吉他和小提琴演奏同一首曲子，主要体现音色的不同。有的小组利用 Windows Media Player 播放器展示波形对比，结合已有知识——声音是由振动产生的，提出问题：根据大家对乐器的了解，吉他与钢琴演奏出的声音为什么不同？从波形上看有什么区别？音阶的变化在物理学中被称为音调的变化，吉他音调的变化是如何实现的？请根据播放器中显示的波形图指出影响音调的因素是什么。虽然科学和艺术是截然不同的两个世界，前者注重理性，后者强调感性，前者关注物质世界，后者着眼精神范畴，但二者之间并不是对立的。恰恰相反，如果在一些培养学生科学思维的过程中加入适当的艺术元素，不但给课堂带来了艺术气息，更重要的是，还为一些科学探究提供了新的思路，使学生的审美等品质得到了极大的提升。

综上所述，理想教育文化课题所提倡的课堂教学与常规课堂教学的最大区别为：理想教育文化课堂是"育人教育文化课堂"，常规课堂是"知识教育文化课堂"，理想教育文化的两个方法论对如何实现课堂育人文化的落地起到了决定性指导作用。

（作者单位：北京中学润丰分校）

如何在"合作对话"中
构建认识物质的思维模型
——"多角度认识物质——丁烷"案例分析

杜永娟

在复习课中采用"合作对话"教学方式，通过对便携燃料丁烷的研究，使学生建构多角度认识物质的思维框架，发展学生的科学思维与实践能力，提升化学观念。

▶案例背景 🖉

2022 年版新课标指出，义务教育化学课程应有利于激发学生对物质世界的好奇心，形成物质及其变化等基本化学观念。新授课阶段，对物质及核心知识的学习是分阶段进行的，学生习得的是碎片化的知识，在复习课中采用"合作对话"教学方式，通过对便携燃料丁烷的研究，使学生建构多角度认识物质的思维框架，形成化学观念，提升解决实际问题的能力。

▶解决问题的过程描述 🖉

1. 对话唤醒

课堂上我首先请学生思考："周末我计划带孩子去露营，大家帮我想想，露营时需要准备些什么呢？"

有学生不假思索地回答："食物、水、帐篷、餐垫等。"还有学生补充："还可以准备些生肉和蔬菜，用来吃火锅或烧烤。"

我及时肯定学生的回答："没错，露营时吃火锅、烧烤是一种新风尚，但它们的实现还需要一种便携式燃料，现在流行使用的就是我手里的这种——丁烷气瓶，学习化学近一年的你们对它有哪些认识呢？"

2.知识建构

课堂上，我从丁烷的结构、丁烷的性质、丁烷的用途、丁烷的转化四个方面与学生展开对话，更借助小组合作，探究丁烷燃烧时是否产生水和二氧化碳，并借此提出了新的任务："你能写出丁烷燃烧的化学反应方程式并计算这样一个气瓶（净含量250克，丁烷含量为96%）完全燃烧会产生多少二氧化碳吗？"

解：设产生二氧化碳的质量为 X

$$2C_4H_{10}+13O_2\xrightarrow{\text{点燃}}8CO_2+10H_2O$$

116   352

240g   X   250g × 96%=240g

$$\frac{116}{240g}=\frac{352}{X}$$

X=728.3g

这道真实情境下的化学方程式计算引起了同学们的极大兴趣，大家纷纷行动起来，不一会儿就得出了产生728.3克二氧化碳的结果。这大约是丁烷气体质量的3倍，这个数字让同学们很是震惊。

3.拓展实践

排放过多的二氧化碳会造成温室效应等环境问题，而二氧化碳是学生比较熟悉的一种物质，学生能否利用刚刚建构的认识物质的思维模型来解决这个问题呢？随即我向学生问道："二氧化碳是我们所熟知的一种物质，你们能结合对二氧化碳结构、性质、转化及用途等方面的认识，设计低碳方案吗？"

学生纷纷答道："二氧化碳是非金属氧化物，能和水反应，能溶于水，可以利用海水吸收二氧化碳。""还可以将二氧化碳捕集起来做碳酸饮料。""可以利用二氧化碳和碱性物质反应，转化为其他物质，如转化为碳酸钠或碳酸钙。""可以将二氧化碳制成干冰，用于冷藏食品。""可以将二氧化碳作为气体肥料，促进植物的光合作用。"

"同学们说得非常好，这些都是依据二氧化碳的性质，将其变废为宝再利用，可以是直接捕集利用，也可以利用转化的思想，变成效益更高的其他物质，比如将二氧化碳转化为淀粉、甲醇、汽油等，用来解决粮食或能源问题。"

▶案例分析 🖊

1. 构建"合作成长共同体"，创设民主、和谐学习氛围

本节课我从时下流行的周末休闲方式露营入手，借助扰启的"撩拨"唤醒学生对话意愿，激发学生对话兴趣。学生在细数露营时所需准备的各项物品的过程中，主动与教师和其他学生进行对话，在轻松愉悦的氛围中，构建"合作成长共同体"。继而从露营时使用的卡式炉，也就是丁烷气炉出发，引导学生认识丁烷这个未知物质，学习从化学视角认识物质的方法。

2. 开展丰富多样的对话活动，构建认识物质的思维模型

整堂课在对话唤醒、知识建构、实践拓展等环节中充分开展师生、生生对话活动，构建多角度认识物质的思维模型，并进一步利用该模型解决实际问题。首先通过未知物丁烷的化学式分析其宏观组成和微观构成，然后类比甲烷学习丁烷的化学性质和用途，最后研究丁烷的转化过程。丁烷作为燃料主要利用其燃烧时放出的热量，但燃烧时不仅产生了热量，还产生了新物质，依据元素守恒，预测新物质并通过实验加以验证，随后写出化学反应方程式并计算容量为 250 克的丁烷气瓶完全燃烧产生二氧化碳的质量。之后由二氧化碳排放造成的环境问题，引发学生对低碳行动方案的思考。此时学生借助刚刚建立的多角度认识物质的思维模型，利用类比、迁移、联想等方法，从二氧化碳的类别、结构、性质、转化及应用等多角度来设计降低大气中的二氧化碳含量的方案。学生在以丁烷为主线的一系列对话活动中，逐渐形成化学观念，发展科学思维，增强实践能力。

3. 发挥化学课程育人功能，落实立德树人根本任务

本节课在对丁烷燃烧所产生二氧化碳质量的计算中，通过真实的数据引发学生对二氧化碳排放所造成环境问题的思考，继而使学生运用化学知识解决生活及社会实际问题，形成对化学促进社会可持续发展的正确认识，培养学生的科学态度与社会责任感，树立生态文明的理念，落实立德树人根本任务。

（作者单位：北京市三里屯一中）

作业数量做"减法"，质量做"加法"
——生物作业案例分析

董　然

利用多样化的作业形式与学生对话，让学生爱上作业并将作业的价值最大化，从而增加学生对生物学习的兴趣。

"双减"不是让学生懈怠学习，不重视教育，虚度光阴，更不是在教育教学的质量上做减法，也不是在教育责任上撂挑子，而是对我们教育工作者提出了更高的要求：我们要认真研读课程课标，深挖教材，精心备课，同时要布置不同形式的作业，摒弃单一的做题模式，从而减轻学生过重的作业负担。利用"合作对话"的方式设计丰富多彩的作业，不仅能巩固学生已学知识，发展学生能力，还能在"合作对话"中促进学生的成长。这也有助于教师和家长了解学生生物学科学习的具体情况。

▶ 案例背景 🖊

在教学过程中，以备课为始，以作业设计为终。谢觉哉曾说："学和行本来是有机联系着的，学了必须要想，想通了就要行。要在行的当中才能看出自己是否真正学到了手。否则读书虽多，只是成为一座死书库。"的确，知识只有在"合作对话"中才能体现其应用性、价值性，智力只有在实践中才能转化为实际的能力。

▶ 解决问题的过程描述 🖊

在"合作对话"作业布置中，我发现"合作对话"作业深受学生喜爱，例如学习植物的生殖时，学生就表现出了好奇、积极的情绪。植物在生活中随处可见，现在的学生多数都是生活在大城市里，对于植物的了解只是看到的表象，或是从书上获取的简单内容，很少有学生认真观察过植物的一生。因此，为了更好地帮助学生学习并理解植物的生殖，结合区里植物栽培大赛活动，我组织开展学生与学生、学生与植物的"合作对话"作业，让学生自己种植1株植物，并观察植物的萌发、长叶、开花、结果各阶段的生长变化，记录观察，总结种植过程和成果，最终利用图文并茂的形式向同学和老师进行展示，从而增强获得感、成就感和荣誉感。另外，学生在4～5个月的种植时间里，感受劳动的艰辛、收获的快乐和种植技术的科学严谨，便于帮助学生形成"爱劳动、会动手"的劳动观念，养成细致严谨的科学态度，锻炼毅力与责任感，明白劳动创造美好生活和劳动创造价值的道理，尊重劳动。

首先是以年级组为单位，进行本次实践型活动的宣讲会。会上向学生介绍本次实践型作业的目的与要求。一是态度和责任。一粒种子就是一个小生命，既然选择种植就必须认真负责，后续需悉心照顾。二是观察记录，拍照记录过程，并结合观察内容用图文并茂的形式向同学、老师、家长等进行展示。

其次是播种阶段。结合课堂学习内容——种子萌发条件，学生先列出播种的步骤与条件，然后小组讨论，课堂分享，最后利用课余时间进行播种。播种过程中，学生们先是积极地完成自己的种植，然后便是争先恐后地帮助其他同学。

再次是长期的观察过程。种植之所以选择在学校里，目的是方便学生随时观察记录，随时浇水施肥，出现情况可以及时和老师交流沟通如何解决。不得不说，自从开始植物栽培后，班主任们都和我反馈，学生都踏实了，一下课就会去观察自己播种的种子是否发芽，思考没发芽是什么原因、是不是缺水、是不是种子自身有问题。甚至我去班里上课，还有学生说班里谁谁谁一下课就去浇水。我会就学生向我反馈的问题，组织学生进行讨论，分析一下课就去浇水是否合理，并让他们说出理由。这培养了学生的日常观察能力，同时针对具体问题进行思考，并利用所学内容分析实际问题，这其实就是利用实际的例子培养学生分析问题的能力。

最后是成果展示。由于疫情期间线上学习，不能在学校展示，因此我们选择两种展示方式：一是利用区级平台直接上传照片和观察记录；二是结合观察内容与照片记录情况，绘制"植物的一生"进行展示说明。

作业评价的策略：实践型作业是一个过程性的作业，因此我们的评价方式也需要多样化和多元化。

（1）教师观察记录评价。

记录学生活动过程中的闪光点、活动参与积极性以及活动过程中存在的问题等。

（2）学生自评。

自我评价是学生自我审视的重要手段，也是学习中非常重要的环节。正所谓自我的觉醒才是学习真正产生的关键，当教师把评价的主动权交到学生手中，学生才会真正开始反思自己的学习状况，才能真正了解自己在学习中的主要角色，才有可能真正产生紧迫意识和努力学习的欲望。

（3）同学间评价。

日常在学校，同学们之间相处时间长，对于各自实践作业的完成情况也都看在眼里，再加上最后的班级展示，基于这些，进行同学间交流或评价，最终推选出大家公认的认真负责的同学，以及绘制的"植物的一生"优异作品。

（4）社会评价。

本次"合作对话"作业结合市区级活动展开，一是植物栽培大赛，二是自然笔记。其中，植物栽培大赛，学生直接上传照片并填写感受即可完成，但过程中至关重要的是学生是否能够细心负责地照顾植物，完成它的一生。而自然笔记则是根据种植的植物，观察其一生的生长发育，从而绘制出的成果。在同学间评价后，推选出优秀作品参加市区级比赛。

通过这些形成性评价方式，学生获得了乐趣和成就感，在锻炼自己能力的同时，也积累了属于自己的作品。教师在实践过程中充分了解学生，多角度多方向客观地评价学生，能够更全面而有效地促进学生的成长。

▶案例分析 ✏

学生们非常喜欢这类"合作对话"作业，参与度和热情度都非常高，不仅积极与所种植的植物进行对话，在过程中遇到问题也会积极地与同学、老师进行对话，努力解决问题，尽可能地照顾好自己的小植物。这不仅提升了学生学习生物的动力，同时也体现了学生认真负责的态度。在学生们的努力下，小植物和他们都在不断共同成长。在去年的植物栽培大赛和自然笔记活动中，学生们都取得了不错的成绩。这类"合作对话"作业不仅拉近了我与学生之间的关系，还培养了学生良好的生物学习习惯和学习兴趣。

（作者单位：北京市三里屯一中）

"质疑"让"内省"更深刻

——以美术二年级上册《彩蝶》为例

张瑾

　　本课运用"质疑"对话的方法，尊重学生的想法，让学生自己形成合理的逻辑，使师生之间、生生之间、学生与艺术实践现象之间、学生与文本资料之间、学生与实践获得成果之间的"内省"程度更加深刻，进而实现深度学习，自动生成师生"合作成长共同体"。

▶ 案例背景 🖊

　　本课的授课对象是二年级学生，通过课前学情分析发现，他们具备了初步审美感知素养，了解过昆虫的基本结构，94.4%的学生能用基本的对折剪贴、绘画造型方法进行艺术表现，2.8%的学生能直接画出外形和花纹对称的蝴蝶。本课的教学内容是用对称的方法剪出一只蝴蝶，通过"质疑"培养学生的创新思维能力和求异思维能力，并在此基础上大胆发挥想象，充分动手实践，以达到深刻"内省"，实现学生实际获得。

　　在剪纸作品具体化、形象化的过程中，孩子们能够深切感受到剪纸作品的艺术美，进而增强他们热爱和保护优秀美术文化遗产的意识，提升传承和弘扬中华优秀传统文化的责任感。

▶ 解决问题的过程描述 🖊

　　1."质疑"让情境导入更有实效

　　导入环节，用情境对话唤醒，以蝴蝶模特大赛进行扰启。学生观察教师的蝴蝶范作，针对教师提出的问题——"小艺术家们，你准备怎么剪出一只漂亮的蝴蝶模特去参赛？"，师生之间产生"质疑"，学生思考如何剪出一只漂亮的蝴蝶。

通过"扰启"或"干扰"或"扰乱"，使对话者——学生"为难"，限制学生肤浅的对话，诱导其让对话深刻，并期望对话持续进行，透过现象，直达本质。

2."质疑"让探究新知更深刻

探究新知环节，运用启发式教学法，引发学生不断产生"质疑"，环环相扣，逐步深入获得"内省"。

次主题一：试剪蝴蝶，发现问题。

让学生在"质疑"创作步骤的基础上，先按照自己"质疑"所得自行试剪，在"实践"中发现自己完成项目任务需要提升的地方，如蝴蝶左右不对称、剪的蝴蝶是两个一半、前翅与后翅间距过大、前翅过窄、触角易断……

接下来的次主题由此展开，步步启发学生"质疑"。

次主题二：对折剪，轴对称图形。

（1）师生之间的"质疑"。

教师展示未经对折直接剪出的不对称蝴蝶并提问："有没有更简单的方法剪出左右两边一样的蝴蝶？"学生发现其直接剪出费时费力且不对称，引发"质疑"，教师进一步进行跨学科引导："我们二年级数学课上讲过对称图形。"有学生据此发现可以使用对折剪，这是剪对称蝴蝶更为简单的办法。教师借机邀请此学生为全班释疑，让学生发现问题、解决问题，从而"内省"也更为深刻。

（2）生生之间的"质疑"。

一位学生拿着自己剪成两半的蝴蝶提出"质疑"："我剪的蝴蝶为什么是两个一半？"这引发学生思考讨论，生生之间"质疑"，有学生发现出错的地方在于剪的是对折纸张的开口处，所以剪完是两个半只的蝴蝶。学生通过"质疑"也进一步发现：要想得到完整的蝴蝶，需要在对折处剪，因为这里的纸张是连接的。

此时，有学生引发新的"质疑"：剪错的两个半只的蝴蝶，还能用吗？其他学生纷纷思考献策：可以用胶带粘在中间固定；可以贴在背景纸上固定；可以把两个半只的中间那一侧贴在背景纸的边缘，做成创意画……生生"质疑"，迸发出无限创意与可能。

（3）学生与实验现象之间、学生与文本资料之间的"质疑"。

学生看着教材上提出的蝴蝶对称概念，提出疑问："老师，怎么确定蝴蝶就是对称的呢？"教师利用信息技术，展示形象的蝴蝶展翅、收翅动图，翅膀收起重合的一刹那，学生对文本资料的"质疑"，通过图像的识读得到了解答，也由此生动地解释了对称的概念。这种概念是建立在多角度感知的基础上的，理解之后的"内省"也更为深刻。

　　运用"质疑"对话的策略，使师生之间、生生之间、学生与实验现象之间、学生与文本资料之间、学生与实践获得成果之间的"内省"更加深刻，让事实、证据确凿，逻辑合理；"质疑"的对话策略，贯穿在上述对话的全过程，贯穿在教师、学生每个主体中，即不只是发生在教师对学生单向度的"质疑"中。

　　次主题三：分析蝴蝶结构，表现蝴蝶外形。

　　学生观看蝴蝶的图片，结合已知昆虫结构，说一说蝴蝶主要由几部分组成。最初学生发现整体观察到的"翅膀和身体"，教师进行引发"质疑"的提问："哪些部分剪纸时要表现出来？""还有没有要补充的细节？"学生通过"质疑"，相邻两人小组讨论，深入局部进行观察思考，"内省"得到蝴蝶的头部、触角、胸部的一部分以及连在一起的两对翅膀、腹部都要表现出来。至此，解决本课教学重点：发现蝴蝶的对称特点，用对折的方法进行蝴蝶外形的设计。

　　次主题四：翅膀的设计。

　　针对学生前翅、后翅分离，以及前翅小后翅大的问题，教师提问："如何让蝴蝶翅膀更美观？"学生在观察蝴蝶图片中思考，发现蝴蝶前翅大后翅小，并且因为遮挡关系，前后翅应该是连在一起剪的。

　　教师进一步提出问题："蝴蝶种类繁多，不同种类翅膀也不同，你们准备怎么表现？"学生思考后逐步"内省"到先概括基本形，再运用夸张、变形进行细化设计的结论。

　　至此，解决本课教学难点：剪纸蝴蝶的外形创意设计，通过对美的发现提高审美能力。

　　3."质疑"让拓展更深化

　　教师在拓展环节提问："你知道本课的学习与我国哪种非遗优秀文化传承有关吗？""通过本课的学习，你有什么收获或者体会？"

　　学生通过"质疑""内省"得出：一把小小的剪刀，剪出了丰富多彩的漂亮蝴蝶，在灵动能力方面，通过审美感知、文化理解，把简单的剪纸蝴蝶上升到剪纸这一非遗优秀文化传承的层面。教师进而点题："不少剪纸艺人用剪刀剪出了国际金奖，剪出了中华优秀传统文化的美好！越是民族的，越是世界的！愿同学们继续探究剪纸这一中华优秀传统文化，用灵巧的小手，剪出更多美好。"

▶案例分析

"质疑"贯穿了整个课堂,学生通过"质疑"逐步获取本课的知识与技能,也通过"质疑"使得自己的作品更准确、美观、富有创意。同时通过"质疑","内省"到剪纸这一中华优秀传统文化的美好,进而深化了立德树人的育人目标。

"内省"是"合作对话"式教学所追求的方向、目标,也是方法。"质疑"让本课的学习更具深度,师生的双主体合作共同推进深度学习。"质疑"本质是让对话者的思维发生"内省":"内省"的程度越深入,"对话"的深度与持续过程越出色。

"合作对话"教育教学范式实施以来,笔者的美术教学明显发生了变化,课堂上形成了师生双主体之间相互尊重、氛围民主、深度学习的新型的民主、科学、合作的教与学的关系。课堂上,教师重视引发"质疑"的美术情境创设和民主艺术氛围的渲染,注意突出学生审美感知、情感体验,学生参与美术实践的积极性大步提升;从单纯追求美术知识技能的"学会"转变为关注学生的全面发展及艺术学科核心素养的提高的"会学";从美术教学独立的象牙塔转变为紧密联系社会生活、联系学生生活经验;从教师示范的标准答案转变为追求学生创意实践的多样化、个性化。而笔者也在逐渐努力从过去单一的教书匠向理论联系学生实际、教学服务于生活,既有教学能力又有科研精神的学者型教师转变。

（作者单位：北京市陈经纶中学分校望京实验学校）

与学生一起"创新 + 智造"
——初中信息技术创客育人模式的实践探索

王　岚

新课程标准下，初中信息技术教学更应深入开展"创新 + 智造"的创客教育，在合作基础上形成"成长共同体"，师生合作探究、共同成长，践行尊重、民主、责任、科学的"最佳公民"育人理念。

▶ 案例背景 🖊

同学们在体质健康测试中发现，传统意义上的坐位体前屈测量需要多人才能完成，费时费力，体育老师目测成绩，存在不准确性，也不方便同学们平常自己练习。正好信息科技课上学到"人工智能"、"物联网"及硬件掌控板，于是同学们思考利用超声波传感器对其进行改良实践探究，不仅方便单人测试，而且能准确显示测量成绩和距离，可操作性强；通过 Easy IoT 物联网平台及 MQTT 协议上传的数据也能记录、统计；作品实用性强，能用于社区居民或特定人群的国民体质监测，拓展更多功能，满足不同人群需要。

同学们的想法得到信息老师、体育老师的支持，共同研究、设计的体前屈自动测量仪得到大家的认可，更激发起同学们的兴趣及热情，整体设计及开发了"学生体质健康自测监控系统"，主要包括 7 个方面，即体育运动常识自测仪、坐位体前屈自动（测量）定位器、仰卧起坐计数及矫正器、跳绳计数器、折返跑自动定位器、肺活量模拟测试仪、检测跌倒及紧急呼救器，全方位满足学生自测及教师教学、监控所需。项目设计依据体育老师提供的《国家学生体质健康标准（2014年修订）》及"体育与健康知识"题库，保证作品的科学性、实用性。

▶ 解决问题的过程描述 🖊

该项目设计包括四个阶段。一是准备阶段。学生对自己的创造目标与过程有初步设计，以开放的头脑去设想解决问题的多种途径。二是实验阶段。学生利用已有知识作为理论工具来解决实际问题，通过反复的实验逐步明确自己创造设计的合理性。三是原型制作阶段。学生尝试多种方法，找到解决问题的最优方案，设计出原型产品，并制作测试。四是整合反馈阶段。通过团队合作及沟通交流，做到思考问题逐步全面、解决问题精益求精，体会信息社会责任。

师生形成"合作成长共同体"，学生在教师指导下，通过网络、学习平台自学资源，自主学习、小组合作探究，积极主动地运用信息科技进行学习与创新活动，完成个性化智能作品的制作。教师引导学生规范使用互联网、平台等各类资源，尊重他人知识产权，合理合法地进行数据收集、使用。在整个过程中，采取"对话"的方式，就某个问题进行探讨或内省，以此建立或完善共同体成员的认知体系和价值体系。

▶案例分析 ✏

创客教育重"创新＋智造"，实施的是基于创新与智造的学习，鼓励学生成为知识的创造者。初中信息技术在创客育人教学模式中主要包含以下四个实施过程。

1. 增强学生自信，激发创客兴趣

初中阶段的学生对新颖事物充满好奇心，创客教育的起始课应充分利用学生这一特点，采用具有冲击感的教学方式，借助视频、彩色图片、数据表格等对学生扰启，分析实际问题，激发学生的学习兴趣、创客信心及动力。这种驱动力是由内而外的，更强、更可持续。

2. 培养学生创新思维，提升创客能力

教学中要营造学生"乐学"情境，采用问题启发、合作交流、实验探究、调查讨论等方式，引导学生运用合理、灵活、有效的方法，独立思考，主动参与，以培养学生创新思维。只有把学习活动镶嵌在真实的情境中，在人、工具、环境、活动的持续互动中，创客教育才可能真正发生。

采用项目式学习方式，融合多种信息技术手段，让学生从被动解决问题到主动发现问题、提出问题。如前期利用 Excel 软件，学生根据兴趣选择、分析，加工、处理信息，找到问题根源，提出解决问题的设想及方法。

3. 引导学生在实践中智造，体会创客魅力

"合作对话"中，教师要对教学进行要素配置与设计，助力学生在"活动过程中"建构知识，落实科学态度与社会责任素养。针对学生提出的创新想法，教师应尽量提供所需材料，适时进行辅导教学（可借助专业教师指导），以项目研究为载体开展更深入的探究性学习，使学生能够将想法转化为成果。

4. 共享学生成果，感受创客乐趣

"创客"的实质是创新、实践与分享，创客成果也只有在分享与应用中才能体现价值，教师要为学生提供分享和交流的平台，如在学校"科技节""创意作品展"等活动中，让学生的创客成果得以生动展示及应用，让学生感受创客的快乐，同时引导同学间对作品进行多角度评价和完善，促进学生的深度思维、后期改进。这样的分享方式，锻炼学生认知问题的表述能力，会让学生在更大程度上突破和实现自我，培养学生理想个体生长所需的合作意识及有理有据的批判思维，体验到尊重、信任和支持，学会倾听、交流、合作、分享。

升旗仪式上演讲　　　　　　　演讲展板　　　　　　　同学测试及交流

创客育人模式需建构思维与知识并进的课堂。"合作成长共同体"始终存在，以"合作对话"设计指导教育活动，重学生思维能力的培养，提高了学生运用所学知识综合解决实际问题的实践能力和创新能力，激发了学生的创新思维，增强了学生服务社会的意识。真正的课堂是属于学生的，是学生主动思考与发现、探究与反思的场所，是学生经历学习、遭遇挫折、体验成功的场所，让学生成为课堂学习的真正主人，迸发出不可估量的学习热情与探究精神，具备自我知识建构及迁移的能力。课程内容及环境要具有时代特征。应用人工智能等新技术，利用线上线下混合式学习构建数字化学习环境，灵活使用微课，分层教学，突破难点。

教育必须超越知识，充分遵循"合作对话"规律，培养具有尊重、民主、责任、科学意识的最佳公民。

（作者单位：北京市三里屯一中）

多方合作之拯救深陷"蛋仔派对"的你

张晓婷

"合作对话"可指教师与学生、学生与自身建立在合作基础上的"成长共同体"。"合作对话"同样适用于教师与家长、家长与孩子、父亲与母亲之间。本案例探讨了多方合作，通过"内省+扰启"的教育方法，拯救深陷"蛋仔派对"的小晨的故事。

当我写下此文的时候，我不是以教师的身份，而是作为一名家长——一名陷入困境、需要多方合作帮忙解决问题的家长。

▶案例背景 🖊

2022年6月，我冒着高龄的风险，生下了二宝——一个小棉袄，全家人都非常喜悦！

随着二宝的出生，家里人更加忙碌了。家中老人年迈，身为母亲的我，将大部分精力都放在了二宝的身上。那段时间，大宝小晨多次和我说我不关心他、不爱他，让我非常苦恼。

2022年10月的一天，我正全身心地照看二宝，突然听到几句刺耳的脏话，那是一个女孩的声音。我循声找去，发现是小晨在玩"蛋仔派对"，脏话来自和他组队的"队友"。我非常愤怒，一把抢过平板，关机。我瞪着眼睛质问道："你为什么又和陌生人玩？""谁让你玩游戏的？""她在说脏话，你不能和她玩！"小晨被我的怒火吓到了，流着眼泪解释："那是我同学的朋友。"我严肃地指出："以后不许再玩游戏！"小晨当时同意了。

但是，"蛋仔派对"风波并没有结束。由于那段时间要上网课，小晨熟知平板的登录密码。偶尔有几次，我发现他还在偷偷玩"蛋仔派对"，每次发现后我都严厉制止了。然而，没过多久，我又发现了另外一件更加严重的事情。那天，我的微信收到了一条莫名其妙的支付通知，虽然只有6元，但是我很快意识到是小晨偷偷花了钱。于是，我再次和他谈话，他承认是自己偷偷消费的，用那 6 元钱买了一套蛋仔皮肤，他声泪俱下地承诺以后会改。因为小晨沉迷游戏且不听话，那段时间我非常压抑，一度觉得自己患了抑郁症。

▶解决问题的过程描述 ✎

我逐渐意识到，简单的说教可能会起到一定作用，但是并不能让小晨彻底醒悟，我决定寻求帮助。

1. 全家同心之"内省"

俗话说：夫妻同心，其利断金。小晨爸爸是一个游戏爱好者，闲暇之余，总是放不下手机而沉迷游戏，可以说是个反面教材。父亲和母亲一样，都是孩子的教育者，于是，我和小晨爸爸严肃地进行了一次谈话。他也意识到了游戏对于小晨的不良影响，准备和我并肩作战。

首先，全家召开了一次家庭会议。此次家庭会议，我们创设了平等、尊重、合作、对话的氛围，每个人都深刻剖析了自己。小晨在提到自己玩游戏的问题时说："妈妈，妹妹出生后，你都不怎么陪我了。我觉得很孤单，觉得自己不被重视，所以只能玩游戏解闷。""我玩游戏特别厉害，现在已经是'国服'前一百名。""我有时候看电竞直播，特别喜欢，我将来也想当游戏主播，我觉得我也行。"我和小晨爸爸认真倾听了小晨的心声，提出建议和意见，并且对自己的日常行为进行了反思。最终，由小晨爸爸列出每个人需要改正的行为，如：约定和限制小晨玩"蛋仔派对"的时间；父亲要控制玩游戏时间，要控制饮酒次数；母亲要控制体重，保持身形和健康；爸爸和妈妈要多陪伴小晨。我们约定三个人相互监督。

家庭成员之间的关系不应该是对抗的，而应该是合作的。父母和孩子之间既不是上下级关系，也不是师徒关系，而是成长共同体。父母在教育孩子的过程中要本着"尊重、民主、责任、科学"的原则。没有人生来完美，当遭遇孩子成长问题时，父母先要"内省"，从自身找原因。

2. 家校协同之"扰启"

我觉得只依靠一次家庭会议力度远远不够，于是我向小晨的班主任李老师寻求帮助。

小晨的思维还停留在"蛋仔派对很有趣""我很擅长玩游戏"等方面。李老师没有武断地指出小晨沉溺游戏的错误，而是私下带着包括小晨在内的几个孩子观看了一个纪录片。纪录片的内容是沉迷游戏无法自拔、最终悔不当初的典型人物事例。李老师和孩子们一起观看，并且边看边讨论，李老师说得少，孩子们说得多。当小晨发言时，他说："这个人玩游戏的时间太长了！""就算是爱玩游戏，也不能不写作业啊！""这个同学之前还是个学霸，最终却只读了技校，太可惜了！"事例中有个失业青年不思进取，整日玩游戏，甚至动手打自己的父母，最终成了啃老族。几个孩子都鄙夷地说道："这也太不孝顺了！那可是自己的爸爸妈妈呀，怎么能动手呢？"

李老师看孩子们讨论得热火朝天，顺势提问："你们在家里玩游戏吗？玩多长时间？"几个孩子大多玩过游戏，只有一个同学没有接触过。当小晨谈到自己时，他说自己喜欢玩"蛋仔派对"，但是会控制时间。他说："李老师，我可不想只读个技校，我还想上大学呢！"李老师肯定了孩子们的说法，悄无声息地当了孩子们特别是小晨的引路人，尽到了"扰启"的责任。"扰启"是通过设置情境、发现问题、启发引导、解决问题的过程，达到让学生从"你应该怎么做"变成"我要怎么做"的教育目的。教师在孩子心目中是有威信的，小晨对李老师的话非常信服。我相信，他的思维也会有所改变。

此外，我还寻求身边人的帮助。在食堂一起吃饭时，小晨和我及几位同事围坐在一起。受我私下所托，同事们开始讨论起身边的"游戏毁人"的例子。小晨默不作声，但是我看出他在听。一位同事提到自己的亲外甥——一位以优异成绩考取山东大学的学霸，在进入大学后，沉迷网游，挂了好几科，最终没能顺利毕业，没能取得学士学位证。更让人费解的是，他甚至执迷不悟，拒绝了补考的机会。当他踏入社会几年后，十分后悔当年的"愚蠢行为"。同事们讨论得热火朝天，小晨也似有所悟。大家又谈到了自己的孩子，开始了育儿经的传授，当然都是关于玩电子产品方面的。

▶ 案例分析 🖉

青少年沉迷游戏并不是某个家庭的个案，似乎已经成了时代问题。目前，暂无有效手段制止未成年人接触网游。我们身为家长、老师，一定要通过"合作对话"的方式，和孩子共同成长，积极应对孩子成长路上遇到的绊脚石。只有从根源上有所醒悟，孩子才能真正改变！

所幸，小晨本质上是一个积极上进的男孩，他也是渴望"独立、追求"的孩子。从那以后，小晨玩"蛋仔派对"的时间越来越少了。时间来到了 2023 年 11 月，这时候的小晨似乎已经度过了对"蛋仔派对"的眷恋期，再没有嚷着要组队了。他偶尔会玩一些微信小游戏，但是再没有沉迷其中。

　　这次事件，是小晨9年的成长过程中我遭遇的最大挑战。我在接触了"合作对话"的理念之后，果断实施"内省"和"扰启"等方法，最终收获了较好的成果。我们每个人都承担不同的社会角色，我们都肩负"责任"，只有不断成长，未来才更美好！

（作者单位：北京工业大学附属中学十八里店分校）

第四章

勇于担当

正值中华民族发展新阶段，如何助力青少年树立和践行社会主义核心价值观、坚定理想信念，成为教育工作者需要研究的重大课题。知物由学，要想培养出有作为、有担当的青少年，学习是最重要的途径。

在"合作对话"背景下，教师应懂得如何去激励学生，调动学生的积极性、主动性、担当意识，提高学生的学习效率。"合作对话"式教育中，教师不仅要把学生放在中心地位，还要关注学生人格的塑造，让学生在实现知识积累的同时，也更好地契合未来生活素养的需要，从而建构现代教育师生"成长共同体"。

构建"合作对话"课堂
打造"美好教育"生态

刘美玲

2018 年 9 月，在朝阳区教育工委、教委的关心和指导下，在王世元副书记的引领下，学校加入了理想教育文化课题，开启了"合作对话"教育教学范式理论与实践研究之旅。回望五年的"合作对话"实践历程，从实验学科引路到全学科推广，再到目前研究成果初显，我们深感欣慰，也倍感振奋。

实验学科引路，五年"合作对话"深耕不辍

从 2018 年 9 月开始，我校初中数学学科参与课题实践，2021 年 5 月，我校中学英语学科经申请获批加入课题实践。几年来，两个实验学科的教师在王书记的引领和指导下，在项目组专家们的指导下，共开展"合作对话"单元整体教学研讨 20 余次，每次一人负责做单元备课说课，一人负责做"合作对话"式课堂"靶子课"。说课教师对某一单元的重难点等若干问题进行阐释，"靶子课"教师则以该单元下的某一课时、某一内容进行授课设计。两位教师备出初步方案后，同组的教师帮助修改、完善，然后提交给学科专家，学科专家经过评阅，提出修改意见，两位教师再次进行修改。

每月一次的专家进校指导时间里，学科专家还会针对教师的单元备课说课，帮助他们研究学情、把握教材，并进一步确定单元目标、理清知识逻辑、梳理课时分配。"靶子课"的教师则把自己和同事精心打磨的课例拿出来，当作专家和同行剖析的"靶子"。每上完一节"靶子课"，专家本着"优点说透、缺点不漏、方法给足"的原则，给予教师充分的帮助和指导。

五年的实践与探索，课题组教师们最大的感受是：每次参与课题教研活动，都非常有收获。无论是课题组教师之间交流，还是学科专家手把手地指导，都能够给做课教师最直接、最有力的指导，这些都大大提升了教师的专业成长速度。

全学科推广，持续挖掘"合作对话"本质内涵

　　五年的"合作对话"实践，让我们真切地看到了"合作对话"教育教学范式对学校课堂文化转变的价值和作用，看到了它对落实2022年版新课标核心素养导向教学的价值和作用。我们认为"合作对话"是落实新课标最有效的路径和策略，因此，2022年9月，学校经过慎重考虑，在全面论证的基础上，开启了全学科推广实践阶段。

　　全学科推广"合作对话"式课堂，不仅仅要解决干不干的问题，更重要的是要解决怎么干的问题。为了帮助各学科进一步理解"合作对话"本质内涵、熟悉"合作对话"操作流程、掌握"合作对话"教学策略，学校先后实施了以下五大策略：

　　一是专家引领。学校先后多次邀请王书记、课题专家到校进行培训，给教师解读"合作对话"理论，传授"合作对话"实施策略方法。

　　二是同伴互助。2023年2月9日，学校以"探索'合作对话'课堂，打造美好教育生态"为主题，召开学校第三届教育科研年会，年会主要有课堂观摩、教研观摩、经验分享和说课展示几个部分。

　　三是任务驱动。2023年3月28日，北京市基教研中心对学校进行全学科视导，在讨论工作方案的过程中，学校干部之间出现了分歧，有的干部认为："合作对话"式课堂全学科推进时间较短，建议教师教案采用大家比较熟悉的传统教学设计模板。我个人坚决认为：这是一次引领教师深入理解"合作对话"、实践"合作对话"、应用"合作对话"、展示"合作对话"和借助专家力量反思与检验"合作对话"的良好机会。因此，我们当天中小学52节课全部采用"合作对话"式教学，得到了市级教研中心、西安市教科院和京津冀部分兄弟学校的领导与教师的高度认可。2023年5月9日，学校承办朝阳区教育部实验区信息化教学展示活动，我们也是全部采用"合作对话"式课堂。

　　四是评课引导。在五年的课题实践过程中，学校干部逐渐成为"合作对话"式课堂的行家里手，在平时校内教研活动中，他们也充分运用"优点说透、缺点不漏、方法给足"的评课原则，帮助教师修改教学设计，解决教师在实践"合作对话"式课堂过程中遇到的问题。

　　五是榜样示范。在"合作对话"式课堂的实践过程中，我们充分发挥骨干教师的示范和引领作用，干部通过听课发现典型、培育典型、树立典型，再通过这些典型教师去进一步培训和培养新的典型，进而不断扩大学校"合作对话"式课堂研究的队伍，营造浓郁的研究氛围。如：2023年4月11日，我校中学部陈静、王雨婷和宋利梅主任，小学部司璐、薄祺音和孙永霞主任分别进行了"合作对话"

式课堂教学经验分享。

厚积薄发，"合作对话"式课堂实践成果初显

历经五年的实践，"合作对话"式教学已经成为学校课堂教学的常态，成为学校落实"双减"、落实 2022 年版新课标的重要路径和策略，成为学校"美好教育"文化不可或缺的一部分，也切实带来了学校五大转变：

一是课堂之变。从追求知识积累的课堂逐渐转变为追求育人价值的课堂，传统课堂从知识到知识教学，教师从知识出发，为了知识教知识；而"合作对话"式课堂，虽然也是从知识出发，但是教学目标不再是知识，而是直指学生核心素养。实践也充分证明，"合作对话"是将知识转化为核心素养的有效机制。

二是教师之变。课堂专家的躬身引领、课题成果的逐步呈现，让教师们逐渐从质疑、观望走向接纳、认同，再到主动探索和积极实践，激发了学校中老年教师的教学热情，一定程度上缓解了职业倦怠；为青年教师专业化快速成长搭建了桥梁，缩短了成长周期；促进了教师逐渐从传统的经验型教育者成长为研究型、学术型教育者，其所在教研组的研究味、学术味、文化味越来越浓厚。

三是学生之变。"合作对话"式课堂淡化了教师讲的角色，学生们有了思考问题的时间和空间，也有了表达的欲望，既可以与教师沟通，也可以与同伴交流，还可以与自己对话反思。这种学习方式的转变促进了学生自主学习、独立思考和合作探究等学习能力的提升。

四是管理之变。随着"合作对话"实践研究的逐渐深入，"合作对话"不仅改变了学校课堂生态，改变了教师育人行为，也逐步渗透到学校管理的方方面面，以问题解决为目标，以合作为方式，以对话为策略，逐步推动学校管理从"管理"走向了"治理"。

五是学校之变。五年的"合作对话"实践中，学校的课堂样态、教师的育人行为和学生的学习方式逐渐发生转变，"美好教育"育人生态逐步形成，先后荣获北京市基础教育科研先进学校、北京市课程建设先进单位、北京市百所融合创新课题示范校、北京市百所融合创新基地学校、北京市科技教育示范校、朝阳区中考质量优秀校、小学教育教学质量优秀校、朝阳区学校文化特色品牌金牌学校、朝阳区首批文化示范学校等荣誉称号。

五年的"合作对话"实践，让我们真切地看到了"合作对话"的育人价值，虽然在实践过程中我们遇到了很多问题，但我们依然坚信它的价值和作用，未来也会将这些问题转化成课题，通过课题研究进一步挖掘"合作对话"教育教学范

式的本质和内涵，积极探寻更为完善的"合作对话"实践与应用路径，探索更为有效的"合作对话"式课堂实施策略，让"合作对话"成为学校落实新理念、奋进新征程和推进教育高质量发展的新引擎。

（作者单位：北京市陈经纶中学分校望京实验学校）

在"合作对话"中凝聚
双向奔赴的教育力量

张　坤

习近平总书记一贯高度重视社会主义建设者和接班人的培养，明确提出"要坚持社会主义办学方向，把立德树人作为教育的根本任务"。青少年是祖国的未来与希望，学校和家庭是青少年成长与发展的重要阵地，关注青少年的成长与发展是我们所肩负的重大责任与神圣使命。

在当代社会，青少年的成长与发展具有重要意义。他们是国家的未来，他们的发展决定着社会的进步与繁荣。因此，我们需要深入理解新时代青少年成长的特点与问题，并为他们提供合适的指导与支持。

教育"发生"必须直指受教育者的变化。要获得更理想的受教育者的变化，需要采取"合作对话"。孩子从幼儿园到小学，要面临学习环境、学习方式、学习内容、人际交往等各方面的变化、适应和重组，而父母更为焦虑：我的孩子能适应小学的学习生活吗？学习跟得上吗？午饭吃得饱吗？我家孩子胆小，不会受欺负吧？这一系列的问题困扰着他们。为了消除家长的顾虑，消除学生对校园的陌生感，通过建立"合作成长共同体"来与学生和家长"对话"。师生之间一定是合作关系，家校之间也是合作关系。如果教师和家长都理解并致力于建构这样的关系，我们就能成为"合作成长共同体"。这样，真正的教育才能真实发生，这样的教育才有价值和意义。

一、与学生对话：熟悉环境、适应转变

仪式感之入学适应周

要实现教育的"合作对话"，必须建构"合作成长共同体"，从而最终实现受教育者的成长。"合作对话"教育教学范式是理想教育文化追求的教学样态，是

建立在"成长共同体"基础上的。教育者通过对话唤醒受教育者强烈的对话愿望，使其主动与教师、同学、资料和自身对话，由内而外地实现知识、能力与情感态度价值观的建构。从幼儿园到小学，对于孩子们来说是学习、生活方面的一次重要转变。为让孩子们尽快适应校园生活，学校精心设计学前教育的各个环节和内容，从学习规范、文明礼仪教育开始，以浅显易懂的方式深入浅出地培养学生的学习习惯和行为规范。通过学习和理解礼仪规范，学生能够分辨是非、判断善恶，提高人文素养和道德修养，并且受到智慧的启迪。此外，我们还带领学生参观校园环境，让他们了解教室、老师办公室、卫生间、饮水处、校医室等重要场所的位置；开展小游戏，帮助学生熟悉老师、同学，建立起彼此间的合作伙伴关系。通过这些新组建的集体中的活动，学生们逐渐熟悉了环境，达到了相互了解，共同学习纪律规范，渐渐消除了对校园的陌生感。

孩子们不仅在适应周中结识了新朋友，也深入了解了校园中的活动及各种资源。迈出第一步的勇气让孩子们能够克服心理上的障碍，放下不安和担忧，敞开心扉去迎接新的挑战。无论是参与团队合作，还是探索个人潜能，孩子们都迸发出独特的光芒。他们在与同伴、与集体、与环境的"对话"中，彼此相互启发，共同成长，"合作成长共同体"也在熟悉与了解中建立起来。丰富多彩的活动和同伴间的友谊，使适应周成为孩子们生命中的一段宝贵的记忆，他们将带着这段难忘的经历，迈进新学期的大门，迎接更多的精彩与挑战。

新一年级的入学适应周，不仅为孩子们打开了通往知识殿堂的大门，也让他们在充满挑战的岁月中，开始了一个令人向往的学习与成长之旅。

二、与家长对话：消除顾虑、拉近距离

仪式感之家长见面会

为了让家长安心和放心，减轻孩子入学所带来的心理压力，学校特意组织"共同承担生命成长"和"共话成长 育见未来"的家长会，邀请家长们踏进校园参与其中。校长向家长详细介绍了星河国美分校的发展情况、办学理念、学校文化；副校长介绍了学校的课程及家校合作模式等。通过这些介绍，家长们对学校的"入学适应期""学校办学文化""家校沟通"有了清晰了解，增强了他们对孩子顺利入学的信心。

班主任老师围绕"做合格小学生""家校紧密配合""班级文化建设"等进行分享。通过热情周到和细致入微的讲解，老师们让家长更加了解了学校的整体情况、班级建设情况以及入学适应期家长该如何做。

家长见面会的召开拉近了家校之间的距离，架起了"合作"的桥梁，促进了"合作对话"关系模式的真挚构建。

三、与空间对话：文化浸润、启迪成长

仪式感之参观精致校园

一年级新生及其家长在校园文化讲解员的陪同下参观了校园，深切感受到校园文化建设所体现的人文化的设计。校园里有气氛怡人、鸟语花香的走廊，有光彩斑驳的校史馆、回荡着美妙琴声的蓝音阁、充满宁静诗意的澄园，还有中厅的 105 颗"国美之心"，它们静静地诠释着学校"适合的才是最好的"教育理念。与自然、历史以及学校资源之间的对话，促进了孩子们与环境、历史和未来的交流，让教育每时每刻都在发生，无处不在。这样的互动不仅仅在知识层面带来了更多的启迪，更重要的是在构建"合作成长共同体"的过程中发挥着积极的作用。

四、与父母对话：感恩养育、担起责任

仪式感之交付仪式

伴随着动听的歌声，孩子们踏入羽毛球馆，入学典礼交付仪式以"感恩"为主题拉开序幕。孩子们深深鞠躬，感激父母六年来的养育和陪伴，一句简短的"谢谢"，在孩子的心中悄悄播下了感恩的种子，家长与孩子紧紧相拥在一起，许多父母的眼眶都湿润了……

在入学的交付仪式上，家长们依次将孩子的手交给老师，并简短地介绍孩子的基本情况和特点。老师也会向家长们表示，将全力以赴帮助孩子们适应新的学习环境。大手牵起小手的那一刻，象征着孩子们即将踏上新的学习旅程。这个交付仪式不仅是简单的交接，也是情感的交流和信任建立的开始。家长们向老师传递孩子们的希望和梦想，同时传递信任和鼓励给孩子们。通过这个交付仪式，孩子们能感受到学校和老师的关爱与关注，同时更好地适应新的学习环境。家长们可以放心地把孩子们托付给学校，并期待他们在未来的学习中取得更好的成绩。班主任们定会尽心尽力，不负所有家长的殷切期望，在接下来的日夜里，培育出优秀的星河国美学子。

我们相信，在家庭和学校的共同努力下，孩子们将获得更好的成长与发展，实现"合作成长共同体"的协同发展。

"合作对话"让家校共育成为一场精彩绝伦的合奏，让我们一同投身于家校

共育这场光彩夺目的交响乐中，以沟通交流为琴弦，在陪伴指导的伴奏下，用更多的情感、思考与教育智慧，共同奏响合作共赢的和谐乐章。

（作者单位：北京市星河实验学校国美分校）

"创设情境 展开对话"
激活文言文课堂教学

——以《马说》为例谈"合作对话"式课堂教学

郭敏姗

在文言文学习的课堂上，初中学生往往会觉得枯燥，提不起兴趣，课堂气氛沉闷，学生的学习多停留在死记硬背的阶段，很难做到主动品味赏析，更别说深入理解。针对这一现象，我通过"扰启、内省、质疑、实践"，开展"合作对话"式教学，让学生与文本对话，师生对话，生生对话，以"创设情境 展开对话"的方式，激活文言文课堂教学，促进学生主动思考，积极探索，做课堂的主人。下面以《马说》为例，谈谈我的教学过程。

创设情境，生文对话

在进行本课学习之前，我做了问卷调查，发现学生对于学习文言文有畏难情绪，73.3% 的学生不喜欢学习，认为课文难背，不好理解。针对这一现象，我从他们感兴趣的地方导入。我先创设情境：学校将要举办"吐槽大会"，邀请韩愈笔下的千里马来当嘉宾，请你以千里马的身份，向食马者进行吐槽。

这样别开生面的开篇方式，调动了学生的兴趣，因为要"吐槽"，所以学生们主动走进文本，梳理内容，认真探究"槽点"。

学生找到的"槽点"有："祗辱于奴隶人之手""骈死于槽枥之间""不以千里称也"。通过对句子的理解，学生自然看到了千里马的遭遇：只能在仆役的手中受辱，跟普通的马一同死在马厩之间，并不能以"千里马"著称。

深入探究，师生对话

找到了"槽点"，我继续扰启，问学生能不能帮助千里马分析一下造成这种状况的原因。

学生带着这样的追问，再次走进文本，他们发现是因为食马者不按照千里马日行千里的能力喂养它，所以千里马吃不饱，力量不足，自然它的才能也发挥不出来，连普通马都比不了；有的学生从"策之不以其道"中发现食马者不会按照鞭策千里马的方式鞭策它，方法不对，所以千里马没有得到正确的指令；还有的学生从"鸣之而不能通其意"中发现食马者不能很好地理解千里马的语言，不懂它要表达的意思。

探究到这里，爱思考的学生自然就想到了作者的写作目的，他们反过来问我：韩愈为什么要写这篇文章呢？仅仅只是为当时的千里马鸣不平吗？这样的对话，自然推动了对文本的解读由文字的表面过渡到对主旨的探究。于是，我给出了韩愈的资料：

童年悲惨：3岁而孤，9岁丧兄，18岁离家；

科举艰难：19岁落榜，21岁落榜，23岁落榜；

仕考坎坷：26岁不中，27岁不中，28岁不中。

从19岁到28岁，韩愈求职无门，两月内三次上书权相，但均得不到回应。

看到这样的写作背景，学生明白了，与其说是千里马在"吐槽"，不如说是韩愈借千里马在"吐槽"，愤慨自己的怀才不遇，为自己以及和自己一样有才华的人鸣不平。

这时一位学生继续追问我，作为"唐宋八大家"之首的韩愈到底是不是千里马呢？我没有简单地回答学生，而是继续给出背景资料，让学生自己判断：

【材料1】韩愈肯定是千里马，且是极为出色、千年才能一遇的千里马：①25岁中进士。曾任监察御史、国子祭酒、刑部侍郎、京兆尹、吏部侍郎等职。②文起八代之衰，位列"唐宋八大家"之首。③有大量诗文作品：《马说》《师说》《进学解》《早春呈水部张十八员外》……④是一代语言巨匠，其语句形成成语的有：文以载道、落井下石、动辄得咎、杂乱无章……⑤留下大量名言：书山有路勤为径，学海无涯苦作舟。业精于勤，荒于嬉；行成于思，毁于随。蚍蜉撼大树，可笑不自量……

【材料2】但韩愈又是不得志的千里马。韩愈一生三次被贬：贞元十九年（803年），韩愈任监察御史时，因关中大旱，上书"请宽免民徭而免田租"，被贬为阳山（今广东阳山）令。元和元年（806年），召回长安授权知国子博士，后又降职为河南令。元和十二年（817年），随宰相裴度平淮西有功，升刑部侍郎。元和十四年（819年），唐宪宗迎凤翔法门寺佛骨入宫供奉，京城掀起信佛狂潮，韩愈不顾个人安危，毅然上《论佛骨表》，力陈信佛之弊，结果"一封朝奏九重天，夕贬潮州路八千"，而且严令当日启程。韩愈仓促离家，家小随后也被逐出京城，12岁的女儿因病死于途中……

如此扰启，不仅启发了学生的思维，更激发了他们独立思考和深入探究的兴趣，这样的"合作对话"模式下，原本枯燥的文言文课堂变得热闹而有趣，所有学生都愿意参与其中，并兴致勃勃。

个性解读，生生对话

在学生们纷纷寻找原因的过程中，课堂上也渐渐地有了不同的声音，有的学生开始质疑：为什么千里马不能主动展现才能让食马者辨认出来呢？捕捉到这个质疑，我顺势让学生思考为何文章开篇说"世有伯乐，然后有千里马"，并让他们结合自己的生活实际，谈谈自己的理解。

这一扰启，似乎是一颗石头投入了水中，瞬间激起层层浪花。有的学生认同作者的观点，认为即使一个人再有才华，但是如果没有赏识的人，得不到重用，其才华也没有施展的空间。也有的学生认为，一个人不能只是有才华，还要有让人认识到自己才华的能力，也就是要主动创造机会展现才华，积极推销自己，"酒香也怕巷子深"，主动出击好过被动等待……

在激烈的辩论中，学生们从课本走向现实生活，从对文言文的简单翻译，到主动探究，并大胆质疑，读出了自己的个性，有了自己的思考。

苏霍姆林斯基曾说过"学习兴趣是学生学习活动的重要动力"。兴趣是求知的内驱力，有了兴趣才会产生热情，才能推动学生积极探索，创造性地完成任务。本节课运用"创设情境　展开对话"的形式，促进生文对话、师生对话、生生对话，学生在主动探究的过程中完成了文言文的学习，并形成了自己的思考，这使语文课堂不再局限于"老师教、学生记"的模式，从课堂延展到生活，真正落实学生语文素养的培养。

（作者单位：北京市三里屯一中）

"合作对话"助力高阶思维发展

——以"晋使说秦——学写劝说文章"为例

肖文霞

随着语文课程改革的深入，以及国家对人才发展的需要，高阶思维能力的培养成为高中语文教学培养的目标之一。但在教学实践中，课堂教学过程与方式同质化以及思维培养浅表化现象还十分严重。以创设真实教学情境为基础，致力于"合作对话"范式的教学成为了打破现状的有效途径，为助力学生高阶思维发展提供了可能。

"晋使说秦——学写劝说文章"教学实录

1. 对话唤醒

师：同学们，我们之前学习了《烛之武退秦师》这篇文章，感受到了烛之武作为一个外交官以一人之力屈人之兵的外交风采。请大家看主任务：

如果当时优秀的你生在晋国，你在晋国的外交部坐第一把交椅，晋文公得知秦穆公的倒戈之意后，想请你去挽回一下局面，你将怎么劝说秦穆公回心转意？请根据情境写一篇劝说词。题目：晋使说秦。200字左右。

2. 次主题一：寻找切入点

师：这个任务对大家来说是个挑战，但是大家要知道任何事情都不可能天衣无缝，只要你有足够的智慧，那么事情就有可能发生改变。为了能顺利完成任务，老师把这个主任务进行了分解。让我们来看分解任务一：

阅读下面四则材料，找出劝说秦穆公回心转意的切入点。

材料一：《烛之武退秦师》。

材料二：《春秋时期全图》。

材料三：《秦晋之好》。

材料四:《城濮之战》。

这些材料课前已经让大家读过了，现在就请大家小组合作找出你们劝说的切入点，看哪个组找得多而且合理，请大家讨论 5 分钟。

学生讨论，教师指导。

分享讨论。

生：那我先说一个。这个理由是我在课文《烛之武退秦师》中发现的，文章第一段说"晋侯、秦伯围郑，以其无礼于晋，且贰于楚也"，这个郑国在依附于晋的同时又跟楚不清不楚的，从这个角度可以劝说秦穆公。郑国在晋需要援手的时候没能帮助，将来对秦国也会是一样的，所以绝对不能跟郑国联手。

师：你从这个地方看到了郑国的不忠。非常好，有理有据。

生：晋国和秦国联手攻打郑国，但是中途秦国倒戈，这也是一种失信的行为，有失大国风范。

生：我从《城濮之战》这则材料中找到了依据。《城濮之战》中晋和楚交战，晋文公为了遵守诺言"退避三舍"，是守信用的。但是烛之武在劝说秦国与晋撕毁盟约时说"朝济而夕设版焉"，说晋是不守信用的，这里是不对的。不守信用的是晋惠公，而现在当政的是晋文公，他是守信的。而且楚国是个大国，与晋和秦都是对立国，这次如果一举攻打下郑国，这对秦晋抗楚来说是一个非常好的时机。

（掌声鼓励）

生：我想说《秦晋之好》这则材料，秦晋世代联姻，如果因为此事而撕毁盟约，则把世代建立起来的友好关系都给毁了。

师：刚才我们从《烛之武退秦师》《秦晋之好》《城濮之战》这三则材料里都找到了劝说的切入点，那么关于《春秋时期全图》大家能找到切入点吗？

生：秦和晋靠西边，郑国处于地图的正中心的位置，如果不灭掉郑国而去管理它的话，距离会很远，有鞭长莫及之感，所以可以利用这个角度劝说秦国把郑国一举灭掉，成为自己对东方控制的一个中转站。

师：如果让郑国帮助秦国有什么不好呢？

生：局势动荡的话，郑国可能不听秦国的话，会发生叛乱，不如灭掉。

师：对，自己说了算。非常棒！

师：大家想想，要是想让秦穆公回心转意的话，就要把烛之武所说的话一一驳倒，那么我们的劝说也可以成功一半了。

生：文章中说"既东封郑，又欲肆其西封，若不阙秦，将焉取之？"这里如果把郑国拿下了，那么就不用阙秦了。

师：那你觉得晋文公会不会阙秦？

生：不会，晋文公是个非常讲信用的人，面对敌对的国家楚国交战都可以退避三舍，更何况秦穆公是晋文公的恩人。

师：还是什么？

生：盟友。

师：还有呢？

生：亲戚。

师：秦穆公把自己的女儿嫁给了晋文公，晋文公怎么能够侵略秦国呢！

师：刚才大家的发言非常精彩，现在我们再把刚才发言的内容整理一下。请大家一起看PPT。从材料一《烛之武退秦师》中我们可以得出郑国是不够忠诚的，亡郑对秦有益；晋是守信的；晋不会做出对秦国不义的事情。烛之武劝退秦师的时候从"利""信""义"的角度进行劝说，我们也可以从这几个角度一一去攻破。

师：大家觉得这个"利"字可不可以跟"信""义"调整一下顺序？

生：不可以。国与国之间的交往还是"利"在前。

师：再看地图。晋扩张的方向可东、可北、可南，为什么非要西封？楚国的势力最强，共同的敌人应该是楚。

师："秦晋之好"。世代联姻建立的友好关系，应该继续坚守，既符合道义，同时也留住了很好的帮手。

从《城濮之战》中晋遵守诺言"退避三舍"的事件中可以看出，晋是讲信用的。与交战的对手都讲信用，何况是自己的姐夫兼老丈人呢。

3. 次主题二：确定劝说原则

结合《烛之武退秦师》《齐桓晋文之事》《谏太宗十思疏》等劝说性文章，来为本次劝说确定一个基本原则。

师：请大家结合以上提示来为本次任务的完成确定一个劝说的基本原则。

生：劝说应该知道重点放在哪里。在那个年代，国家之间的交往是以利益为主的，所以劝说应该放在如何获得重大的利益上。

师：所以你的意思是……

生：劝说要有一定的针对性，要针对秦国如何获得利益来进行劝说。（板书：有针对性）

师：那你举个例子来说说我们之前所学的劝说文章有没有做到这个针对性。

生：嗯……（思考）

师：例如我们学过的《齐桓晋文之事》这篇文章，孟子在劝说齐宣王的时候有没有做到针对性？

生：在《齐桓晋文之事》这篇文章中，齐宣王想要称霸，孟子则劝说齐宣王行仁道也能完成称霸，而不是非得利用战争的方式。

师：你要表达的是，"霸道"可以统一天下，孟子说的"仁道"也可以统一天下，而孟子之所以可以达成对齐宣王的劝说，是因为他针对的是齐宣王要统一天下这一点进行劝说的，否则，齐宣王绝对不会听孟子的。你找得特别好。

师：劝说原则还有哪些？

生：劝说要确定立场。（板书：确定立场）

师：你能解释一下吗？

生：比如说我们目前的任务是劝说秦国攻打郑国，不能劝完了之后，反而让秦国不攻打郑国了。

师：对，我们现在代表的是晋国的利益，烛之武代表的是郑国的利益，如果我们在劝说的时候没有立场的话，那么就成了足球赛场上的乌龙球。乌龙球又叫"杀人球"，等于是给自己帮倒忙。

（笑声）

生：讲道理要做到有理有据。比如说《齐桓晋文之事》中，孟子就举了"牛羊之事"来证明齐宣王身上具备实行仁政的特质；《谏太宗十思疏》中，魏征在提出"思国之安者，必积其德义"的观点时用"求木之长者，必固其根本；欲流之远者，必浚其泉源"来证明。每个观点的提出，都会说出一个依据，所以劝说要做到有理有据。（板书：有理有据）

师：那么在语言上我们应该注意什么？

生：应该注重用词，要知道我们的身份是一个臣子，不是跟秦穆公对等的国君，所以我们要尊重对方。

师：这可不可以叫作措辞得体呢？

生：可以。（板书：措辞得体）

师：刚才你说我们作为臣子去劝说秦穆公，但我们上来就跟秦国称臣，你们觉得合适吗？

生：我不是这个意思，我认为劝说的人员没有秦王的地位高，但是晋国和秦国的势力是相似的，最起码要做到不卑不亢。

师：嗯，"不卑不亢"这个词用得好。实力相当，就应该不卑不亢地表明观点。

师：以上是我们为本次劝说制定的四条原则。其中有一些在第一个环节中就已经说到了，大家说说是哪些？

生：有针对性和有理有据。

师：好，现在给大家10分钟，看看大家写得怎么样。开写！

4. 次主题三：劝说写作

学生们写出了自己的劝说词。

生：首先，从利益的角度出发，郑忠于楚，楚与贵国对立，如果不消灭郑，岂不是为敌国增加实力？而且郑邻于楚，如果拿下郑国，攻楚会更加便利。楚经城濮一战，实力大减，锋芒受挫，正是秦、晋攻郑、楚的好时机。其次，您也要顾着秦晋之好，我国与贵国联姻多年，还有着共同敌人，如果您退兵，晋文公会怎么想？最后，关于贵国对分地的顾虑，晋文公"退避三舍"，面对敌人也极讲信用，何况您又与晋交好？郑国使者偷换概念拿晋惠公举例，只不过是郑为了自保的离间计罢了。

（掌声）

生：秦、晋两国约定攻郑，此时退兵，对您没有太多好处。郑国先依附晋国，后又攀附楚国，可见其无信无礼，与其轻信郑国的许诺，不如秦、晋共同掌控郑国，平分其土地和财产，可以获得更多的利益，也有益于应对楚国这个共同的敌人。秦、晋两国长久交好，您若退兵，岂不是破坏了两国的和睦，况且晋文公向来遵守信用，当年因楚国的礼遇，便在与楚作战时退避三舍，对楚国尚且如此，何况是秦国，一定会给您最大的利益。

（掌声）

师：以上同学都写得不错，老师这里也写了一篇，欢迎大家批评指正。

闻围郑有变，特来请见。公越国千里，军汜南，意与晋围郑，今日有变，岂是有小人之言乎？举两国之力围郑，郑必亡，亡郑于两国之地，均有增，何乐而不为！今楚地方千里，秦晋加之所不能及，若失之以盟，恐患甚矣。

昔公求秦晋之好，意在联盟以对外，今弃晋保郑，岂不为亲毁盟也，以小易大，岂为知乎！遥想城濮之战，退避三舍；夫微公之力不及此，感恩至今。于楚，晋尚可信，于秦，岂能敝之？若联晋伐郑，定不负君。况郑亲晋，而贰于楚，不忠也。与其谋，亦是与虎谋皮，必有害，唯君图之。

（掌声）

师：献丑了。刚才看大家鼓掌了，那我问一下你们为什么鼓掌呢？

生：因为您反驳了烛之武的漏洞；在劝说中，分析了秦、晋、郑、楚的关系，给秦画了一个大饼，如果今天秦、晋两国不联盟、不灭郑的话，那么楚国要攻打我们怎么办呢？给出一个威胁，又给出一个靶子，让秦、晋两国联合对外，更有利于团结；您还运用了典故"城濮之战""退避三舍""秦晋之好"，很有说服力。尤其是在劝说秦的时候，分析了郑的不忠，点出与其谋简直是与虎谋皮，这种方式非常有可信度。好厉害！

师：谢谢，谢谢！你的评价也好厉害！刚看了一遍就说了这么多，我也是本着学以致用来写的。

生：您先从利益的角度入手，而且是从正反两个方面，如果围郑，对秦晋两方的土地都有增加，如果不围郑，等于是亲毁盟约，以小易大，不够聪明。然后讲了晋文公很讲信用，最后说了郑国的弱点。这些都值得秦穆公重新考虑一下是否要与晋撕毁盟约。

师：非常感谢！

师：大家看我在劝说的时候，有没有直接告诉秦穆公该如何做？

生：没有，是让他自己斟酌。

师：对，是让他自己去想，自己去权衡。这就是在曲折的文笔中暗含了作者的褒贬，让听者自己去选择，这比直接告诉他该如何做要好一些。

师：刚才同学们说老师用文言文写的，语言很少，语言少就是简单吗？

生：不是，是言简意赅。

出示 PPT 补充资料：

春秋笔法：《春秋》，鲁国史书，相传为孔子所修。经学家认为它每用一字，必寓褒贬；后因以称曲折而意含褒贬的写作手法为"春秋笔法"。

微言大义：亦作"微言大谊"。微言，精深微妙的言辞；大义，旧指有关《诗》《书》《礼》《春秋》诸经的要义。后用以指精微的语言中所包含的深奥意义。语出汉刘歆《移书让太常博士》："及夫子没而微言绝，七十子卒而大义乖。"又见《汉书·艺文志》。

善于叙写外交辞令，理富文美。

——《左传》的艺术特色

师：这种曲折而意含褒贬的写作手法叫"春秋笔法"；精微的语言中所包含的深奥意义叫"微言大义"。这是史传文学中常用的笔法，希望大家今天能够学到。《左传》的特色就是理富文美，这也是春秋笔法的一种体现，希望大家在下面继续丰富自己的文章时可以用上。（板书：理富文美）

师：今天的课就上到这里。同学们，下课。

实践反思

本节课是依托于普通高中语文教科书必修下册第一单元的课文《烛之武退秦师》及其他文本开发的劝说性写作教学，意在通过教学深化学生对春秋战国时期文化的认识，完成单元所承载的思辨性阅读与表达的课程内容。课堂中，教师以"晋使说秦"的核心任务为情境扰启学生挑战的欲望，辅以三个次主题，逐步利用工具方法让学生在多方面对话中完成内省思考。教学过程中教师不断地引领学生与文本对话、与同伴对话、与教师对话，从而实现思想的分享、信息的交换和能力的联系。巧妙的时空设置，使师生都置身复杂多变的形势中，师生之间顺畅的"对话"，成了在复杂形势中辩证地穿梭于历史与现实的工具。整节课下来，不仅实现了文本的深度解读，而且抽丝剥茧，巧妙地激活了学生的思维，在内省中学生的思辨能力得以提升。

《普通高中语文课程标准（2017年版2020年修订）》学习任务群6"思辨性阅读与表达"的教学提示中强调，教学过程要注重对学生思维过程和思维方法的引导，注意发展学生的辩证思维和批判性思维，注重培养学生思维的逻辑性。结合学生阅读和表达中遇到的实际问题，适时适度地引导学生学习必要的逻辑知识；避免进行不必要的、机械的训练。本节课成功地实现了学生高阶思维的进阶，这与"合作对话"教学范式的引入有很大关系。"合作对话"教学范式，体现了语文学科教学的基本规律，为优化教学、提升学生的高阶思维能力提供了可能和助力。

（作者单位：北京市三里屯一中）

"合作对话"中的"独立"
铸就学生思维品质的进阶

宋　茜

独立是每个人在教育环境下个体成长与发展的最终结果。它是健全人格的重要构成，是人能够立足于社会、发挥潜力的基础。王世元老师在《教育文化构建的人性基础》一书中，用12个词（"合作对话"教育教学的12要素）勾勒出了"合作对话"教育教学文化模型和未来教育文化建设的方向。"合作对话"教育教学方法论，从受教育者角度体现独立、追求、审美的策略，并以此为核心素养造就"最佳公民"。培养人类生命个体"独立"品质的策略有：一是让生命个体生长在"自由"的时空中；二是让生命个体生长在具有"独立"意识的环境中；三是生命个体主动生成并建构自身的"独立"意识与行为能力；四是生命个体获得与储备自身承载"独立"意识与行为能力的"合作要件"。

在"自由"时空中成长并且具备较强"独立"意识的学生，更乐于独立思考，不仅会在学习方面表现出色，在生活中也拥有很强的生活能力。自我管理能力强、善于合作的学生更加喜欢独立思考，这样的学生在对抗压力方面也更强。课堂上我们借助三个"还给"做了一些尝试：将课堂的时间和空间还给学生、将质疑和评价的权利还给学生、将认知和习得的过程还给学生，从而让"独立"在学生身上有更大空间生根发芽。

教师应创设自由的学习环境，着力培养学生的独立意识与行为能力，让学生在课堂上独立思考、主动学习，乐于研究数学问题，自觉学习新的数学知识，并且利用学到的新知识解决生活中的旧问题。

首先，发现问题、提出问题是培养学生独立思维品质的源头活水。

古人云："学源于思，思源于疑。小疑则小进，大疑则大进。"孩子们天生好奇心强，喜欢问问题，那我们的"合作对话"为什么不能将课外的求知欲引入到课内呢？在课堂引入环节，教师应创设与生活息息相关的自由时空情景，激发学生学习兴趣，学生依据已有知识经验，独立思考后提出不同的问题；教师关注学生提出的相关问题，并将其引入课堂，让学生掌握课堂学习的主动权。实际上，独立思考具有神奇的力量，学生在独立思考的同时，不仅能将所学知识更好地融会贯通，还能提出新的经过深思熟虑的问题。学生在发现、提出问题的过程中，锻炼了独立思维，提高了发现、提出、分析和解决问题的能力，为学科核心素养的发展奠定了基础。

其次，独立审题是培养学生独立思维品质的良好学习习惯。

在自由时空下，学生拿到一道题目，首先就要进行独立审题，读懂题目表面的信息，进一步理解背后隐藏的信息，同时还要发现信息之间的关联性，从而寻求解决问题的策略。在读题审题环节，学生可以运用教师在教学中教授的多种审题策略，例如画图、列表、举例等。这些不同的审题策略能够帮助学生更深层次地理解数学信息的含义，为后面分析、解决问题奠定坚实的基础。独立审题也能帮助学生培养独立思维品质。教师还可以引导学生多读书多思考，不断积累知识来发展独立思维。通过阅读，学生可以了解到更多的信息和观点，从而丰富其思维方式。在阅读学习的过程中，我们也要注重引导学生独立思考，将读到的信息和生活经验相结合，从而提升独立思考能力。

最后，尝试多角度思考是培养学生独立思维品质的重要环节。

在解决问题时，教师提供给学生自由时空，学生独立尝试从不同的角度去解决同一个问题，这样可以更加全面地理解问题，并且发现新的解决方案。在解决问题环节，在独立思考、合作交流的基础上，教师要引导学生发现解决问题的多种方法。学生感受到一题多解的魅力所在，眼界豁然开朗，可以激发他们多角度思考并解决新的问题。多角度思考需要创设开放的问题情景，给足学生独立思考的自由时空，为学生提供有效的支撑工具，最后还要有表达交流的合作机会以及各种激励评价手段。如此，方能为多角度思考思维能力的发展提供保障。这样反反复复的训练，可以使学生的头脑更灵活，强化随机应变能力，提升问题解决能力，发展批判性思维和创新思维。

"独立"，看似简单的一个词，实则有着丰富的内涵。学生思维品质的发展不是一蹴而就的，需要我们不断研究。解决问题能力的提升需要独立思维的支撑，创新性思维的发展需要独立思维的奠基，在课堂教学中给学生充足的"独立"氛围，让我们静待花开。

（作者单位：北京工业大学附属中学十八里店分校）

转变与担当

——"合作对话"教学范式的实践与思考

管永新

"合作对话"教学范式是理想教育文化追求的教学样态，是指教师与学生、学生与学生、学生与学习资料、学生与仪器、学生与环境、学生与自身等在合作基础上形成"成长共同体"，采用"对话"的方式，就某个问题进行探讨或内省，进而达到建立或完善共同体成员的认知体系和价值体系的过程。教师围绕学科教学目标和内容，确定对话主题和次主题，通过实施对话唤醒、对话活动、知识建构、实践拓展、巩固深化等对话环节，实现学生知识建构、思维发展和学科核心素养提升。笔者在深度参与理想教育文化课题理论与实践研究基础上，结合"合作对话"教学范式靶子课教学实践，简述"合作对话"教学范式的实践策略，以及课堂实践所引发的思考。

转变教育观念，建立师生成长共同体

传统教育文化理念下，教师是课堂教学的主体，是知识的拥有者和讲授者。课堂上，教师是权威的师者或滔滔不绝的演讲家。理想教育文化倡导在"合作对话"教育教学活动中建构"师生成长共同体"，围绕"对话"主题开展一系列"对话"活动。通过"对话"明晰问题，形成新的认知；掌握新的研究方法，形成新的技能；澄清一个观念，拓宽思维视野；经历一个过程，完成一项任务，或悟出一个道理等。显然，教师的角色已经由课堂中的知识讲授者转变为学生学习的设计者、组织实施者，兼主持人、导游、记者等多重身份。

以靶子课"同底数幂的乘法"教学为例，传统教学中教师受以知识为中心教学理念的影响，强调单位时间内掌握数学定理、公式或结论的数量，强调教授更多解题的方法，追求教学任务的完整和完成。为了提升"效率"，教师会直接告诉学生结论，让学生识记解题思路，再反复训练，形成条件反射。显然，这种方

式所培养出来的是只会做题的学生。"合作对话"教学范式课堂中，师生构建成为"合作成长共同体"，围绕"同底数幂乘法法则"这一主题展开对话，对话过程中教师为学生提供学习内容、学习方法、学习点拨，学生则在同底数幂相乘练习和训练过程中，逐渐观察发现计算规律，进而抽象提出同底数幂的乘法法则。这样的课堂教学使学生不仅习得知识，而且体验了数学法则形成的完整流程，并在这个体验过程中习得了观察、归纳、抽象、证明等基本数学思想方法，达到了思维发展和学科素养提升的目的。

转变时空观念，重构"师生 + 时空"

传统课堂的教学时空主要以课堂和教室为主，时空选择以有利于教师知识传授为标准。学生座位以"秧田型"分布为主，教师教学空间相对固定，学生学习空间绝对固定。理想教育文化理念下"合作对话"教学范式课堂的教学时空以是否有利于"合作对话"目标达成为标准，以教师为流动坐标原点，教室、实验室、专用教室、运动场、自然界以及社会等空间均可作为师生"合作对话"的空间，学生座位也可根据师生对话效果需要选择"马蹄型""梯型""小组合作型""实践体验型""实验探究型""两人辩论型""资料对话型"等多种形式。

在课题课"多次相遇和追击相遇问题"教学中，教师发现，有些学生由于缺乏空间想象等数学抽象能力，总是不能准确画出解题示意图；有些学生的解题示意图越画越乱，显然是思维出现了障碍。于是，课题组老师讨论后，将学生带到操场，让学生两两一组进行实践探究，学生在运动跑道上"跑跑""停停""走走""画画"，边走边标记，一会与问题对话、一会与同伴对话，时而自我否定、时而欢呼雀跃。整个过程中，老师反复质疑，学生不断实践，促进了学生认知的深度内省。很快，学生对这类问题有了理解和认识。由此可见，构建有利于师生对话和成长的"师生 + 时空"的成长共同体是实施"合作对话"式教学的必要保障。

转变教学方式，恰用教学方法论

"合作对话"教学范式课堂中，为促进各个对话环节目标的达成，实现学生对知识的深度理解与建构、思维发展和学科核心素养有效提升，教师需要在"对话"过程中恰当运用理想教育文化所倡导的扰启、内省、质疑、实践等教学方法论。如借助扰启的"撩拨"唤醒学生对话意愿，激发学生对话兴趣；通过扰启的

"干扰"或"扰乱"促进学生对对话主题的深入理解和思考，限制对话的肤浅，促进对话深刻，透过现象，理解和认识事实本质；通过师生、生生之间质疑或引发学生深度思考，或将学生思维引向纵深，促进思维发展与提升，或帮助学生明确思维方向，形成学习观点。又如实践策略，实践是认识的来源和基础，也是认识的目的和归宿，对认识有决定性作用，通过实践有利于增强学生认知体验，提升学习效率和效果。再如内省，既是"合作对话"教学范式追求的方向、目标，也是"合作对话"的策略和方法。适度而恰当的扰启、深度的质疑、充分的实践有利于促进学生深度内省，深度的内省则有利于促进学生知识建构、思维发展和学科核心素养提升。

在关于"1"的教学中，大多数教师认为不需要教，因为没有人不知道"1"。从知识教学角度分析，数字"1"确实很简单，不需要教。然而，"合作对话"教学范式追求从"知识导向"向"核心素养导向"转变，"1"的教学同样蕴含"数学抽象"这一学科核心素养。因此，在"合作对话"课堂教学中，教师就可以提出"大家认识1吗？"的问题，以此扰启学生"合作对话"的意愿，"干扰"或"扰乱"学生的原有认知，激发学生产生认知冲突，促进学生的深入思考和认识。再通过实践让学生将身边的"1"找出来，在学生"找"的实践过程中，教师则通过质疑帮助学生明确思维方向，让他们认识到1个苹果、1支铅笔、1块橡皮……都不是"1"，这时教师再适时引导学生认识一下，在数学学习中有一种重要的思想和方法叫"数学抽象"，比如2，3，4……等都是抽象出来的。通过这一系列的"扰启""实践""质疑"，促进学生学习的"内省"更加深刻，让事实、证据确凿，逻辑合理。最终，学生不仅弄清了问题、形成了新的认知，还掌握了新的研究方法、形成了新的技能，并在这一过程中发展了数学学科核心素养。

（作者单位：北京市陈经纶中学分校望京实验学校）

借助工具在"对话"中撬动思维

——在"合作对话"中探索图形特征

王洪艳

　　创造力的开发和创造素质的培养是当今社会对教育工作提出的新需求，结合本人的教育教学实践，在实际教学中我们进行了"合作对话"教学范式的探索，使学生的个性得到了充分发展，综合素质得以提高。所谓"合作对话"教学范式，就是以培养学生创新精神与合作学习能力为主要实施目标，以生生对话"合作学习"为主要组织形式的教学实践活动。下面我借助一个教学片段来展示我是如何进行"合作对话"的。

　　案例回放

　　在"平行四边形的认识"一课中，教师给学生准备了三根 15 厘米和两根 5 厘米的磁条，学生利用这些磁条围一个平行四边形，看看有什么新的收获。学生动手操作后，有的围出来了，有的没围出来。

　　师：我来采访一下，你围出平行四边形了吗？怎么围的？

　　生 1：我用两根长的、两根短的围出来平行四边形了。

　　生 2：我用三根长的、一根短的没有围成平行四边形。

　　生 3：平行四边形的特点是对边相等，你没有围成平行四边形，是因为它不符合平行四边形对边相等的特征。（说完，用三根长磁条、一根短磁条围出一个四边形示意给大家看）

　　生 4：我把 5 根都用上了。

　　生 5：那就是五边形而不是四边形了。

　　突然，学生刘 × 说："老师，这样也行！"他边说边举起一个平行四边形，用一根磁条把围出的平行四边形给固定住了，这立刻得到了一部分学生的认可。

　　学生张 ×× 举手说："老师，我可以反驳他。"他一边做了一个固定好的平行四边形，一边说："你把这根磁条放在这里边，完全没有用，这根磁条只不过是这个平行四边形的对角线，对角线放在这和不放在这，它都是一个平行四边形，这就是多此一举了。"

学生李×站起来说："我不同意张××的意见。"她举起自己的平行四边形继续说："当你拼出平行四边形后，会发现它有容易变形的特点，而你把一根磁条放在这，它就动不了了，起到了固定的作用。"说着，她在平行四边形的两个角中间加上一根磁条，这个平行四边形果然稳定了。

教师见学生张××看着这名女生无法反驳，提示他："她跟你说的意思一样吗？有什么不同？"

学生张××顿时领会："我们两个人说的不是一个概念。"问题越辩越明了，所有学生也明白了讨论的内容应该是"是否是平行四边形"，而增加一根磁条是为了使它固定。

原打算下一环节处理的平行四边形的稳定性，没想到孩子们创造出个大好时机，于是我继续抛出话题："你为什么要固定它？"

学生刘×说："就是因为它容易变形，我不想让它动，所以要固定下来。"

学生顺理成章地理解了平行四边形容易变形的特点。这个原本老师苦口婆心强调却因学生缺少生活经验而难以理解的知识点，在学生与学生之间生活化的对话活动中轻而易举地被解决了。

案例分析

数学课程标准强调：要鼓励学生独立思考，自主探索，要为学生提供积极思考与合作交流的空间。

针对怎样围平行四边形，教师为学生提供"与工具对话"的机会，让学生借助工具验证自己对平行四边形特点的猜测。学生在讨论中，主动调用原有认知，不断建构；在与同学对话、与教师对话、与工具对话的过程中，不断地经历内省、质疑的过程，从而进一步认识平行四边形。

一、与工具对话，创设合理适时的动手操作活动，使学习变得轻松、高效

课堂上学生通过猜想、实践，验证归纳出平行四边形的特征后，教师给学生提供充足的学具，学生有选择地围平行四边形，在选择用哪些学具的过程中，开始有意识地应用课上所学有关平行四边形对边相等的特征进行操作。学生在解释为什么三根长磁条、一根短磁条不能围成平行四边形时，边用已有知识说明，边借助学具演示，动手操作的活动使学习变得自然、直观、轻松，而且高效。教师利用学具给学生提供动手操作的机会，引导学生思考，激发了学生的学习兴趣和

积极性。

　　苏霍姆林斯基说："让学生体验到一种自己在亲身参与中掌握知识的情感是唤起青少年特有的对知识的兴趣的重要条件。"学习知识时，引导学生利用动手操作参与知识的形成过程，能够激发学生的学习兴趣，使他们乐学、善学，从而在愉悦的操作活动中掌握数学知识，发展数学思维。

二、生生对话，轻松的争论氛围使思维严谨

　　在学生出现意见分歧的时候，教师并没有直接介入作出判决，而是让学生用一定的理由来说明自己的见解，去指出对方的矛盾。这样的对话活动不仅增强了学生的逻辑思维能力与口头表达能力，还增强了师生间、生生间的信息传递，在"对话"中撬动思维，帮助学生更深切地理解平行四边形容易变形的特点。

　　良好的数学素养，离不开周密、严谨的数学思维，严谨的数学思维却要在切身体验中、在解决问题中慢慢养成。数学课堂上的对话是实现严谨的数学思维的一种途径，课堂上的对话能让学生更好地互动与融合，碰撞出思维的火花。课堂上一部分学生在操作学具时发现了五条边"可以围成平行四边形"，学生张××的反驳和另外一名学生不同意张××的意见的说明所产生的争论让学生更深理解了平行四边形的特征和特点。争论扩大了数学课堂互动的主体，不再局限于师生对话，而且注重生生对话，使学生在对话中进行思维的碰撞，激发学生思维张力，使课堂更具活力。学生张××用数学思维解释了第五根是多此一举，因为虽然没有确定平行四边形的形状，但是已经确定它是平行四边形了。学生刘×善于发现，善于思考，她的想法虽然已经脱离了讨论的"围平行四边形"这个内容，但也引发了学生更多的思考，为后续学习埋下伏笔。其实，人类社会的每一次重大发明创造，都是人类优秀生命个体批判与创新思维的结果。

　　马克思说："真理是由争论确立的。""争论"的基础是不同观点之间的交锋，它必然引发学生独立思考，深化学生对几何对象或数学概念的理解和认识，培养学生逻辑思维，有效地锻炼学生的语言表达能力。参与争论的学生必然精神亢奋、注意力高度集中地去寻求不同的答案。让学生充分阐述自己的观点，让各种不同的声音在争论中彼此交锋、碰撞、融合，智慧的火花必会竞相迸发。

　　"合作对话"课堂教学致力于推进教师在教学中创设平等、尊重、合作、对话的氛围，让教师与学生、学生与学生在此基础上形成"成长共同体"，让学生在实践中发现问题、寻找方法，以工具为载体，以技术为手段，最终完成现实经验关系的表述。这种教学方式实现了由单一的知识教育向综合的育人教育转变，

给学生的兴趣培养留出了充分的时间和空间。合作学习中，学生通过对话的方式共同解决问题，相互交流思想和观点，而对话式教学则在合作学习的基础上，进一步促进学生批判思维能力的培养。这种模式有利于促进学生的主动学习和深度思考，培养学生的合作能力和批判思维能力。在"合作对话"中撬动思维，使学生充分发展个性，提高综合素质，享受数学学习的乐趣。

（作者单位：北京市星河实验学校国美分校）

拨云见日的探索之旅

孟　臻

　　"合作对话"式教学是一种强调师生之间、生生之间以平等、协作、互助的方式进行知识建构和情感交流的教学方式。这种教学方式的核心在于合作与对话，学生和教师都有一些特定的语言和行为。在"合作对话"式教学中常常会听到学生说"我可以分享我的观点吗""我想……""我觉得……""还有其他方法吗""我同意你的观点，但是我有一些补充，可以分享给大家吗""我有一些疑问""我认为……""但是……"等语言，常常会听到教师说"你试试看""很好""你们需要自己去思考""是的""这个问题问得好"等语言，这些开放性的对话话语引导了学生的思维，提升了他们的思考能力。在更具"合作成长共同体"特点的教学中，学生明显会更愿意代入情境进行学习。下面我将用关于"平均分中单位化"的思考案例，来说明我对"合作对话"式教学在实际应用中的体会和反思。

糖果风波：孩子们的探索之旅

　　1."平均分"背后的挑战

　　"平均分"是二年级数学下册中的重要概念，也是学习除法的基础。在教"平均分"的数学课时，我在讲台上摆放了 12 个苹果，打算让学生们通过实际操作，理解"平均分"的概念。我想让学生们把 12 个苹果平均分成 3 份，从而体会到平均分的过程，并从中理解平均分方法的多样性。

　　然而，当我将问题展现给学生们时，并未达到预期。几乎所有的学生都是根据已有的乘法口诀经验直接报出结果，他们说："每份 4 个苹果。"然后学生们就想直接开始按照这个结果进行分配，没有人愿意通过亲手分一分来获取答案。

　　我有些惊讶，也有些疑惑。看着那些苹果，我皱起了眉头。我对孩子们的反应感到困惑，因为原本我认为通过实际的操作，学生们能更好地理解"平均分"的概念。

我开始反思自己的教学方法，是不是自己的引导出了问题，或者学生对这种教学方式并不感兴趣？如果将问题抛给学生，让学生自己成为自我教育的主体，而我只充当脚手架，学生是不是就会放弃定式思维，自己通过"合作对话"得出结论，从而完成教学任务呢？

于是，我决定改变一下教学策略：如果学生们不知道物品的具体数量，他们就必须自己思考、讨论怎样才能平均分，就得通过对话活动尝试各种分配方案，在质疑中不断调整"每次分几个"的方案。通过这个简单的情境设置，就可以引导学生进入深度内省"平均分"的状态。这样，学生不仅在实践中理解了"平均分"的概念，更对"平均分等分除"和"包含除"这两种模型有了更深入的理解，突出了单位化思想，提高了教学的有效性。

2. 糖果怎么分

第二天，我手里拿着一堆五彩斑斓的糖果和 4 个盘子走进了教室。"同学们，今天我们要讨论如何将一堆糖果平均分给 4 个人，"我接着说，"但是，糖果的数量不告诉你们，你们需要自己思考、商量怎样分。"

教室里立刻炸开了锅，学生们七嘴八舌地讨论起来。有的说可以每人分 3 个，有的说可以每人分 4 个，还有的说可以每人分 2 个半。

小华犹豫不决地举起手，问道："每个人分到的一样多吗？"

"是的，"我回答，"我们要把糖果平均分给 4 个人，所以每个人分得的糖果数量应该是相等的。"

"那我们怎么知道每个人分多少呢？"小华追问道。

"这个问题问得好，"我称赞道，"我们需要先计算出糖果的总数，再算出每个人分得的数量。但在这个情境中，我们并不知道糖果的具体数量。"

"我们可以先试着分一分。"一个小组长建议道。

于是，学生们开始尝试不同的分配方案。

3. 探索"平均分"的奥秘

我看着学生们兴奋地讨论着糖果的分配方案，心中充满了喜悦。我知道，这次的教学方式已经成功地激发了学生们对"平均分"的兴趣，并让他们在实践中深入理解了这个概念。

我下场观察着他们的做法，起初，一个小组决定采用"一个一个地分"的方法。小华将糖果一个一个地分给每个人，分完一次后，他会将剩下的糖果数一遍，然后再继续分。他们这样分了好几次，但他自己就突然觉得这样分太慢了。我见机马上在旁边顺势问他："有没有更好的办法呢？"

他们小组开始想办法。小明提议他们可以尝试一下"三个三个地分"，于是他们开始三个三个地分，这样分的速度确实快了不少，他们很快就分完了所有的糖果。

小芳注意到了一个问题，她说："我们一直在分糖果，但是却没有明确说明我们每次分得的糖果是多少个。"小华和小明都赞同小芳的观点。于是，他们决定明确每次分得的糖果数量。

我心里很是惊喜，没想到他们自己就能意识到这个问题，原本这需要老师的强调，但这是他们在实践中自己发现的问题，并深度内省、不断质疑，最后依靠自己的方法总结出规律，让问题和答案都变得更清晰。

学生在对话活动中通过不断的尝试和调整，最终成功地将所有的糖果平均分给了四个人。在这个过程中，教师给予学生充分的对话空间，引导学生调用原有认知不断实践和建构，充分感受单位化思想的重要性，也让学生学会了如何灵活调整"单位"，找到那个最合适的"每份数"。

4. 糖果背后的"智慧"——单位化

"我们算出来了！"小华激动地喊道，"糖果可以平均分给 4 个人，每个人分到 9 个。"

"非常棒！"我叫停了活动，给予了肯定，走向讲台说道："你们用自己的方式解决了这个问题。现在，你们能总结一下这个过程中用到的数学知识吗？"

在轻松愉快的氛围中，学生们明白了什么是"平均分"，也理解了"单位化思想"。他们学会了如何将一个数量按照一定的规则分成若干份，每一份的数量都相等。

"那么，"我启发道，"如果糖果的数量不是 36 个，而是其他数字，你们还能算出每个人分到的数量吗？"

"能！"学生们信心满满地回答。

通过这个简单的糖果分配问题，学生们不仅深入理解了"平均分"的不同类型和方法，感受到了数学学习的趣味性和挑战性，还在思考、讨论与合作中不断质疑和建构，提升自己的数学素养，更加明白了除法的意义和价值。我对学生们说："平均分的思考过程可能比较复杂，但是只要我们不断尝试、灵活调整单位，最终一定可以找到那个最合适的每份数。"

总结与反思：在"合作对话"中绽放智慧

在"合作对话"中，"合作成长共同体"是一个核心概念，"师生关系"被视为"合作成长共同体"的关系。相较于以往的教育教学方式,"合作对话"式教学更强调共同的愿景和目标、相互的尊重、平等参与决策、共享责任以及合作共同体成员的"互惠互利"。这种教学方式可以有效地激发学生对"平均分"的兴趣,并让他们在实践中深入理解这个概念。

通过改变教学策略,将问题抛给学生,让他们独立思考、小组讨论怎样分才能平均分给 4 个人,他们就会通过合作尝试各种分配方案,在质疑中不断调整"每次分几个"的方案。他们自己得出结论的过程让他们真正体验到学习的成就感,感受到合作的乐趣,从而提高对数学的学习兴趣和积极性。此外,他们还学会了如何在实际问题中运用"平均分"。通过一系列的情境设置,学生不仅学会了如何运用"平均分"的概念解决问题,还培养了他们的数学应用意识和实践能力。

当然,凡事有利有弊,这场教学也有一些不足之处。在小组讨论时,有些学生的注意力不够集中;有些学生没有认真听取其他同学的意见,导致意见不统一;有些学生没有认真思考自己的想法,只是盲目跟从其他同学的想法。这对我来说是加强自身职业素质和能力的机会,我将吸取教训并进行以下三点改进。

一是加强巡视和指导:老师需要更加频繁地巡视各小组的讨论情况,注意观察学生的参与度和表现,并及时给予指导和帮助,引导全体学生都参与到对话活动中来。

二是强调合作交流:在小组讨论前,老师可以明确每个人的任务和角色,让每个学生都明确自己的责任,加强生生之间的对话,从而更好地参与到小组讨论中来。

三是鼓励独立思考:老师可以鼓励每个学生发表自己的想法和意见,培养大胆质疑的习惯,并认真听取其他同学的意见,从而更好地理解和掌握数学知识。

在"合作对话"式教学的探索与实践中,我见证了学生的成长与收获。通过共同的努力和交流,学生不仅在数学技能上取得了显著的进步,更重要的是,他们学会了倾听、理解与尊重他人的观点,培养了合作精神和批判性思维。"合作对话"式教学不仅是一种教学方法,更是一种生活态度。它让我们相信每个人都有自己的价值,通过对话与合作,我们可以共同创造更多的可能性。

在这个瞬息万变的世界里,我们需要培养学生的"合作对话"能力,让他们学会用批判的眼光看待问题,用勇敢的态度面对挑战。让我们携手共进,为未来的教育事业注入更多的智慧与力量!

（作者单位：北京市三里屯一中）

知物由学，担当有为

——"合作对话"教育教学范式下"数学广角
——搭配问题"教学片段评析

崔思熠

知物由学，要想培养出有作为、有担当的青少年，学习是最重要的途径。习近平总书记强调："梦想从学习开始，事业靠本领成就。"而新课标提出：要培养有理想、有本领、有担当的新时代接班人，作为教育者要变革育人方式，突出学科思想方法和探究方式的学习，加强知行合一、学思结合，倡导"做中学""用中学"，积极探索新技术背景下学习环境与方式的变革。

在"合作对话"课堂教学中，教师变革了传统的师生关系和教学方式，注重创设平等、尊重、合作、对话的氛围，利用"合作对话"教学方法论和受教育者的生长方法论，每节课从教师的扰启开始，经历发现、质疑、实践等过程，让教师与学生、学生与学生在合作的基础上形成"成长共同体"，采取"对话"的方式，就某个、某类问题进行探讨。对话中师生双方的精神彼此敞开和接纳，是一种真正意义上的平等沟通，同时也是师生交往、生生交往、积极互动、共同发展的过程，在对话中实现民主与平等、沟通与合作、创造与生成，从而让"双减"真正落地，助力个体成长，培养真正的新时代青少年。自课题开展以来，我一直在探寻适合学生的"合作对话"教学途径，以使每一位学生都能在有效的"对话"中得到发展。

"数学广角——搭配问题"是人教版数学三年级下册的内容，上课时，我依托生活中的"规律"，在学生与教师、学生与学习资料对话的过程中，通过投影演示、动手操作等环节，让学生能够在内省和质疑中有序思考、不断建构，从而形成"合作成长共同体"。

教学片段及评析

下面我借助"数学广角——搭配问题"一课中的两个片段介绍一下我是如何

在日常教学中应用"合作对话"教育教学范式的。

片段一：扰启唤醒

师：今天我来上课前心里非常高兴，因为想着要见到同学们，应该要穿得漂亮些。老师的家里有这么多的外套与裤子，请你们帮我选择一下，我该怎么搭配才好看呢？

（接着，投影出示了三件不同的外套与三条不同的裤子）

（学生颇感兴趣，一个劲地猜老师可能会怎么穿）

师：你们认为老师可以有多少种穿法？

生1：我猜是6种，因为三件外套和三条裤子加起来是6种。

生2：我不同意，我猜是9种。

生3：我猜……

评析："合作对话"强调师生应该是一个"合作成长共同体"，在这个"合作成长共同体"中，双方进行的不仅仅是知识与技能的互动与交流，更是一种平等意义上的互动与交流。同时，导入环节也承担着扰启唤醒的功能，聊天式的新课导入，从学生熟悉的衣服搭配入手，把抽象的数学知识还原成具体的生活实际问题，为学生营造了和谐融洽的对话氛围，激发了学生的学习兴趣。

片段二：内省实践

师：好，相信同学们心里已经有了想法，我们不妨自己写一写、画一画，小组讨论一下，都有怎样的搭配方法？

（小组讨论交流，教师巡视指导）

师：哪位同学上台来演示一下？

生1：我是这样想的，我先把6件衣服画下来，然后两两连线，一条线就是一种方法，一共有7种。

生2：我不同意你的想法，你这两件衣服连了两次，而且还有没连的。

生1：你说得有道理，我确实做错了，连线的时候要不重不漏才行。

师：感谢两位同学让我们了解到了出错的原因，看来要想知道一共有多少种搭配方法，连线的时候就要既不重复也不遗漏，那怎样才能做到呢？

生3：（出示连线图）我认为要有序思考，先选外套，一件外套可以分别与三条不同的裤子搭配，就有3种不同的穿法，另一件外套也可以分别与三条不同的裤子搭配，也有3种不同的穿法，这样，三个外套就有3个3种不同的穿法，一共有9种不同的穿法。

生4：我同意你的想法，但是我是先选裤子，一条裤子分别与三件外套搭配，有 3 种不同的穿法，三条裤子就有 3 个 3 种不同的穿法，也就是 9 种不同的穿法。

师：大家的想法不同，但都做到了有序思考，按照一定的顺序，从一类中选定一件衣服分别与另一类中的所有衣服进行搭配，就可以找全所有穿法。

评析：针对外套与裤子的搭配规律，教师通过提出活动要求，为学生提供充分的时间和空间，让学生研究方法，验证结果。学生在画图等操作活动中，主动调用原有认知，不断建构；在与同学交流、与教师交流、与工具交流等过程中，不断地经历内省、质疑的过程，从而找到了规律。

数学课程标准强调要鼓励学生独立思考，自主探索，要为学生提供积极思考与合作交流的空间。学生出现意见分歧时，教师并没有直接介入，而是让学生说明自己的见解，指出双方想法的不同之处，这样不仅增强了学生的逻辑思维能力与口头表达能力，还增强了师生间、生生间的信息传递，加深了学生对知识的理解。

在对话活动结束的时候，教师还及时进行评价，对出现问题的学生进行适当的安慰与鼓励，不挫伤每一位学生的自尊心，并积极关注学生在学习中的情感与态度，使学生始终在平等和谐的氛围中进行学习活动，课堂时刻体现了尊重、民主的理想教育文化内涵。学生在"对话"中对概念有了更正确的认识、更深层的理解；在相互对话的过程中极易萌发灵感，激活思维的火花，培养类比、推理及概括的能力，感知、发现、把握隐含其中的各种数学关系，提高了课堂效率，做到了"减负提质"。

案例反思

要实现"合作成长共同体"，在设计对话活动时，教师要做到以下几个方面。

1. 注重情境创设

在此课的学习中，教师根据教材情境，从学生生活中的问题入手，如买东西的搭配、外套和裤子的搭配等，让学生感到亲切，产生兴趣。将日常生活与数学学习有机结合起来，让学生熟悉的事物进入课堂，提高了学生对话的积极性。整堂课依据"扰启—唤醒—内省—实践"的模式，在一个个生动的情境中，不断向学生提供贴近生活且富有挑战性的学习内容，培养了学生在对话活动中内省并实践解决问题的能力，真切地感受到数学与日常生活之间的联系，进一步激发了学生解决问题的欲望。

2. 注重活动设置

在"联系生活找规律"这一环节，学生在与同学合作完成外套与裤子的搭配中应用知识，不同的搭配方法、不同的画图方式都为学生的对话活动提供了更直观、更生动的资源，这样的活动设计便于在讨论中引导学生深度内省，使课堂教学内容真正为学生的学习服务，增强了学生应用知识的能力。同时，在小组讨论活动中，也能够兼顾不同能力水平的学生，从而提高教学的效率。

3. 注重师生交流

在"合作对话"课堂教学中，要有意识地建构"师生＋时空"新型育人共同体。在对话活动中，教师能够以尊重、平等的心态与言行对待学生，遵从学生的认知发展与生活经验，同时，学生也能以尊重和平等的心态与言行对待老师、同学。在学习中，教师着力调动学生的学习积极性，让全体同学都主动参与到学习中，给予学生上台操作演示的机会，演示后引导学生之间讨论交流，学生在与同伴和资源的对话中，从一个个例子中发现、质疑并总结规律。在搭配问题中，教师并没有完整地总结公式之类的规律，而是引导学生在内省中体会思考问题的方式方法，从"无序"走向"有序"，调动多种资源、借助多种方法，激发学生数学学习的参与热情，促进学生创造性思维的发展，真正助力个体成长。

新时代青少年是创造中国故事的鲜活力量，作为教育工作者，时代呼唤我们要培养有新作为、新担当的下一代，我们有责任认真研究青少年的发展需要和成长规律。"合作对话"教育教学范式恰好为青少年提供了适合的土壤，以"合作对话"设计指导教学的活动，不断内省，充分构建"合作成长共同体"，推动青少年的高质量发展。

（作者单位：北京市星河实验学校国美分校）

"合作对话"式作业，促减负真正落地

邵思璇

如果说"教学"从某种角度上着重体现了教师"教"的科学和艺术，那么"作业"则充分体现了学生"学"的需求，尤其是学生个性化的需求。作业作为课堂教学的延伸，是课堂教学的巩固与深化，是形成和塑造学生学习动机、兴趣、情感、意志、性格等非认知因素的重要渠道，是实施个体生长方法论的重要载体。

王世元老师曾提到：教育不是育分，而是"育人"，教育的最终目的是要培养出具有"尊重、民主、责任、科学"核心素养的"最佳公民"。理想教育文化也更加关注社会主义核心价值观、学生发展核心素养以及减负这三个方面的真正落地。这就要求教师在实际的教学中要加强对课后作业的重视，从减负增效的目标出发，基于单元整体教学设计理念，围绕单元产出的大任务，对作业进行合理设计。

"合作对话"教学范式下作业的三种基本类型

"合作对话"教学范式下的作业有三种：一是工具性作业，着眼于理解与记忆。二是方法性、技术性作业，着眼于知识理解与运用。三是内省与建构性作业，着眼于阅读、梳理与拓展。依据校情、学情，我们也在进一步落实"合作对话"教学范式下的作业布置（见图1），加大动手实践、单元整体作业的设计，促进"双减"落地。

图1

"合作对话"教学范式下作业的设计与实施

在理想教育文化课题的不断推进下，笔者也在研究"合作对话"教学范式引领下的英语学科单元整体作业的设计，这样的研究在"双减"的背景下更有现实意义。基于单元主题意义整体架构，以单元为基本单位设计作业，在提升作业设计整体质量的同时，进一步培养了教师对学科课程的整体把握和系统设计能力，从而更好地发挥作业对学生的发展作用。

单元整体作业既是课时作业的累加，同时它也应是体现单元整体要求的综合性作业，因此，不同课时之间的作业要体现一定的相关性、逻辑性和递进性，并最终指向单元产出大任务的达成。作业设计基于单元教学目标，兼顾个体差异，每课时作业都分为复习巩固类、拓展延伸类、综合实践类，分别对应"合作对话"教学范式下的作业的三种基本类型。通过创设真实的学习情境，建立课堂所学与学生生活的关联，引导学生在完成作业的过程中，提升语言和思维能力。作业评价根据需要采取教师评价、生生互评和学生自评的方式，教师通过作业评价及时了解学生对所学知识的理解程度和语言能力的发展。通过这种方式，让教育真正发生，让学生成为学习的主体，最终促进学生发展。

以北京版小学英语四年级下 Unit3 "Can you tell me the way?" 的单元整体作业设计为例（见图2）。

	第一课时	第二课时	第三课时	第四课时	第五课时
作业内容	复习巩固类：★★ 熟读课文，尝试转述。 拓展延伸类：★★ 绘制学校教学楼层图，介绍班级所在位置。 综合实践类：★★★ 绘制Welcome To My School手账图，给朋友介绍你的学校。	复习巩固类：★★ 熟读课文，尝试转述。 拓展延伸类：★★ 介绍学校在社区的位置，绘制社区地图。 综合实践类：★★★ 绘制Welcome To My Community手账图，给朋友介绍你的社区。	复习巩固类：★★ 熟读课文，尝试转述。 拓展延伸类：★★ 写邀请函，邀请朋友来家做客，写明路线。 综合实践类：★★★ 绘制Welcome To Chaoyang手账图。	复习巩固类：★★ 梳理单元导图。 拓展延伸类：★★★ 根据配图短文内容创编对话并表演。 综合实践类：★★★ 绘制Welcome To Beijing手账图。	复习巩固类：★★ 有感情地朗读绘本故事。 拓展延伸类：★★★ 选择绘本中喜欢的片段表演或复述或续写。 综合实践类：★★★ 绘制Welcome To China手账图。
作业目标	1.能够正确、流利地朗读课文，借助导图、关键词、肢体动作等转述课文。 2.巩固单词及各学科名称的英文表达，能够正确地介绍班级所在教学楼的位置。 3.能够绘制学校手账图，给朋友介绍你的学校。	1.能够正确、流利地朗读课文，借助导图、关键词、肢体动作等转述课文。 2.运用所学语言，联系生活实际，介绍学校在社区的位置。 3.绘制社区手账图，培养学生的创新意识。	1.能够正确、流利地朗读课文，借助导图、关键词、肢体动作等转述课文。 2.运用所学语言，联系生活实际，介绍自己家的位置，邀请朋友来家做客。 3.绘制朝阳区手账图，介绍朝阳区所在位置。	1.能够梳理本单元知识导图，扫码借问路方式及指路问路微词汇，用词准确。 2.通过配图短文学习，运用本单元目标语言创编对对话。 3.绘制北京手账图，介绍各区地标所在位置，提升学生的创新思维。	1.能够正确、流利、有感情地模仿语音语调朗读绘本，扩充学生的阅读储备，借助图片、关键词、肢体语言表演喜欢的故事片段或复述，培养创新思维。
作业评价方式	1.教师评价：**课文朗读与转述：** 5分正确、流利、文明有礼貌、有肢体动作。 3分比较正确、比较流利、文明有礼貌。 2分比较正确、比较流利、文明有礼貌。 2.生生互评：**我的学校手账图：** 优秀作品展示：班级内2分、楼内3分、校内5分。	1.教师评价：**课文朗读与转述：** 5分正确、流利、文明有礼貌、有肢体动作。 3分比较正确、比较流利、文明有礼貌。 2分比较正确、比较流利、文明有礼貌。 2.生生互评：**我的社区手账图：** 优秀作品展示：班级内2分、楼内3分、校内5分。	1.教师评价：**课文朗读与转述：** 5分正确、流利、文明有礼貌、有肢体动作。 3分比较正确、比较流利、文明有礼貌。 2分比较正确、比较流利、文明有礼貌。 2.生生互评：**朝阳区手账图：** 优秀作品展示：班级内2分、楼内3分、校内5分。	1.教师评价：**单元导图：** 5分主题清晰、结构合理、内容丰富、字迹工整。 3分主题清晰、结构合理、内容比较丰富、字迹工整。 2分主题清晰、结构比较合理、内容比较丰富、字迹工整。 2.生生互评：**北京手账图：** 优秀作品展示：班级内2分、楼内3分、校内5分。	1.教师评价：**故事朗读与转述：** 5分正确、流利、有感情、有肢体动作。 3分比较正确、流利、有感情。 2分比较正确、流利。 2.生生互评：**续写故事：** 5分有逻辑性、完整、结局有新意。3分主题清晰、完整。2分比较有逻辑性、比较完整。 **中国手账图：** 优秀作品展示：班级内2分、楼内3分、校内5分。

图2

1. 工具性作业

生长主体的独特性是不可或缺的，在"合作对话"教学作业中，工具性作业（对应复习巩固类作业）着眼于理解与记忆，这类作业也是不可少的，但在布置时教师往往会忽略学生的差异性，忽略学生的核心地位。而"合作对话"式的教育，主要"参与者"是教育生长者——学生，更要关注教育生长者通过"合作对话"的方式，在已知内容的基础上，实现新知识的建构。对此，如果教育生长者不能将学习资料和自身建构成"成长共同体"，实现自身与学习资料的深度对话，就很难实现新知识的建构，即难以实现教育的生长。因此，在"合作对话"教育教学范式的引领下，作业的布置应尊重学生的个性，既要关注后进生和中等生，又要关注优秀生，要根据不同能力的学生布置不同的作业，增加作业的层次性。在单元整体作业设计中，复习巩固类作业的设计着重偏向于后进生和中等生，同时在作业评价中分别赋分2分、3分、5分（见图2作业评价方式）。在与学习资料的对话中，每位学生都在实践中获得了学习经验，都体验到了成功的喜悦，从而使学生的学习积极性得到保护，个性得到张扬，不同程度学生的英语能力得到展示。

2. 方法性、技术性作业

方法性、技术性作业着眼于知识理解与运用，在单元整体作业设计中对应拓展延伸类作业。示例中的拓展延伸类作业（见图2作业内容）以绘制地图、介绍位置、写邀请函、表演对话等方式为主，运用多种多样的方式，设计一些与学生生活有关的实践型作业，为学生提供了丰富的对话资源，引导学生动手、动脑、自主探究英语知识，解决生活中的实际问题，在过程中引发深度内省，增强了应用知识的能力，从而使所学的知识得到拓展和延伸。

3. 内省与建构性作业

内省与建构性作业着眼于阅读、梳理与拓展，对应到英语单元整体作业中，就是综合实践类作业。示例中的综合实践类作业（见图2作业内容）根据课时内容层层递进，第一课时绘制 Welcome to My School 手账图，第二课时绘制 Welcome to My Community 手账图，第三课时绘制 Welcome to Chaoyang 手账图，第四课时绘制 Welcome to Beijing 手账图，第五课时绘制 Welcome to China 手账图，形成本单元的单元大作业，最后充分运用作品进行语言交流。作业内容体现了一定的相关性、逻辑性和递进性，学生在完成作业的过程中，根据已有知识结构不断建构，在内省中思考知识间的联系，最终达成"育人"的理想教育最终目标。通过加强单元课时作业之间的关联性，注重作业的实践性，结合学校"幸福宝贝"的评价体系（见图3），来提高学生完成作业的积极性，提升作业的效能。这既避免了机械性、重复性的作业，又充分利用课后作业提升了学生的综合语言运用能力，激发学生动手研究的兴趣。

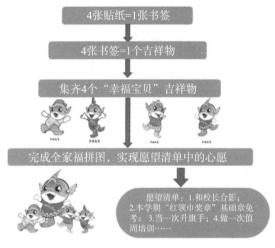

图 3

学生通过实践获得了直接经验，加深了对间接经验的认识，验证了本单元、本节课学科知识、原理、规律在实践中的应用，促进了思维的发展。这样的作业很受学生的喜爱，同时他们也获得了更宽阔和自由的学习空间。学生在与同学和学习资料的对话活动中深入思考、大胆质疑、不断创新，思维得到了锻炼，自信心得到了提升，综合语言运用能力得到了发展，通过"合作对话"式作业真正促进了个体发展。

做作业的过程，本身也是全面育人的过程。正如杜威所认为的，作业不仅仅是为了获得知识本身，否则就会沦为技术性的作业。应该让学生在做作业的过程中锻炼"思维"、发展"智慧"，让学生能够解决日常生活中的问题，同时培养情感和道德。在如今"双减"大环境之下的作业，不必全是书面作业，而要有意义、引起学生的兴趣，能够让他们品尝到成功的喜悦，不把作业当作负担，而是看作责任和义务。在设计作业时，要有意识地减去不必要的、机械重复的学业负担，增加个性、创造、动手实践、跨学科的作业设计，为学生成为真正的生长主体提供环境，促进减负的真正落地。

（作者单位：北京市朝阳区实验小学福源分校）

立足学生生活　拓展对话途径
体悟家国情怀

——"专题复习课：歌声中的中国近现代史"案例

杭天菊

　　上学期举行的"活力杯"课堂展示的主题为专题课与复习课，是我一直以来的痛点，复习课如何才能不是千篇一律的上课程序，如何才能有趣的同时有所得，如何才能不依靠单纯做题而落实核心素养？

　　在"合作对话"课堂教育方向性问题的引导下，我明确了自己的备课方向，找到了需要落实的核心素养目标并创设了符合学生生活实际的情境。在从备课到实践的过程中，我通过拓展对话渠道，激发学生兴趣，提升学生内部驱动力，最终实现了师生的共同成长。

前期筹备：从蓬山无路到迷踪失路，再到柳暗花明

　　蓬山无路阶段：八年级的历史期末考试考查的内容包括了从 1840 年到 2022 年的内容，跨度较大，内容较多，考试时，第一学期的知识占比超过百分之七十，第二学期的知识占比接近百分之三十。在上这节课前，我和学生们已经复习了很久了，所以我在设计这节课时，希望这节课既是复习，又是综合；既是专题，又是检测。

　　于是我阅读了课标，阅读了理想教育文化建构的相关内容。八年级的大概念是争取民族独立、人民解放的历程及社会主义现代化建设，从艰辛的历史中，学生能够更加直观地感受到中国的涅槃重生与中国人民的艰苦奋斗，这也指向了家国情怀的核心素养及《理想教育文化建构："合作对话"教育教学范式的理论与实践》（王世元）一书中所探讨的教育的方向性问题，即学校教育始终把育人放在首位，培养学生的爱国品质是历史学科所承担的使命。所谓"诗言志"，我在

设计这节课前，在自己的教案上写下了"课言志"三个字，我希望在上完这节课后，学生们可以常怀学习之志，满怀报国之志。

确立了"家国情怀"这一核心素养目标后，我就思考，如何能够造"一叶扁舟"到达"蓬莱仙境"。当时正值我校的红五月合唱比赛，我看到学生们日日思、夜夜想，每天都投身到比赛的选歌、排练中去，我觉得歌曲就是和同学们沟通的"一叶扁舟"。

路仿佛越来越清晰，我开始了大量的资料搜集和整理工作。我去知网上阅读了不下二十篇涉及历史教学和红色经典歌曲的学术期刊和学位论文，最终一篇名为《红色资源在初中历史教学中的运用与研究》的文章给了我大量的理论支持。但在现代史部分，音乐资源却提及不多，最后，是《歌声飘过三十年》——一档用音乐记录改革开放三十年变化的经典电视节目，从它的主持词到选曲到歌曲背后的故事，给了我很多素材及想法。

于是，我每天下班回家到睡觉前都在听那一首首革命歌曲，从中感受到了令人振奋的力量。我这时好像感悟到了王世元老师在书中所写的"生命总需要教育，更需要适合的教育""教师的生长，不仅要实现职业专业素养的提升，而且要依据学生生长的需求加快拓宽知识领域"。

同时，我也感到了迷茫，歌词、歌曲风格、歌手、历史分期、主题、背后的故事，太多可以探讨，太多可以研究，如何选择？

"合作对话"的第一显著特征是，学生处于核心地位。

那么学生需要什么？需要考试，需要答题，需要学校生活。我基于这几方面的考量，做了近三年的涉及歌曲的中国近现代史的所有题目，希望能够设计一个贴近学生生活实际的情境。于是就有了大情景：请同学们帮助老师一同设计明年的红五月合唱比赛，主题是：唱响红色经典·赓续红色血脉。

课堂实践：　从大浪淘沙到聚沙成塔，再到披沙拣金

课前，同学们将桌椅布置成了"小组合作式"的教学空间设计形式。从课堂实践来看，这种空间设计形式给同学们带来了新鲜感，也让同学们更有效率与激情。

大浪淘沙：从给出的 5 首歌曲中挑出必选曲目。其中，不符合主题的曲目应为《东方一片海》及《喀秋莎》。这里指向的核心素养为时空观念，《东方一片海》是电影《北洋水师》的片尾曲，时间不符；而《喀秋莎》是苏联反战歌曲，空间不符。

但在上课期间，两个班的同学都将《喀秋莎》算作红色歌曲，而且态度十分坚决。他们给出了具体的理由，同时他们也能明白我所表述的不选《喀秋莎》的理由。我在前期查阅大量论文时，发现"红色经典歌曲"的概念也有广义及狭义之分，基于此，我没有争辩，而是更加注意自由、平等的对话。

聚沙成塔：组建音乐史诗。这一环节指向的核心素养依然是时空观念。学生通过将顺序杂乱的歌曲按照时间排序，更能明确历史分期与标志性历史事件。

根据学情的不同，我设计了两版音乐史诗（easy 版和 hard 版），且如果学生能够快速组成音乐史诗，可以完成后面的追加问题。

学生知识能力的不同是教育差异性的体现。王世元老师的书将这种差异用"生命灵性"来表述，同时关注到了差异性累积产生后，教育群里产生离散效应，为了得到有效的改善，应在设计教学活动时让生命灵性有差别的学生都能发挥所长。

披沙拣金：在 8 首歌中寻找两首主题相同的歌曲，并写出对应的主题。

这一部分的歌曲涉及现代史中的知识，主题为民族团结、祖国统一、改革开放。这一部分相对开放，在上一个环节的紧张和困难后有了缓解，更有利于学生探索红色歌曲为何能够经久不衰，成为经典。

纵观整节课，大浪淘沙是学生和歌名对话，聚沙成塔是学生和截取的歌词对话，这一环节因为较难，后面也加入了生生对话。原本在设计本课时，我还想让学生询问在座的听课教师，完成师生对话，并想通过我在 B 站的收藏夹，实现学生和歌曲直接对话。但因为时间有限，后两种对话形式没有实现。本课因为歌曲较多，还专门设计了两本这节课涉及的歌曲的歌词词典，供学生在不清楚歌曲主题时查阅。

实践反思：从全神贯注到细水长流到共同成长

在扰启阶段，我原本的设计是：结合标题，说一说你知道有哪些歌曲和中国近现代史的史实相关？但在课前，我听到了一首 3 分 59 秒的 remix 版钢琴曲，混合了 48 首经典红歌。我欣喜若狂，临时决定将它作为我的课堂扰启材料。事实证明，这是失败的，这首歌用了低音部钢琴、高音部铁琴以及复调，结构复杂，涉及的曲子有的不算脍炙人口，且学生年龄较小，并没有太多相关歌曲经验。这里失败的原因就是我没有考虑到学情，一厢情愿，一意孤行。

除此以外，个别歌曲的分期比较模糊，一些歌曲是后来改为现在的名字的，涉及的历史情况比较复杂，我在选曲前应多思考，多查阅资料。

　　我还记得这节课下课时，张子璐同学带着一些扭捏、一些肯定，跟我说了一句："杭老师，这节课特别好。"这是对我那段时间辛勤准备的最好肯定。

　　那时，我不只体会到了自己在查资料时的知识成长，更体会到了我作为一个老师被肯定之后的精神成长。这也让我立志，不断去学习和钻研专业知识，不断拓展自己的学科素养。

　　立足学生生活，抓住学生的心；拓展对话途径，握住课堂的脉；体悟家国情怀，守护中国的魂。

（作者单位：北京市三里屯一中）

走进悠悠古巷　品味胡同文化

朱婉桐

　　"合作对话"式教育把学生放在中心地位，更关注学生人格的塑造，既实现了知识的积累，也更好地契合了学生未来生活素养的培养，建构现代教育师生"成长共同体"，帮助学生认识到胡同不仅是京城历史文化发展演变的重要舞台，更是承载了历史的变迁，蕴含着浓郁的文化气息，激发学生对历史文化的热爱，树立文化自豪感。

▶案例背景 🖊

　　在漫长的历史长河中，胡同作为北京城市的历史遗迹，见证了北京的兴衰、政治变迁、社会文化的演变。它们是北京历史的重要组成部分，也是人们了解和体验北京独特魅力的重要窗口。经历元明清三代，北京胡同中保存了许多有着潜在价值的历史古建筑。但班级大部分学生对"胡同文化"不感兴趣，觉得枯燥无味，认为此文化"与我无关"。这对我们来说是一个考验，我们到底该给孩子呈现出怎样的胡同文化？悠悠古巷对于孩子来讲，能让他们感受到怎样的历史魅力？这是我需要运用"合作对话"教育范式去解决的问题。

▶解决问题的过程描述 🖊

　　活动一：创设文化情境，建构对北京胡同的整体感知。

　　北京的胡同和北京历史密不可分。南锣鼓巷、烟袋斜街、帽儿胡同、国子监街、琉璃厂、金鱼胡同、东交民巷、西交民巷、菊儿胡同……它们记下了北京历史的变迁、时代的风貌，蕴含着浓郁的地方文化生活气息，是天然的北京民俗风情展览馆，烙下了北京市民的各种社会生活印记。

　　同学们通过查找资料、实地考察、与家长交流等方式发现隐藏在胡同中的秘密，利用思维导图、图画等形式把他们的发现表达出来与大家分享。

1. 了解胡同的由来、寻找北京著名的胡同。

2. 查看关于北京胡同的图片，感受胡同浓浓的北京风情，领略老北京特有的韵味。例如，我国唯一完整保存着元代胡同院落肌理的传统居民区的南锣鼓巷，富有历史气息小店小摊的烟袋斜街……

学生展示搜集到的图片并简略说明，同学之间相互补充。

3. 听北京城里的"胡同歌"，在悠悠歌声里走进北京胡同，领略胡同深处传唱的北京民风。例如："不唱那辉煌的故宫，也不唱那雄伟的长城，单唱这北京城里的小胡同啊，有名的胡同三千六，无名的胡同数不清，横胡同竖胡同，半截胡同斜胡同，就像那棋盘布在北京啊，砖塔胡同年代最久，交民巷它最长可分西东，七拐八拐是九道弯哪，钱市胡同两个人相遇，您呐，要侧身行……"

学生展示的图片配上悠扬的歌谣，运用音画效果设置情境，让学生走进北京胡同。

4. 制订"胡同游"计划。

教师指导学生分组，发放学习资料。

学生成果展示：

寻访老舍的足迹

一、目标

感受胡同文化，寻访老舍故居。

二、实施步骤

1. 了解老舍基本信息及生平。

2. 阅读老舍著作，了解身边的胡同。

3. 寻访老舍在北京的出生地"小杨家胡同"和故居所在"丰盛胡同"。

4. 寻访过程中观察胡同，了解胡同生活，感受胡同文化。

三、准备工作

1. 阅读《四世同堂》。

2. 摘录书中与胡同相关的信息。

3. 查询地图，规划路线。

4. 选择合适的交通工具：公交、地铁、步行相结合。

5. 品尝胡同美食。

6. 物品准备：纸笔、相机。

设计意图：新鲜而真实的体验式学习场景，有助于建构学生对北京胡同的整体认知，扰启学生思维，激发学生的学习热情。学生通过参与、体验、应用学过的知识与技能完成预设的学习任务，从活动中获得丰富的实践经验，形成关于社会与自我之间内在联系的整体认识。同时，教师改变其传统教育观和知识观，作为成长共同体，不断依据学生成长需求加快拓宽知识领域，实现与学生同频共振。

活动二：走进胡同，绘制地图，用心感受。

1. 用脚丈量胡同。

乍一看，北京的胡同里都是一座座旧宅院，老人们三五成群地坐在四合院门口，晒着和煦的阳光，说着昨天的故事和家长里短。灰墙窄巷，似乎一个模样，其实不然。只要你下点功夫，深入胡同，和那里的老住户聊上一阵子，就会发现，每条胡同都有自己的故事。

学生以小组为单位行走胡同——炒豆胡同的僧王府，帽儿胡同的清代大学士私家园林、清代皇后婉容的婚前住所，雨儿胡同的齐白石旧居纪念馆，砖塔胡同的万松老人塔……

2. 量一量。

同学们为了得到更准确的调研数据准备了小帮手：量尺，来测量胡同的实际宽度。比如，砖塔胡同是旧貌保持最完好的胡同之一，也是北京最古老的胡同之一，经孩子们测量，最窄处两米九，勉强通过一辆汽车。

3. 画一画。

同学们或画出心目中的胡同，或设计未来的胡同，古老的建筑在同学们的笔下焕发出别样的神采。

设计意图：通过微项目式学习方式，利用任务扰启学生，让学生独立完成任务，培养学生的实践动手能力。在合作中突出运用知识、技术、智慧解决问题，具有实践性。通过创设情境，引起学生探究的欲望。在小组合作的基础上，围绕促进学生成长的目标，充分发挥学生主观能动性，借助时间、空间、任务、材料等一切手段促进学生的成长。

活动三：访胡同，了解胡同居民生活。

从一个个大大小小的胡同院落中，我们可以了解北京市民的生活，包括他们的生活方式、生活情趣和邻里关系等。

1. 品尝胡同里的味道。

北京胡同的韵味儿除了门墩儿、影壁、砖雕、树影、鸽哨，还有藏在深巷里的美食味道。是曲径通幽的难觅，是怀旧复古的情调，更是一种亲切、家常的味道。老北京人的一天，从一顿丰盛的早饭开始：炒肝、豆汁、焦圈、糖火烧等。同学们在游览胡同后，还亲自制作了老北京美食——酸梅汤。品尝着用天然原料酿制出的酸梅汤，不仅体验到了劳动收获的喜悦，还体会到了中华的传统文化。

2.体验胡同里的童年。

行走在胡同里经常能听到欢声笑语，那是童年最快乐的时光，踢毽子、滚铁环、拍洋画、跳房子等丰富的游戏充实着孩子们的童年。夕阳西下的黄昏，孩子们在胡同里玩着追逐游戏，笑声溢满了整个胡同。学生们亲身体验了长辈儿时的游戏——翻花绳，留下了美好的回忆。

设计意图：突出学生的主体位置，时空限制相对宽松，激发学生对胡同文化的兴趣。通过生生互动，加深学生对胡同文化的感知。在此过程中，学生双方建立合作意愿，实现了平等、相互尊重、民主的对话。教师作为"成长共同体"的建构者，承担着唤醒教师与学生、学生与学生、学生与学习资料、学生与自身发生"对话"的责任。

活动四：忆胡同，整理和反刍关于胡同的学习经验。

学生以组为单位进行分享，进行自评、他评等多元化评价。教师指导学生分享，记录学生表现，并给予过程性评价。

设计意图：通过分享活动，整理从本次活动学习到的经验，形成系统化的知识体系。同时，引导学生在分享的过程中领悟分享的意义，即分享的本质就是合作，从而让学生树立主动分享、主动沟通、主动合作的意识。学生在"主动"的过程中，不仅增强了自己的目标规划能力、语言表达能力，还培养了勇敢、自信的品格。

▶ 案例分析 🖊

蜿蜒幽深的小道，美丽舒适的民居，香气扑鼻的美食，孩童的嬉笑声在角落里响起，惊飞了停歇在屋檐上的白鸽，这些都是属于北京这座古老城市的美好回忆。走进一条又一条的胡同，就仿佛走进了时光的深处，在这场特殊的探索中，孩子们感受到了民俗的魅力，感受到了历史的深邃，更感受到了抚慰着人们生活的烟火气。

通过本次社会实践活动，学生对于胡同的历史和价值有了更深的认识，从而为今后在学习生活中将文化内化于心、外化于行奠定了基础，深度内省，感受语文最终要回归生活，生活处处都有"美"的身影。从课后反馈来看，学生普遍认为课程效果好，取得了理想的教学成果。这是一次有文化、有合作、有对话、有价值的教学活动，达到了预期目的。

传统文化是中华民族教育的根与魂，在学校教育中传承和弘扬传统文化已经成为大家的共识。让兴趣成为最好的引领，让课堂成为最佳的阵地，让课程成为最强的支撑，有意识地扩展学生历史视野，培养人文情怀，弘扬优秀传统文化，让孩子遇见最好的传统文化。

学习方式新。通过体验式学习、项目式学习等活动的展开，变教为学，学生能够有针对性地运用新的学习方式，来和自身的学习策略对接，达成学习的目的，提升了学习的效果。

学习场景新。通过北京胡同这一学习场景的体验，学生对学习表现出极大的兴趣和热情，产生了强烈的学习内在动机。

课程评价新。通过多元化的学习评价方式，帮助学生整理和建构学习经验，将上述经验内化，达成自我学习、自我教育、自我成长的目的。通过相互评价，学生学会与别人积极交流、友好相处并接受建设性批评意见。

待提高之处：综合实践活动课程作为一种校外教育活动，应持续在组织教学活动方面积极探索新的组织形式，做到适用于每一位学生。

（作者单位：北京市陈经纶中学分校望京实验学校）

在"合作对话"中培养合格公民

——以八年级道德与法治"积极行使权利，助力城市发展"一课为例

温 雯

"积极行使权利，助力城市发展"一课建构以学生为核心的"成长共同体"，课堂上学生通过与教师、其他学生、网络资料、北京市政府以及自身展开"对话"，探讨并解决"为北京地摊发展建言献策"的相关问题。这既增强了师生的公民意识和责任意识，也有利于北京市政府集中民智、聆听民意，关注北京地摊发展问题，最终实现学生与社会的共同成长，培养最佳公民。

▶ **案例背景** 🖊

"公民的基本权利和义务"是八年级道德与法治下册第二单元的学习主题，也是国家根本法——《宪法》的核心内容。在公民权利部分，本单元旨在引导学生了解宪法赋予公民的基本权利（了解权利是什么），理解行使公民基本权利的个人价值与社会意义（理解为什么要行使权利），积极通过恰当的方式及程序行使权利（明确如何行使权利并付诸行动）。通过与《宪法》文本对话，在合作学习中增强学生的责任意识，提升内在修养。

学情调查结果显示，年级90%的学生心怀热忱，希望能通过行使自身权利，积极建言献策，助力北京地摊良好发展运行，这说明绝大多数学生已经具备了行使权利的积极态度。剩下10%的学生通过访谈进一步得知，他们普遍认为自己只是中学生，提建议的质量不高，被采纳的概率很小，因此行使权利的意义不大。另外，只有30%的学生知道该向谁建言献策，如何建言献策。由此可知，对于学生而言，学习重点在于全面认识并正确理解行使权利的意义，难点在于如何将行使权利的积极态度转化为实际行动，实现以公民身份与社会、国家展开"对话"。

▶解决问题的过程描述 🖊

1. 调查研究，发现问题

组织学生调查研究北京地摊的发展历程，通过设置辩论话题"你是否支持北京发展地摊"扰启学生辩证看待北京地摊的发展，阐述其在发展过程中的优势与问题，利用这样的方法提升学生的认知，进而引导学生科学制定北京地摊未来发展目标，准备好为达成目标建言献策。

2. 研讨交流，分析问题

什么是建言献策：为学生提供《宪法》等资料，让学生与资料发生真实对话，扰启学生结合《宪法》相关内容阐述自身能够建言献策的原因，明确宪法赋予并保障公民的建议权，形成"我有权利我可为"的意识。

为什么要建言献策：呈现部分学生观点"我提出的建议质量也没有很高，感觉被采纳的概率也不大，所以还是不行使权利了吧"，引导学生对此观点进行评析，在内省和质疑的过程中多角度归纳行使公民权利的意义，形成"很有意义我要为"的意识。

如何建言献策：组织学生小组合作参与实践，分别站在消费者、经营者及政府的角度为北京地摊发展建言献策，尊重、聆听小组成员及其他小组的发言，撰写北京地摊发展微议案，最终由学生代表将整合好的议案提交至北京市政府网站，形成"我要依法有序为"的意识。

3. 归纳提炼，解决问题

学生自主进行知识建构，归纳提炼建言献策的依据、意义及方法。课后组织学生继续开展拓展实践活动，学生通过小组合作调研社会、国家发展中的其他问题，并创新性地提出建议，撰写、提交微议案，以形成长期持久的责任意识。

▶案例分析 🖊

1. "合作对话"使课堂有温度

本节课，学生互为"志同道合"的公民，因此生生间的"合作对话"氛围积极主动、热情高涨。在评析不想参与建言献策的同学的观点时，学生敢于质疑，全面剖析行使权利的意义，热切希望这部分同学转化想法，携手同行。在撰写微议案时，绝大多数学生踊跃表达自己的观点，同时也认真聆听组内其他成员以及其他小组的发言，甚至还热情地帮助其他小组做补充和提供修改建议。课堂上的所有人都展开尊重、平等的对话，共同为助力城市发展而全力以赴，使课堂汇集温暖与感动。

2. "合作对话"使课堂有高度

本节课，学生除了与同学、老师、网络资料对话，更是以公民身份与北京市政府对话。通过行使宪法赋予公民的建议权，形成"北京地摊发展微议案"成果并提交至北京市政府网站，将公共参与的热情转化为实际行动。这既增强了自身的公民意识和责任意识，也有利于北京市政府集中民智、聆听民意，关注北京地摊发展问题，最终实现个人与社会、国家的共同成长。

3. "合作对话"使课堂有深度

"合作对话"有助于学生提升辩证看待问题、全面思考问题以及创新解决问题的学科思维与能力。学生基于各小组分享的北京地摊发展历程的不同阶段，探索出其发展同时存在优势与问题，促进学生以"发扬优势、改善不足"的辩证思维制定北京地摊未来发展目标。在探究行使建议权的意义时，有学生提出"反正被采纳的概率不大，没必要行使权利"的观点，引发了其他同学的质疑，他们在"合作对话"中从对国家、对社会、对他人、对自己等角度，全面剖析积极行使建议权的意义。在撰写北京地摊发展微议案时，学生在"合作对话"中提出了很多创新性的观点，例如：现代地摊应该多元化设计，除了售卖商品，更要增添文化宣传的价值；政府除了履行监管职能，严格执法，还可以组织评选优秀地摊，给予适当的奖励，激发北京地摊的活力与创新等。

本课侧重于培养学生对于行使权利、承担责任的认知、态度和情感，但议案建议的科学性以及撰写议案的规范性也很重要。本课在此方面缺乏指导与要求，因此后续还需进一步培养学生的科学精神与参与能力。课后再开展建言献策的小组实践活动时，需要指导学生通过问卷、访谈的方式开展社会调研，对结果进行科学分析，最后规范书写微议案并顺利提交。

另外，积极行使公民基本权利应该是长期的行为，而非心血来潮才做的。因此课后也要持续开展教育，多号召学生关注北京市政府网站及其他的国家机关网站，踊跃参与政民互动，积极为社会、国家发展建言献策。

（作者单位：北京市三里屯一中）

教学设计

高中语文 "《离骚》阅读与鉴赏" 课时教学设计

北京市三里屯一中 方婧盈

教学课题	永恒的孤独——《离骚》阅读与鉴赏
指导思想	本课采取"合作对话"式教学，从理想教育文化追求育人价值的角度出发，结合课程标准和学情，运用"扰启、实践、质疑、内省"的教学方法论，建立师生、生生、师生与时空之间的合作关系，培养学生的文本研读鉴赏与表达能力，发展学生核心素养。
教学内容分析	《离骚》是屈原的长篇抒情诗，同时也有自述身世经历的部分。诗人将个人遭遇与国家命运联系起来，抒写人生理想和家国情怀，语言华美且凝练，对于后世的文学创作有着深远的影响。同时，诗歌有比喻繁多、抒情委婉等特点，也在一定程度上增大了阅读理解的难度。 本节课的主题是《离骚》阅读与鉴赏，包含三个次主题： 次主题一：读懂《离骚》的内容； 次主题二：读懂屈原的孤独； 次主题三：读懂屈原的追求。
学情分析	高二年级的学生学习了《屈原列传》，对屈原的生平事迹和人物形象有一定了解，这对理解《离骚》中屈原的情感有所帮助。但是，学生第一次接触楚辞，要了解骚体诗的特征，理解诗歌中"香草美人"意象背后屈原的情感抒发和理想追求，还有较大难度。
教学目标	1. 围绕"穷困"和"好修"两个词，结合全文分析导致诗人"独"的原因； 2. 诵读去掉"独"字前后的诗歌，深入理解屈原的忧愤、对理想与精神操守的执着坚守； 3. 合作探究，梳理古代诗文中"独"字的内涵。
教学重点	以反复出现的"独"字为赏析的切入点，结合具体的诗文内容，把握诗人的情感与精神。
教学难点	对不同时代、不同诗人笔下的"独"字进行阐述与归纳梳理，聚合出"独"在中国人精神世界里的独特意义。
教学方法	"合作对话"式。

教学过程				
时间	环节与主题	对话活动	内省与生成	设计意图
5分钟	对话唤醒	用一个词评价画面中的屈原带给你的感受。	感受屈原不容于黑暗社会与芸芸众生的寂寥与孤独。	扰启唤醒学生对屈原形象的整体感知。
15分钟	次主题一：以"独"为切入点，读懂《离骚》的内容	课文中有两句诗直接写出了屈原的孤"独"（展示）："吾独穷困乎此时也。""余独好修以为常。"问题1：师生对话，从这两句中，找出诗人"独"的直接原因。问题2：小组合作，结合全文，分析诗人"穷困"的原因和表现、"好修"的做法与目的。（1）诗人"穷困"的表现是什么？（2）诗人为什么会"穷困"？（3）面对"穷困"，诗人是怎样的心情？（4）面对"穷困"，诗人的态度是什么？（5）诗人"好修"的表现是什么？（6）"好修"表达了诗人怎样的态度？	穷困的表现："长太息以掩涕兮，哀民生之多艰。"穷困的原因：①直言进谏。②太重修养。③怀王昏聩。④小人嫉妒。⑤时俗谄媚。屈原的心情：①对怀王的埋怨。②对奸佞的痛恨。③对"信而见疑，忠而被谤"的委屈与不满。屈原的态度：①坚持真理，献身理想。②嫉恶如仇，决不同流合污。③刚正不阿，以身殉道。好修的表现：①内美：出身高贵、诞辰吉祥、名字美好。②修能：以各种香草、香木象征诗人美好的品德、高尚的情怀、远大的志向、出色的才干。展现诗人的态度：洁身自好，重视修养，忠贞不渝。	从诗人的情感集中点入手，以问题链的形式引导学生精读文本，实现与文本的初步对话。

	教学过程			
时间	环节与主题	对话活动	内省与生成	设计意图
9分钟	次主题二：读懂屈原的孤独	问题3：如果把"独"字去掉，对于诗歌在句意内容的表达上有没有影响呢？诵读体会"独"字的作用。	1.形成感性的认知体验，"独"字的加入把前面的主体"吾""余"凸显出来。 2.对于屈原来说，"独"是个体困于俗世、穷于污浊的痛苦愤懑，也是坚守初心、不改己志的人生宣言。	指导学生质疑文本，运用多种阅读鉴赏方式，实现与诗人的深层对话。
7分钟	次主题三：读懂屈原的追求	问题4：小组对话，归纳梳理不同诗人笔下"独"字的内涵。	对不同时代、不同诗人笔下的"独"字进行阐述与归纳梳理，聚合出"独"在中国人精神世界里的独特意义。屈原对后代的影响，首先是一种精神气质的影响，他启发后人要珍惜自己的精神，保持生命的高洁。	由一篇扩展多篇，再由多篇回归一篇，打通诗歌鉴赏的脉络。
2分钟	知识建构	让学生从诗歌赏析及价值层面两个角度分享本节课的学习收获。	鉴赏方法： 反复诵读、抓高频字词、删改对比、变与不变、代入语境…… 价值层面： 积极面对自我内心"孤独"的感受，并在此基础上努力追求精神与人格上的完善。这也体现了新时代少年对自我、对家国的担当。	内省，总结诗歌阅读鉴赏的方法与价值层面的收获。

教学过程				
时间	环节与主题	对话活动	内省与生成	设计意图
1分钟	布置作业	从"言""象""意"中选择一个角度，以"孤独与追求"为主题，写一段《离骚》的鉴赏文字，不少于200字。 【写作框架】 诗词鉴赏一般可以分为三个层次： 观赏：从"言"（字、词、句）入手细读，理解"诗家语"。 欣赏：从"象"（人物形象、表现手法、情感逻辑等）入手，把握诗词创作的艺术手法。 研赏：从"意"入手，领悟诗词意境及其文化价值取向。		诗歌鉴赏实践。

"植物体细胞杂交"教学设计

北京市三里屯一中　郑宇

教学课题	植物体细胞杂交
指导思想	理想教育文化可以通过"合作对话"教学实现在课堂中师生、生生、师生与时空之间"合作对话"，为学生铺路搭桥，在扰启、内省、质疑和实践中，实现学生向理想生命个体的成长。 以发展学生生物学核心素养为主旨，让所学知识真正落到实践中，解决实际问题。
教学内容分析	概述植物体细胞杂交是将不同植物体细胞在一定条件下融合成杂合细胞，继而培育成新植物体的技术。 生命观念： 深化结构与功能观、遗传与变异、育种、植物体细胞杂交的基本原理。 科学思维： 能够基于资料进行概括、推理、讨论，阐释植物体细胞杂交在研究中遇到的一些问题。 科学探究： 针对生产需求，对植物体细胞杂交过程及检测步骤进行简单的设计。 社会责任： 能够以造福人类的态度和价值观，感受植物体细胞杂交技术对育种和解决粮食问题等方面的巨大贡献，建立科学技术观。
学情分析	植物体细胞杂交技术涉及的细胞膜的流动性、植物激素调节、细胞全能性和细胞分化等知识，是植物组织培养技术的延伸，学生已经通过必修一和选择性必修三的学习，对相关基础知识有了一定的了解和认知。 学生已有知识储备：植物组织培养技术、细胞壁的成分与功能、酶的特点、细胞膜的流动性、染色体变异、育种方法等；能力基础：具备了较好的阅读材料、获取信息的能力，能够较好地完成资料分析、逻辑推理，进行归纳、概括以及讨论、阐释。 学生的困惑点： 1. 对植物体细胞杂交原理和过程理解不深入； 2. 对必修一、二相关知识遗忘； 3. 对植物体细胞杂交技术在育种方面的具体应用存在认知困难。

续表

教学课题	植物体细胞杂交
教学 目标	1. 通过"番茄－马铃薯"相关资料分析及问题思考，提出设想，说出制备原生质体的方法，说明筛选杂种细胞的方法，说出鉴定杂种植株的方法并解释原因，从而理解植物体细胞杂交各环节的操作方法和原理，理解植物体细胞杂交的概念；（生命观念、科学思维） 2. 通过画流程图、概念辨析、原因阐述等活动，概述植物体细胞杂交技术的流程，评价植物体细胞杂交技术的优劣，说明植物体细胞杂交技术的内涵；（生命观念、科学思维） 3. 以提高马铃薯产量为出发点，以小组讨论的形式，运用植物体细胞杂交技术及多种技术手段，尝试制定抗性杂种马铃薯相关实验流程，并进行相互交流。（科学探究）
教学重难 点	1. 植物体细胞杂交技术的原理、过程； 2. 植物体细胞杂交技术在育种上的应用。
教学 方法	"合作对话"式。

教学过程				
时间	环节与主题	对话活动	内省、质疑与生成	设计意图
2分钟	扰启 唤醒	展示"番茄－马铃薯"相关资料，体现其市场价值很高，是否可以合二为一？ 根据资料，提出培育新设想。	思考番茄与马铃薯是否可以杂交产生下一代？ 可以采用什么方法实现？	唤醒学生的已有知识，明确不可以通过传统杂交育种实现，因为番茄与马铃薯存在生殖隔离。 引出植物细胞融合。
4分钟	次主题一：制备原生质体	【问题1】 ①要想让两个来自不同植物的体细胞融合在一起，遇到的第一个障碍是什么？有没有一种温和去除细胞壁而不损伤细胞的方法呢？ ②根据细胞的成分及酶的专一性，请说出应该用哪些酶对细胞壁进行酶解。	如何用温和的方法去掉细胞壁？	能想到用酶解法温和地去掉植物细胞壁。

续表

教学过程				
时间	环节与主题	对话活动	内省、质疑与生成	设计意图
5分钟	次主题二：原生质体融合方法	【问题2】番茄和马铃薯的原生质体在自然状态下能融合吗？如不能，可以采用什么方法？ 【问题3】无论是物理方法还是化学方法，都是利用了细胞膜的什么特性？	如何诱导两种原生质体融合？可以利用什么原理？	与课本对话，理解存在生殖隔离的两个物种的细胞不能自然融合，只能借助人工，利用细胞膜的流动性来实现。
5分钟	次主题三：筛选杂交融合成功的细胞	【问题4】融合后，培养基中有几种类型的细胞？要得到杂种细胞还要进行什么工作？如何进行？ 资料： 荧光蛋白是一种发光蛋白，能够自身催化形成生色团并在蓝光或紫外光激发下发出不同颜色荧光，能在活细胞内稳定自主表达，没有细胞种类、位置和种属的特异性限制。 【问题5】原生质体融合后，是否是一个完整的植物细胞？为什么？怎么筛选？	思考真正能够实践的技术流程，根据资料得出筛选融合成功细胞的方法。 一个完整的植物细胞应该包含细胞壁。	依据实际需要，解决实际问题，现学现用，能够依据资料想到筛选融合成功细胞的方法，并用语言和文字表述。
8分钟	次主题四：杂种细胞到杂种植株	【问题6】如果成功得到杂种细胞，用什么技术可以得到杂种植株？ 【问题7】杂种植株培育成功后，一定能够表现出相应的性状吗？为什么"番茄－马铃薯"超级杂种植株没有如科学家所想象的那样，地上结番茄、地下长马铃薯？如何鉴定杂种植株？	想到之前学习过的植物组织培养技术，要学以致用。 思考生物体内的基因不是孤立存在的，要相互影响、相互调控。 能够想到个体水平、染色体水平、DNA水平的杂种植株的鉴定方法。	回顾植物细胞工程的基础：植物组织培养技术。 从实例中明确：生物体内基因的表达不是孤立的，它们之间是相互调控、相互影响的。 能够在实践中利用技术手段解决问题。

续表

教学过程				
时间	环节与主题	对话活动	内省、质疑与生成	设计意图
8分钟	构建技术流程并评价	活动1：体会并构建植物体细胞杂交的概念。活动2：概括并画出以上"番茄－马铃薯"培育流程（文字、箭头、图画表示）。	番茄细胞　　　　　马铃薯细胞　共壁　　　　　　　　共壁　原生质体A　　　　　原生质体B　融合成功的原生质体　再生细胞壁　杂种细胞　脱分化　愈伤组织　再分化　杂种植株	能够总结出技术流程，注意到每一步应该注意的事项。
8分钟	课堂检查	例题：花椰菜易受黑腐病菌的危害而患黑腐病，野生黑芥具有黑腐病的抗性基因。利用原生质体融合，以获得抗黑腐病杂种植株。请学生回答问题。	对技术的真正理解，和对前面知识的融汇贯通。	以例题反馈学生对以上技术的理解和应用。
课后	拓展实践	资料：马铃薯在整个生育期会受到多种病害的侵染，科学家发现诸多野生二倍体马铃薯具有多种抗性，有的品种对晚疫病、青枯病或马铃薯块茎蛾病虫害等具有较高的抗性。请你结合以上信息，利用马铃薯四倍体栽培种品系CR4#2（简称：CR4）和Sbs进行抗病新品种培育，培育出既具有栽培特性又能抗软腐病的新品种。	可以应用以上技术流程，能够学以致用。	能够在实践中学以致用，解决实际问题。
教学反思		整体课堂气氛热烈，学生学习氛围浓郁，完成了既定的教学目标。今后的课堂中应该更放手让学生动口动脑，并设计一些高阶思维练习，让学生思维更开阔，能力得到更好提升。		

"全反射"教学设计

北京市三里屯一中 米洋洋

教学课题	全反射
指导思想	理想的教育应该体现尊重、民主、责任、科学的精神,并以此为核心素养培养"最佳公民"。要通过"扰启、内省、质疑、实践"的教学方法论,建立师与生、生与生、师生与时空之间的合作关系,实现时空再造,构建"师生＋时空"的新型育人共同体,培养学生的思维能力、想象能力、操作能力及表达能力,使社会主义核心价值观、发展学生核心素养、减负真正落地。
教学内容分析	本节课教学内容融合了光的反射定律、折射定律以及折射率等知识,既是对新知识的学习,又是对前面知识的巩固和深化,与现代科技和实际生活有着密切的联系,体现了物理与生活相联系的教学理念。
学情分析	学生的知识储备:之前已经学习了有关反射和折射的一些知识,为本节课教学内容的学习奠定了一定的知识基础;学生的心理特点:好奇心强、对实验有浓厚的兴趣,具有一定的观察、分析和归纳能力。
教学目标	1. 理解光密介质、光疏介质的概念及全反射现象; 2. 掌握临界角的概念和全反射条件; 3. 了解全反射的应用,感受知识的科技价值和大自然的神奇魅力。
教学重点	1. 全反射现象和临界角的概念; 2. 全反射现象产生的条件。
教学难点	全反射现象产生的条件。
教学方法	"合作对话"式。

教学过程				
时间	环节与主题	对话活动	内省与生成	设计意图
3分钟	对话唤醒	演示神奇的小魔术：取两个铁球，将其中的一个用燃着的蜡烛将它熏黑。 分别将两个铁球放入水中，再让学生观察。 提问：为什么会出现这样的现象呢？ 	学生通过观察小魔术，思考其中的奥秘。 自然状态下，两个铁球一个是光亮的，一个则是黑色的。 将两个铁球分别放入水中，看到光亮的铁球没有明显变化，被熏黑的铁球又一次变亮了。	让学生观察这样一个带有魔术色彩的小实验，可以很好地吸引学生的注意力，调动学生的积极性，使学生怀着兴趣积极思考，解决物理问题，让学生带着问题进入新课。
7分钟	次主题一：演示实验，观察全反射实验现象	新课教学 演示实验（有创意的实验） 装置改进（自制教具）	通过此仪器可以直接读出角度的大小及光线强度的变化，方便学生观察实验现象。	

续表

教学过程				
时间	环节与主题	对话活动	内省与生成	设计意图
7分钟	次主题一：演示实验，观察全反射实验现象	演示实验：观察全反射现象，定义临界角。 条件：光从玻璃射入空气，让学生观察有哪些光线，入射角、折射角的大小关系。 如果增大入射角会有怎样的变化呢？边操作边让学生观察。 此时折射角已经接近90°，如果继续增大入射角，会有什么现象发生呢？继续演示。 在上面的实验中，入射角小于某个角度时折射光线存在，入射角达到某个角度后折射光线消失，说明存在一个临界状态。	通过演示实验，与学生之间建立时空对话。观察演示实验：有入射光线、反射光线和折射光线，反射光线强度很弱，折射光线很强，折射角 > 入射角，随着入射角增大，折射角也增大，折射光线越来越弱，反射光线越来越强。 当入射角增大到某个角度时，折射角达到了90°，折射光线消失。 引出全反射的概念：光从玻璃射入空气，当入射角达到某一个角度，使折射角达到90°时，折射光完全消失，只剩下反射光，这种现象叫作全反射。 光从介质射入空气（真空）时，$n = \dfrac{\sin r}{\sin i} = \dfrac{\sin 90°}{\sin C}$，即 $\sin C = \dfrac{1}{n}$。 引出临界角的概念：当折射角达到90°时的入射角称为临界角，用 C 表示，其中 n 为介质的折射率。	深化内省：通过实验仪器，让学生认识到光线的变化情况。从定性分析到定量研究，有利于学生掌握这一知识点。通过观察实验，让学生直观地感受到光线的变化。通过实验、生生对话、教师追问达到扰启，激活学生认知结构中的旧知识，以利于对新知识的构建，学生分组讨论，归纳得出全反射内容。 培养学生的观察、分析和归纳能力。

续表

教学过程				
时间	环节与主题	对话活动	内省与生成	设计意图
10分钟	次主题二：对比实验，探究全反射产生条件	1. 条件 与前一个实验类似，光从水射入空气，让学生观察实验现象。 通过观察这两个实验可以发现实验现象有很大不同，让学生分析原因。给出下表让学生说出水是光密介质还是光疏介质。 | 物质	空气	水	玻璃 | |---|---|---|---| | 折射率 | 1.0003 | 1.33 | 1.50 |	观察现象：随着入射角增大，折射角也增大，折射角＜入射角；折射光线越来越弱，反射光线越来越强；当入射角增大时，折射角总是小于90°，折射光线不会消失，不会发生全反射。 两个实验中光的入射方向不同，一个是由玻璃射入空气，另一个是由水射入空气，两次的介质不同，也就是折射率不同。 通过对比很容易发现，水相对于空气是光密介质，相对于玻璃是光疏介质。	通过观察这两个实验可以发现实验现象不同，定义光密介质和光疏介质。 让学生通过探讨，自主得出介质的疏密是相对而言的。
		2. 自主实验探究 光从玻璃射入空气可以发生全反射，其他介质可以吗？ 给学生提供如下器材，让学生进行自主实验探究：产生全反射现象的条件是什么？ 	学生进行自主实验探究：光由 玻璃→空气 水→空气 色拉油→水 都会发生全反射，反过来则不行。 全反射现象产生的条件： 第一个条件：光由光密介质射向光疏介质。 第二个条件：入射角≥临界角。	引导学生对全反射现象进行深度内省，让学生通过动手实验、交流合作培养自主学习、独立思考、交流合作的能力，同时也为后面归纳产生全反射现象的条件打好基础。

续表

教学过程				
时间	环节与主题	对话活动	内省与生成	设计意图
10分钟	次主题二：对比实验，探究全反射产生条件	3. 归纳总结 让学生对前面所学的重点内容自己进行总结，整理笔记，和组内成员分享，并且细化全反射的概念。 教师巡视对话，建立与学生灵动的时空关系。	归纳总结： 1. 全反射：光从光密介质射入光疏介质，当入射角达到某一个角度，使折射角达到90°时，折射光完全消失，只剩下反射光的现象。 2. 临界角：光从光密介质射入光疏介质，当折射角达到90°时的入射角称为临界角，用 C 表示。	通过生生交流、师生交流，学生能在头脑中形成系统的知识框架。
7分钟	次主题三：课堂实验揭秘	1. 揭开魔术奥秘 引导学生回到课前所做的小魔术，让学生利用本节课所学知识来解释其中的奥秘。 提示：用燃着的蜡烛熏黑的铁球表面会覆着一层碳蜡不完全燃烧的混合物，在水中不浸润，当该球放入水中时会在其表面形成一层空气膜。 2. 解释现象 塑料纸袋在水中时看不见图案，而拿出水面却能看见上面的图案，为什么？ 	利用全反射原理进行解释。当该球从空气进入水中时，其外表面会形成一层很薄的空气膜。当有光线透过水照射到水和空气界面上时，会发生全反射现象。 	学以致用，同时帮助学生理解全反射产生的条件。 在扰启、实践、质疑、内省中锻炼学生深度思考。通过现象对比再次强调全反射产生的条件。

续表

教学过程				
时间	环节与主题	对话活动	内省与生成	设计意图
7分钟	次主题四：全反射应用	小组合作解释现象： 依据原理：全反射 1. 海市蜃楼 全反射在自然界中是一种很常见的光学现象，例如海市蜃楼、夏日"淋湿"的马路、水中光亮的气泡等都是由于全反射的原理。 2. 全反射棱镜 自行车尾灯以及一些精密仪器就是利用了全反射棱镜的原理。 3. 光导纤维 光纤通信和在医学上广泛应用的内窥镜就是利用了光导纤维的原理。 播放水导光的视频深化学生对光导纤维工作原理的理解。	 观看视频，解释其工作原理。 观看图片，解释原理。	让学生巩固对全反射现象及其产生条件的理解，体会到物理与生活紧密相连。 小组合作解说，促进同学间的合作交流。 物理学给予我们解释自然的方法，同时也启示我们要利用它来改造自然，造福人类。 培养学生的社会使命感。
5分钟	拓展实践	练习巩固 水中的鱼看水面上和岸上的所有景物，都出现在倒立圆锥里，求顶角的大小是多少？	 解： 水的折射率 $n=1.33$，则有圆锥顶角： $\sin C = \dfrac{1}{n}$ $C = 48.80°$ $\theta = 2C = 97.6°$	强化临界角的知识。 培养学生搜集资料的能力。 帮助学生更好地认识自己，同时为老师了解学生的掌握情况提供依据。
1分钟	作业布置	回去查阅资料，看看现实生活中还有哪些实例是利用了全反射的原理。		

小学美术《小花猫在睡觉》"合作对话"教学范式设计案例

北京市陈经纶中学分校望京实验学校　赵明明

教学课题	《小花猫在睡觉》
教材	书名:《义务教育教科书·美术》 出版社：人民美术出版社 出版日期: 2014 年 7 月第 1 版 印次: 2021 年 7 月第 8 次印刷
课型	造型·表现
年级	二年级
课时	2 课时
指导思想与理论依据	（一）指导思想 依托立德树人根本任务，理想教育文化建构及我校"美好教育"育人目标，参照《美术课程标准》中的相关要求：造型·表现是美术学习的基础，其活动方式更强调自由表现，大胆创造，外化学生的情感和认识。选择合适的认知工具、媒材探究及实践，记录与表现所见所闻、所感所想，敢于创新与表现，发展美术构思与创作的能力，表达思想与情感，体验造型活动的乐趣并培养学生核心素养。 （二）理论依据 本课教学设计以"合作对话"教学范式为依据，从理想教育文化追求育人价值的角度，结合核心素养、课程标准和学情，把实践、问题、方法、工具、技术、表述等认知策略与灵动能力、生命修为、意志品性、合作要件、情志追求等非认知策略联系起来。本课采取了"合作对话"式教学，清晰地展现了师与生、生与生、师生与时空之间的合作关系，实现时空再造，通过"扰启、实践、质疑、内省"和学生"生长方法论"传授知识，培养"最佳公民"，助力学生成长。

续表

教学课题	《小花猫在睡觉》
教学内容 分析	通过数据整理我了解到小学 1～6 年级美术课程共计 237 课，其中，"造型·表现"领域课程为 115 课，占总课程的 48.5%。由此可见小学美术整体课程凸显出"造型·表现"领域在小学阶段的重要地位与作用，因此，提高学生的观察能力及造型表现能力尤为重要。 纵观全套教材： 在一年级下册《北京动物园》一课中，学生已经初步学习了概括表现动物特征的方法，因此，我们可以将之前学过的知识与技能迁移到本课，使学生能够很快抓住小花猫的基本特征。在以往的学习中，学生已经简单掌握了一些构图方法，如在《漂亮的童话城堡》一课中，初步了解了高低、宽窄、前后、不同形状等多样变化能使画面产生美感；在《画蘑菇》一课中，学习了如何表现画面的前后遮挡关系。本课通过学习画面主次关系的表现，进一步深入学习构图方法，为创作中合理安排画面打下坚实的基础。 横观本册教材： 本课教学内容与本册第一课《有疏密变化的线条》、第二课《有趣的刮画》构成线造型的学习单元，旨在让学生感受运用不同媒材进行线条造型的创作乐趣，为本课的造型表现打下线条造型与丰富媒材运用的基础。 微观本课内容： 本课在造型表现方面：研究重心在于引导学生展开想象并大胆创作小花猫睡觉时的故事情景，为创作中合理安排画面打下坚实的基础。针对如何有创造性地将故事画得生动有趣的问题，教师应该注重激发学生的学习兴趣，通过创设情境轻松实现教学目标，例如：如果你是小猫，你会睡在哪儿呢？睡着后又会发生哪些有趣的事？引发学生展开想象，培养学生的想象力及对小动物的热爱之情。在构图方面：引导学生学会表现画面的主次关系。虽然是表现小花猫在睡觉，画面中也不一定以小花猫为主，可以以要表现的其他动物、人物、景物为主，就是说小花猫也可以在次要位置，从而引导学生分析可以通过大与小的变化来表现画面的主次关系。

教学课题	《小花猫在睡觉》
学情分析	知识方面：通过一年级的美术学习，学生已经初步掌握了概括表现动物特征的方法，知道遮挡关系及简单的构图知识。通过本册《有疏密变化的线条》《有趣的刮画》的学习，基本掌握线条造型的表现方法，能用线条表现简单的造型。 能力方面：绘画造型能力还较弱，可以用简短的语言说出自己喜欢作品的原因，认识能力及表达能力有待提高。 思维方面：小猫是学生十分喜爱的小动物之一，有的学生家里养猫，因此学生对猫是比较熟悉的。二年级学生具体形象思维占优势，对物体处于初步的表面认识，善于模仿，对事物的认识与表现处于感性阶段。 习惯方面：该年龄段的学生在前期的学习中已经养成一定的倾听习惯，课上大部分学生可以做到身坐正、手放平，小眼睛看老师，小部分学生需要教师引导。激发学生的学习兴趣，从而培养学生的注意力，课前准备方面，常见的美术学具可以备齐。 依据学生情况，采用问卷调查的方式初步了解学生遇到的问题： **调查问卷：** 尝试创作小猫睡着后的故事情境  遇到的问题及针对性解决办法： 1. 绘画方面：学生创设故事情景过于单一，缺乏想象力。对此，教师可通过教材中的课程资源、教具拼摆以及直观演示来激发学生的想象力并大胆创作。 2. 构图方面：学生容易把画面画得散乱，没有主次关系（特别是画小猫睡着后的梦境时，梦境与猫之间的主次关系不知如何表现）。对此，教师可采用学生自主探究、讨论思辨及演示等方法来解决。

续表

教学课题	《小花猫在睡觉》
教学目标	1. 知识目标：学习观察、赏析作品，了解画面主次关系，能大胆想象并表现出小花猫睡觉时的有趣情景，学习画面主次关系的表现方法，提升审美感知核心素养。 2. 能力目标：通过观察、欣赏美术作品，以"合作对话"式的学习方式完成造型并通过分析画面，学习有主有次地安排画面，提升艺术表现和创意实践的核心素养。 3. 素养目标：激发学生对动物的喜爱之情，培养学生善于发现生活中趣事的意识及热爱生活的情感，在自主探究中，建立自信心，体验探究的乐趣与成就感，提升文化理解核心素养。
教学重点	引导学生展开丰富想象并大胆创作小花猫睡觉时的故事情景。
教学难点	画面主次关系的表现方法。
教学方法	"合作对话"式。
教学工具	教学课件 PPT，教材，范画、多媒体辅助教学。

教学过程				
教学时间	环节与主题	对话活动	内省与生成	设计意图
1 分钟	对话唤醒 回顾旧知	 1. 扰启：上节课同学们都学习了哪些小花猫的睡姿呢？你们还记得它们头和四肢是如何变化的吗？ 2. 那今天这节课，我们就来给睡着的小花猫创设有趣的故事情景吧。	1. 学生对话，回顾旧知：仰卧、俯卧、侧卧及睡姿变化。 2. 进一步内省小花猫睡着后故事情景的设计。	回顾旧知并明确本节课重点内容：创设故事情境，尊重学生个体差异，唤醒学生强烈的对话意愿。

续表

教学过程				
教学时间	环节与主题	对话活动	内省与生成	设计意图
3分钟	次主题一：自主探究审美感知	提出问题：请同学们观察教材第9页的小猫都睡在哪儿、睡着后又发生了什么有趣的事。	学生内省实践，观察、欣赏《黄猫还在睡觉》《我的梦想》《醉酒以后》等作品。	引导学生有目的地观察，分析书中作品，大家分享交流，建构学生的知识结构。提高学生探究发现的能力，为创设情景做铺垫，提高学生审美感知等美术核心素养。
		师生交流对话，对有创新想法的学生及时给予肯定和表扬并做出及时贴切的评价。例如：你描述的故事情景真有趣，就像一名小作家；你的语言表达能力很强，观察得也很仔细；你的想象力真丰富，将来一定是个了不起的人。	学生通过交流分享，体会成功的乐趣，激发兴趣。	激发学生学习的动力，唤起对创设情景的兴趣。
5分钟	次主题二：创设情境 1. 梦境联想 2. 现实联想	教师利用教具拼摆（梦境联想、现实联想两种方法）创设故事情景，与学生对话，从而发散学生思维、开阔想象边界，让学生交流自己的感受，拓展出更多的内容。梦境联想法	学生交流反馈，开展"合作对话"，从而进一步内省。	学生间相互扰启，激发表现的欲望。"解决教学重点"，提高学生美术核心素养的创意实践能力。

续表

教学过程				
教学时间	环节与主题	对话活动	内省与生成	设计意图
5分钟	次主题二：创设情景 1. 梦境联想 2. 现实联想	现实联想法 教师巡视对话，引导学生大胆创设小花猫睡着后的故事情景，并出示幻灯片，引导学生要善于观察生活、有发现生活中趣事的意识。	学生欣赏现实生活中小猫睡在不同位置的图片，开拓思维，想象小花猫睡着后的有趣场景。	通过师生对话，学生经历同伴之间、师生之间的扰启、质疑、实践，激发学生的创作灵感。引导学生观察生活、热爱生活，大胆创设小花猫睡着后的故事情景，培养学生核心素养。
		师生再次对话，总结创设故事情景的两种方法，一种是梦境联想法、另一种是现实联想法，明确创作思路。 梦境联想法 现实联想法	学会两种联想方法：梦境联想和现实联想，从而思考自己的作品可以如何创作，使画面故事性强。	学会联想的两种方法，初步构建创作方向，为后面创作有趣故事情景做铺垫，培养学生美术核心素养的创意实践的能力。

续表

		教学过程		
教学时间	环节与主题	对话活动	内省与生成	设计意图
3分钟	次主题三：主次关系	师生再次对话，提出问题： 1. 你觉得画面中应该如何表现主次关系呢？ 2. 那我们应该把猫画大，还是把老鼠画大呢？引导学生思考、动脑。 （1）当用现实联想法时，可以把猫这个主体画大，因为猫本身就比老鼠大，从而体现画面的主次关系。 （2）当用梦境联想法时，老鼠可以画得很大，我们可以把梦境部分画大，从而体现画面的主次关系。 	1. 学生探究"主次关系"的表现方法并说出理由，利用大小的对比来体现主次关系。 2. 学生交流反馈，探究结果：猫画大老鼠画小、猫画小老鼠画大。 学生探究，锻炼判断思维，掌握画面主次关系的表现方法。	引导学生探究学习、理解画面主次关系的表现方法，培养学生质疑、内省的能力并解决教学难点。

续表

		教学过程		
教学时间	环节与主题	对话活动	内省与生成	设计意图
3分钟	次主题三：主次关系	教师提出问题：1. 通过什么对比，能体现画面主次关系？2. 除了猫和老鼠，其他事物能当画面中的主体吗？	学生质疑、思辨、内省：1. 通过大小对比，体现画面主次关系。2. 思考问题，并产生疑惑（其他事物可以当作画面的主体形象吗？）。师生对话，探究结论：虽然是表现小花猫在睡觉，画面中也不一定以小花猫为主，可以以要表现的其他动物、人物、景物为主，就是说小花猫也可以在次要位置。	学生探究学习、理解画面主次关系的表现方法，培养学生质疑、思辨的能力并解决教学难点。
5分钟	教师示范创作过程	教师示范完整绘画步骤，明确任务目标：学生可以根据第一课时创作猫的大小，选择一种联想方法，创设故事情景，构图饱满、突出画面的主次关系，明确目标。当猫画得小的时候，我们可以用梦境联想法，把梦中的场景画大，画面体现主次关系。教师举例：基础较弱的同学，可以画小猫梦到一个美味的大蛋糕，能力较强的同学可以画梦到一只可怕的老鼠等有趣的联想故事。	学生观看老师创作整幅作品的流程，巩固两种联想方法和主次关系的运用。	教师出示范画"蛋糕""小老鼠"等，不同层次的范画，可以针对不同学生的需要，实现分层教学并直观示范解决教学重难点。结合实事对学生进行核心价值观及家国情怀的德育渗透，促进学生深刻内省，完善认知体系。

续表

教学过程				
教学时间	环节与主题	对话活动	内省与生成	设计意图
1分钟	出示范画	现实联想法示范 梦境联想法示范 		

续表

教学过程				
教学时间	环节与主题	对话活动	内省与生成	设计意图
1 分钟	出示范画			
	知识建构	自主探究，审美感知 → 创设情景 → 主次关系		

续表

教学过程				
教学时间	环节与主题	对话活动	内省与生成	设计意图
21分钟	实践与拓展	生活，因为有你一双专注的眼睛而优美。 世界，因为有你一颗美好的心灵而精彩。 生活处处皆是美，要拥有发现的眼睛，去发现生活中的美，去创作 生活中的美，感恩当下、珍惜拥有。 对学生进行德育及社会主义核心价值观的渗透，培养学生的文化素养。		
1分钟	作业布置	1. 作业内容： 选择一种联想方法，利用上节课完成的睡觉的猫创设故事情境。 2. 作业要求： （1）粘贴小猫睡姿并大胆想象。 （2）利用油画棒创设有趣的故事情景。 （3）构图饱满，画面有主次关系。		
	板书设计			
	教学内省	（一）"合作对话"，引导学生在观察中质疑、思辨 对话唤醒环节：教师一改灌输式教学模式，通过对教材中美术作品 及教具的整体观看、识别、解读并感受图像造型、色彩、材料、技法、 风格等，让学生质疑、思辨，进而解决问题，层层递进构建学习框 架。 （二）感知表达，提高学生的审美感知能力 通过对美术作品进行感知、评价，感受和认识美的特征，形成基本 审美能力，有效帮助学生解决创设故事情境等问题。 （三）演示法凸显实效，激发创作欲望 在学生观察分析的基础上，教师用色粉的直观演示，内化教学重难 点，延伸到学生的创作中，激发学生创作欲望。 （四）探究中渗透德育教育 创设情境，采用自主探究等教学手段，针对学生知识获得进展情况 进行即时的学习评价，进而发散学生思维和激发学生学习的潜能， 帮助学生达成学习框架的建构。课堂中结合实事对学生进行核心价 值观及德育教育，让学生感恩当下、珍惜拥有。		

续表

教学过程				
教学时间	环节与主题	对话活动	内省与生成	设计意图
	教学内省	因本学段的学生认知能力有限，在教学中会遇到一些困难，因此要针对学习内容运用多种教学方法。在画面安排方面，学生容易把画面画得散乱，没有主次关系。教师利用现代的信息技术、选择合适的教具在画面中拼摆来解决主次关系，同时引导学生边画边为自己的作品编故事，这样画面就生动有趣了，构图也不至于散乱。通过分析书中作品与学生进行沟通，听听他们的想法，有创作想法的及时给予肯定与表扬。在想象力培养方面，教师引导学生查找各种有关猫的故事、动画片、影片，课上讲授、观看，丰富学生的联想和想象；也可以以小组合作的方式，通过小组讨论，组内同学之间开展交流，想象小花猫睡觉会有哪些有趣的故事发生，这些有利于激发学生的潜能，发挥其创造才能。		

后记

"合作对话"：教育教学新视角

王世元

针对教育现实问题且长期难以解决的现状，"合作对话"教育教学理念打破了学校、家庭和社会传统的教育思维，以新的人性观为基础，对比审视东西方教育文化的差异，萃取其精华，从理论上进行了探索，形成了教育哲学理论体系。

事实证明，让教育理论指导教育实践，必须打通理论指导实践进学校、进课堂的"最后一公里"。在北京教育科学研究院北京市教育督导与教育质量评价研究中心的支持下，《教育文化构建的人性基础》一书的教育学转化得以实现，小学、初中、高中"教师教学评价工具"也得以研发成功。据此，我们开展了课堂教学实践研究。

经过持续 5 年时间，面向学前教育、义务教育和高中教育的多学校、多学科，课题组整理了累计 4 万多分钟"靶子课"的视频资料。在此基础上，经过 6 个阶段实践探索，我在众多师生的支持与配合下，完成了《理想教育文化建构："合作对话"教育教学范式的理论与实践》一书。

"合作对话"教育教学范式有以下几个特点：

一是从"文化"而非"技术"的视角，在对"教育者"——教师（家长）与"受教育者"——学生（孩子）本质关系的认识基础上，提出建立"合作成长共同体"的教育关系。这一关系，不仅让尊重、民主、责任、科学在教育中得到体现，也让"主导"与"主体"在课堂"教"与"学"的过程中得到真正落实。

二是在"合作成长共同体"基础上，它不仅提出了与传统教学不同的范式，还为施教者提供了教学方法论、工具库和单元（专题或模块）备课、课时备课可操作的文案，使得教师在单元（专题或模块）备课和课时备课以及在课堂教学实施过程中有了可参考的标准。

三是"合作对话"教育理念鲜明确切地指出了教育"育人"的核心本质，揭示了教育应具备培养人格、传授知识、开启智慧有机统一的功能。"立德树人"

是教育应有之义。

四是它为在课堂中实施新课程改革提供了操作路径，打通了课程改革进入课堂的"最后一公里"。"合作对话"知识观、课程观、育人观，与新课程改革完全契合。

事实证明，任何一次课程改革，如果没有形成新的课堂教学改革操作范式，新的课程改革目标就很难实现。

非常值得欣慰的是，"合作对话"教育教学范式的理论与实践研究得到了读懂青少年成长与发展系列丛书编辑团队的信任与支持。我们从 11 所实验校提供的 380 多篇实践探索的文章中筛选了 61 篇，按照主题分为四个章节和附录，每部分按照学科顺序进行编排，辑录成《重塑课堂：合作对话的艺术》一书，分享给专家、学者和同行。

在此，我代表"合作对话"研究团队，衷心感谢实验校的王利如、刘美玲、李玮、毕于阳、傅秋月、肖瑶、陈春红、杨玉芹等校长和老师在书稿策划和稿件征集过程中群策群力、积极参与，衷心感谢雷玲、卢秋红、仲玉维三位老师在书稿编辑过程中付出的努力和读懂青少年成长与发展系列丛书编辑团队给予的支持！

我们深知，"合作对话"教育教学范式不管是在理论上还是在实践上都需要进一步深化和完善，衷心希望教育理论界专家、学者、一线教育管理者和教师给予批评与指导！

写于北京朝阳石佛营

2023 年 12 月

图书在版编目（CIP）数据

重塑课堂：合作对话的艺术 / 王世元主编.

北京：中国人民大学出版社，2025.4. --（读懂青少年

成长与发展系列丛书）. --ISBN 978-7-300-33423-3

Ⅰ. G424.21

中国国家版本馆CIP数据核字第2024AC8696号

读懂青少年成长与发展系列丛书

总主编　陈如平

重塑课堂：合作对话的艺术

主　编　王世元

副主编　苏纪玲　洪德育

Chongsu Ketang: Hezuo Duihua de Yishu

出版发行	中国人民大学出版社			
社　　址	北京中关村大街31号		邮政编码	100080
电　　话	010-62511242（总编室）		010-62511770（质管部）	
	010-82501766（邮购部）		010-62514148（门市部）	
	010-62511173（发行公司）		010-62515275（盗版举报）	
网　　址	http://www.crup.com.cn			
经　　销	新华书店			
印　　刷	天津鑫丰华印务有限公司			
开　　本	720 mm × 1000 mm　1/16		**版　　次**	2025 年 4 月第 1 版
印　　张	16.5 插页1		**印　　次**	2025 年 4 月第 1 次印刷
字　　数	299 000		**定　　价**	65.00 元

版权所有　侵权必究　　印装差错　负责调换